南通民营经济发展报告

(2017~2018)

THE DEVELOPMENT REPORT OF NON-STATE-OWNED ECONOMY IN NANTONG

主编◎王 虎

南通市工商业联合会(总商会)

南通市民营经济发展办公室

 中华工商联合出版社

序

赵闻斌

　　2017 年,南通市在省委、省政府和市委的正确领导下,以习近平新时代中国特色社会主义思想为指导,认真贯彻党的十九大精神,围绕推进"两聚一高"新实践、建设上海"北大门"新定位,坚定不移抓项目、促发展,持之以恒惠民生、防风险,较好完成全年目标任务,实现十五届市政府工作的良好开局。全市完成地区生产总值 7 734.6 亿元,增长 7.8%;一般公共预算收入 590.6 亿元;固定资产投资 4 959.2 亿元,增长 8.9%;社会消费品零售总额 2 873.4 亿元,增长 9.1%;进出口总额 2 360.2 亿元,增长 16%;新批外商投资项目 348 个,比上年增长 5.8%;实际到账注册外资 24.2 亿美元,增长 1.5%。全市经济运行平稳健康。

　　2017 年,全市民营经济紧扣创新发展、转型升级主线,创新举措、优化环境、提升服务,持续推动民营经济保持平稳健康发展态势。全年新登记私营企业 3.33 万户,年末累计达 19.4 万户;新登记私营企业注册资本 2 314.2 亿元,年末实有注册资本 11 269.7 亿元。全年新登记个体户 8.0 万户,年末实有个体工商户 55.0 万户;新登记个体工商户资金 101.5 亿元,年末注册资金 424.1 亿元。年末全市共有规模以上民营工业企业 3 947 家,占全市规模以上工业企业总数的比重达 76.9%;全年民营工业增加值 2 231.5 亿元,增长 9.6%,占全市规模以上工业的比重达 67.2%。完成固定资产民间投资 3 858.3 亿元,增长 13.5%,占固定资产投资的比重达 77.8%,提高 3.2 个百分点;民营经济入库税金 597.69 亿元,同比增长 2.8%,民营经济税收占国、地税收的比重为 71.1%;新增民营高新技术企业 374 家,民营高新技术企业累计达 1 045 家,新增上市民营企业 3

家、新三板民营企业14家,上市民营企业累计36家;新增主营业务收入超10亿元民营工业企业37家,累计173家,跻身全省百强民营企业和全国500强民营企业分别为14家和13家。

为全面、准确地反映南通市民营经济的总体态势,研究民营经济发展中存在的问题,进一步促进民营经济又好又快发展,市民发办、市工商联从2009年开始组织编写南通民营经济年度发展报告,主要收录全市及各县市区民营经济发展的总体情况、市有关职能部门、行业商会的专项报告以及部分民营企业发展报告,希望能够为各级党委、政府制定政策和工商企业界人士进行经营决策提供参考,也为相关部门、机构及社会各界了解和掌握南通民营经济发展情况提供基础资料。市委、市政府领导十分关注和支持南通民营经济年度发展报告的编辑出版工作,各县市区党委、政府和市有关职能部门、行业商会、民营企业也给予了大力支持与帮助,这为我们进一步做好南通民营经济年度发展报告奠定了坚实的基础。希望通过本书的出版,进一步提高南通民营经济研究水平,也使民营经济得到社会各界的更多关注。

2018年是贯彻党的十九大精神的开局之年,是改革开放40周年、决胜全面建成小康社会的关键一年,也是南通抢抓多重国家和区域战略叠加机遇,加快建设上海"北大门"的重要一年。随着"一带一路"建设、长江经济带发展和省"1+3"功能区战略深入实施,长三角城市群、扬子江城市群规划加快落地,南通站到了新时代发展的"风口"。全市民营企业要坚定信心,迎难而上,抢抓机遇,在创新驱动中加快转型,在产业培育中做大做强,不断提升企业的核心竞争力和可持续发展能力,为高水平全面建成小康社会、加快建设"强富美高"新南通贡献力量!

2018年6月

目 录

县(市)区篇

专题篇

南通市民营经济发展报告

南通市民营经济发展办公室

2017 年,在市委市政府的正确领导下,全市民营经济战线深入贯彻市委十二届二次全会精神,全力推进全年及"十三五"民营经济发展目标,紧扣创新发展、转型升级主线,创新举措、优化环境、提升服务,持续推动民营经济保持平稳健康发展态势。

一、全市民营经济发展基本情况

1.总量支撑健康有力,发展主体稳定增长。至年末,全市新增个体工商户 79 346 户,同比增长 19.2%,新增私营企业 33 103 家,同比增长 30.9%。至年末,全市个体工商户达 55 万家,同比增长 13.4%,私营企业达 19.4 万家,同比增长 12.2%,私营企业注册资本突破万亿元,达 11 269.67 亿元,比年初增长 27.6%。

2.民营工业继续领跑,项目结构不断优化。至年末,规模以上民营工业实现增加值 2 231.5 亿元,增长 8.4%,比规模工业增幅高 0.6 个百分点;完成产值 10 333.48 亿元,增长 9.0%,比规模工业增幅高 0.7 个百分点。至年末,引进投资额超千万元以上民资项目 1 767 个,其中一产 25 个、二产 814 个、三产 928 个,注册资本 492.57 亿元,平均达 2 787.6 万元。引进计划投资超亿元市外民资项目 195 个,注册资本 125.2 亿元,单个项目平均注册资本 6 421.7 万元。盛纺纳米科技、开利浦材料、涵润汽车电子等一批创新力强、带动力强的优质民资项目落户南通。

3.创新成效不断显现,企业培育成效显著。全市全年新增民营高新技术企业 374 家,民营高新技术企业累计达1045 家,新增上市民营企业 3 家、新三板民营企业 14 家,上市民营企业累计 36 家;新增主营业务收入超 10 亿元，民营工业企业 37 家，累计 173 家。跻身全省百强民营企业和全国 500 强民营企业分别为 14 家和 13 家，南通三建、中南控股、南通二建、苏中建设跻身全国民企百强榜。江苏力星通用钢球、鹏飞集团、中天科技等民营企业入围全国制造业单项冠军示范企业和单项冠军产品榜单，占全省入围数的五分之一。

4.民资投入稳步提高，贡献份额有效扩大。至年末，固定资产民间投资 3 858.3 亿元，同比增长 13.5%，增幅同比提高 6.9 个百分点，比全市固定资产投资增幅高 4.6 个百分点。民营经济入库税金 597.69 亿元，同比增长 2.8%，民营经济税收占国、地税收的比重为 71.1%，同比下降 0.7 个百分点。

二、推进民营经济发展的主要举措

1.强化引领推动，科学部署发展目标。市委市政府高度重视民营经济发展，在 4 月 13 日全市制造业大会暨民营经济工作会议上，市委陆志鹏书记深刻分析了南通市制造业发展趋势以及面临的机遇和优势，鲜明提出推进制造业转型升级的具体路径和主要抓手，明确了加快提升民营经济发展水平的关键点与着力点，并对营造良好发展环境提出明确要求。韩立明市长就今后一个时期推动南通市制造业做大做强、打造民营经济强市做出具体部署。

2.着力提振信心，营造浓郁营商氛围。深化"南通企业家日"主题系列活动效应，组织开展"张謇杯"杰出企业家、南通"三名"年度人物评选表彰活动，进一步营造重商、亲商、安商良好发展环境。5 月 22 日，在 2017 中国南通江海博览会暨首届通商大会开幕式上，市委市政府授予通富微电子董事长石明达"张謇杯"杰出企业家、中兴能源董事长仇云龙等 10 位企业家南通"三名"年度人物称号。与此同时，"张謇杯"杰出企业家事迹展揭幕仪式在南通市博物苑新馆举行，旨在引导和激励全市广大企业家不断改革进取、创新争优，促进崇尚创业、鼓励创造、尊重创新氛围持续升温。9 月份，新华社派记者专门赴南通采访"南通企业家日"主题系列活动成功做法，并在内参刊发报道。

3.服务对接上海，大力推进民资招商。2017 年，南通市进一步加大对市外民资招商的推进考核力度,组织各地面向上海、浙江、广东等民资发达地区,围绕"3+3"重点产业和地方特色产业,突出产业招商重点,持续强化招商攻势,促进一批优质市外民资项目落户南通。9月份起,先后参与上海(苏南)投资促进周、北京投资促进周活动,协调推进各地具体细化落实对接合作项目,取得预期效果。

4.突出要素保供,提优服务企业水平。海安县以"银政企携手攀新高"行动为抓手,对所有规模企业分别落实一名副科级干部和一名银行经理定点服务。每月分行业、分区镇举办银企项目现场对接会,有效缓解企业融资难。如皋市大力开展劳动力"回(外)引"工程、深入推进"晚霞行动",为1 000多家企业提供1.1万一线工人,有力化解企业用工难。通州区出台模拟审批办法,组建区项目建设协调督查办,现场促进新开工项目,巡查进展缓慢的重点项目,实时掌握建设推进情况。港闸区建立项目推进微信圈,密切关注项目进展,确保关键节点严格把控、具体问题即知即报。

三、民营经济发展中存在的主要问题及困难

南通市民营经济发展态势稳定,但发展中依然存在着诸多问题。一是创新转型发展基础有待巩固。传统产业的"低端锁定"和战略性新兴产业的"高端不足"问题明显,重点产业内大企业、大集团以及科技型、创新型企业数量依然偏少,制造业产业整体层次亟待提高。二是企业生产经营压力仍然较大。用工成本上升、原辅材料价格上涨、资金紧张、产品需求减少及订单不足、应收账款超出正常水平等一系列问题及社保负担重等困扰部分民企。三是要素瓶颈问题依然突出。资金方面,银行对工业企业的信贷支持依然不足,民间机构融资成本持续偏高。部分传统行业信贷受限,发展受阻。用地方面,由于缺少耕地占补平衡指标,土地资源一定程度上影响了新签约重大项目开工、推进和建设进度。征地拆迁和用地审批还存在不同程度的困难,用地成本依然偏高。

四、2018年民营经济发展思路和主要举措

2018年,是全面落实"十九大"战略部署的开局之年,是南通围绕"两聚一高"抓推进抓落实、深化供给侧结构性改革和陆海统筹发展综合改革、全面推进"十三五"发展目标的重要一年。全市民营经济工作的基本思路是:深入学习贯彻党的十九大精神,紧扣市委市政府建设长三角北翼经济中心和上海"北大门"目标要求以及民营经济"十三五"发展规划,科学把握南通民营经济发展的阶段性特征,以加快转型升级、推进做大做强、提高发展质态为主线,目标指向上从以组织推进全民创业为重点转到培大扶强上来,工作方式上从以行政推动为抓手转到统筹协调、强化服务指导上来,不断强化环境营造、优化资源要素配置、推进企业家队伍培育提升,确保南通民营经济在全省第一方阵的位次不动摇,确保全市民营经济在高平台上实现有效增长和持续发展。2018年,全市民营经济发展主要目标为:

——民营经济增加值占 GDP 比重达到 68%,民营经济入库税金占全部税收比重稳定在 72%左右,固定资产民间投资增长 10%以上。

——新增个体户 6.9 万户,私营企业 3 万家,小规模纳税人 5 万户、一般纳税人 1 2000 家,确保全民创业主要指标继续位居全省前列。

——新增营业收入超百亿企业 2 家、新增上市民营企业 4 家、新增规模以上民营工业企业 300 家,新引进超亿元市外民资投资项目 160 个。

——民营高新技术产业产值达 6 500 亿元,新增民营经济超百亿特色板块 2 个。

重点抓好以下几个方面的工作:

1.以全面深化改革为契机,不断优化发展环境

一是着眼社会环境,弘扬"企业家精神"。深化"南通企业家日"这一创新制度性安排的活动内涵,树立优秀典型,突出正面宣传,积极营造企业家健康成长环境。以推动民营企业加快建立现代企业制度为重点,从政策、制度以及服务等层面加快构建推进健康成长的引导机制,促进"亲""清"新型政商关系的构建与深化。继续组织开展"张謇杯"杰出企业家和"三名"、"三创"人物评选表彰活动,研究探索对"张謇杯"杰出企业家及"三名"人物的激励机制,创新"南通企业家日"活动内容和形式,大力弘扬创新发展、专注品质、追求卓越的优秀企业家精神,引导更多民营企业家坚守实体、深耕主业,专注创新。切实关注企业和企业家诉求,畅通政企沟通与交流机制,尊重和维护好企业合法权益,推动更多民营企业走科学管理、健康发展之路。

二是着眼服务环境,助企降本增效。深化供给侧结构性改革,挖掘企业税费、生产要素、制度性交易等降本空间,加快打造民营经济的区域低成本优势。及时收集促进实体经济、民营经济发展最新政策,汇编下发企业,切实增强企业获得感。充分发挥各类企业金融服务平台载体作用,强化政银企对接。鼓励金融机构创新中小企业融资服务方式,有效增加民营中小企业直接融资贷款。支持企业去杠杆,债转股,并大力引导民营企业优化自身结构,利用资本市场及多种金融工具推动自身规模扩张。力争全市明年新增上市民企 4 家,新三板 10 家。

三是着眼市场环境,拓宽投资领域。持续推进国务院新"36 条"、江苏省《进一步促进民间投资发展的意见》,加快完善南通市促进民间投资发展政策配套。及时对接上级政策,加快资本、技术、要素市场改革进程,更好发挥市场机制调控作用,激发南通市各类市场主体活力,力争明年民间投资继续保持两位数增长。进一步挖掘南通市基础设施建设、社会养老等领域向民资开放空间,积极探索投资补助、价格补偿等回报机制,及时发布项目清单,吸引民资有效参与。帮助有条件的民企向相邻领域、军民融合领域拓展,加快推进混合所有制改革,引导和支持民资与外资、国资融合发展。

2.以增强基础支撑为重点,大力培育发展主体

一是持续推进众创主体扩容增量。持续推进"大众创业、万众创新",不断完善激励保障机制,重点引导青年、科技人员、海外高层次人才、南通籍在外能人等开展创业实践,催生一批发展主体。充分发挥互联网、物联网的开放创新优势,支持大学生村官、电商等相关人群依托生产基地、特色园区开展自主创业、加盟创业。围绕产业板块发展方向,鼓励各地因地制宜统筹建设众创社区、创业基地等载体,有效提升空间利用率,力争创成省级以上众创示范空间 5 个。顺应新时期全民创业需求,鼓励促进专业化市场主体提供注册、培训、投融资、知识产权创造与保护等"一站式"集约化服务。

二是分类培育规模企业做大做强。聚焦"3+3+N"产业发展重点,集聚优势资源,深入开展民营规模企业梯度培育工程。遴选主要经济指标和主导产品占有率国内业内领先,创新能力强、运营体制优、发展前景好的民营企业加以重点培育,引导和帮助企业编制发展规划,在政策、资金、要素供应、服务等方面加大倾斜力度。充分发挥陆海统筹基金、江海产业基金等各类基金作用,撬动民营企业扩大投资、拓展增长点。并鼓励有条件的民营企业开展产业链整合和跨行业、跨地区兼并重组。指导各地分类培育企业成长,大力推进"小转企、小转规",不断提升发展主体上档次,上水平。

三是引导支持发展模式求新求变。大力推进第五代移动通信、智能电网、集成电路等技术研发和转化,加快促进南通市战略性新兴产业成长壮大,增强未来民营经济发展新动能。鼓励和支持领军企业紧抓未来产业发展方向,开展产业孵化和新业态创生,裂变具有前沿技术和全新商业模式的企业。加快大数据、云计算、物联网在民营重点特色产业板块内的应用,推动传统产业生产、销售、服务等发展模式变革,培育壮大一批带动力强的互联网创新示范企业。深入实施民营企业制造装备升级计划,建设一批示范性智能车间和智能工厂,推动更多民营企业走智能制造之路。鼓励支持南通市纺织、印染、钢丝绳等传统民营制造业绿色化改造,培育一批绿色经济、循环经济重点项目及示范园区。引导各地大力发展平台经济、共享经济等新模式新业态,促进一批具有爆发力和引领力的新增长点早日形成。

3.以提升核心竞争力为关键,加快推进创新转型

一是引导企业开展科技创新。把创新作为引领发展的第一动力,引导民营企业抢抓新一轮科技革命和产业变革的机遇,不断提升承接技术转移转化能力,积极引进世界先进水平和业内顶尖水平的科技成果加以转化利用。引导民营企业与科研院所和高等院校组建产业技术创新战略联盟,积极建立国家级、省级企业技术中心、重点实验室、工程中心等研发载体。鼓励民营企业加强对人工智能等新技术的研究攻关,加大对新技术的融合应用。大力建设高新技术企业"培育库",明年力争新培育省级以上高新技术企业80家。

二是引导企业提升产品品质。在民营经济领域内持续推进"三名"工程,大力弘扬"工匠精神",强化政策激励和市场倒逼,引导民营企业打造一批质量好、附加值高的精品。力争培育主营业务突出、竞争力强、成长性高、专注于细分市场的"专精特新"企业 30 家、"小巨人"企业 50 家,产品市场"单打冠军"20 家,省高新技术产品 40 个。鼓励支持南通市有条件的民营制造业企业参与国际标准、国家标准、行业标准制定,抢占市场和行业话语权。品牌是企业产品质量的外在形象和重要标志。鼓励南通市企业争创全国驰名商标、出口名牌等省级以上品牌,力争明年创成中国驰名商标 4 件,省级名牌 30 个。

三是加强企业家创新精神培育。新一代企业家队伍是推动企业开展技术创新、模式创新、治理结构创新的主体。加强企业家代际传承的规划引导,重视新生代企业家成长,挖掘二代企业家创新基因,加快推进企业家群体素质整体提升,是明年及今后一段时期南通市民营经济工作的重点。组织 1~2 期针对新生代、二代企业家的专题教育培训活动,帮助他们拓展世界眼光,提高战略思维,增强创新精神。加快研究制定引导和鼓励企业建立现代企业制度的意见,科学引导民营家族企业向产权股份化、决策民主化、管理职业化、经营规模化转变,实现企业可持续发展。

2018 年 4 月

南通市资本市场发展报告

南通市人民政府金融工作办公室

经过改革开放以来近四十年的发展,南通立足滨江临海、毗邻上海的区位优势,社会经济取得突飞猛进的发展,也为南通资本市场的建设奠定了坚实的基础。截至 2017 年年底,南通共有 39 家境内外上市公司,累计 84 家新三板挂牌企业,上市、挂牌企业在带动南通产业和地方经济高质量发展中发挥了巨大作用。

一、基本情况

(一)上市主体方面

截至 2017 年年底,南通共新增境内上市公司 1 家,累计数目达 32 家,公司平均市值超过江苏省内平均水平;中小板公司数量及市值占比较高,而主板和创业板上市公司市值与全国水平存在差距;上市公司主要集中在机械设备、电气设备等行业,医药生物等企业在行业市值排名中靠前,重点布局高端制造等战略性新兴产业。从公司地位来看,截至 2017 年年底,南通共有 32 家境内上市公司,合计总市值为 3 743 亿元,平均市值为 117 亿元;在江苏省范围内,南通境内上市公司数量占比为 8.31%,市值占比为 9.23%,平均市值超过省内平均水平,南通境内上市公司整体情况位列南京、苏州、无锡之后,省内综合排名第四。从市场结构来看,南通中小板上市公司数量及总市值占南通所有上市公司的比例分别为 43.8% 和 52.5%,与全国和江苏省上市公司相比,南通中小板上市公司数量及市值的结构占比更高。从行业分布来看,南通上市公司约 60% 的上市公司集中在机械设备、电气设备、医药生物和化工行业,其中,建筑、通信、医药生物等行业上市公司的平均市值较大;南通 32 家上市公司中有 26 家公司归属于南通"3+3"重点产业体系,其中6家公司属于三大重点支柱产业,21家公司布局三大重点新兴产业;南通各辖区在不同行业中仅有1-2家上市公司,行业分布具有较高的分散度。

(二)上市后资本运作方面

南通上市公司再融资方式多元,募资投向南通项目的规模有所增加,并购案例集中在电气设备和机械设备等行业,境外上市公司已达7家。再融资方面,方式更加多元化,整体水平与南京、苏州存在一定差距。2017年南通共有9家上市公司通过定增、配股、公司债等形式开展了11笔再融资,合计融资规模为151亿元。其中,增发融资的规模占到总融资规模的50%左右,债务融资规模比重逐年上升。但南通上市公司再融资整体情况与南京和苏州的水平存在差距。项目投入方面,南通上市公司在南通投资项目的规模有所增加。2015-2017年南通上市公司计划使用658亿元募集资金投资133个项目,实际已投入资金432亿元。其中2017年计划投资32个项目,计划投入募集资金145亿元,较2016年分别下降13%左右。并购重组方面,南通上市公司并购比例较高,并购集中在机械设备、生物医药和电气设备行业。2017年南通有8家上市公司合计发起完成12起并购案例,涉及机械设备、医药生物、健康环保、工程建筑等共4个行业,并购总规模合计为11.34亿元,南通上市公司并购的平均规模仅为0.35亿元,显著小于南京、苏州、无锡和常州。国际化方面,2017年新增香港创业板上市公司一家,截至2017年年底,有7家公司分别在美国、新加坡和香港上市。

(三)新三板挂牌企业方面

南通新三板挂牌企业主要集中于工业和材料领域,数量低于南京、苏州、无锡和常州,但盈利能力显著优于上述四个对标城市,企业资产规模与净利润正向关联度较强;企业主要通过定增和发行企业债的方式进行再融资,建筑企业再融资规模较大,2017年新三板企业南通三建在香港成功发行3亿美元境外债券,这是南通地区第一支境外债券,也开创了中国民营建筑企业赴境外公开发行美元债券的先河。截至2017年年底南通新三板挂牌累计企业数量为84家,正常挂牌企业76家,南通新三板挂牌企业分布于工业、材料、可选消费、信息技术、医疗保健、日常消费、金融、建筑、公用事业、能源这 10 个行业,在"3+3 产业"体系中智能装备和新材料领域的企业数量较多。南通新三板挂牌企业平均营业收入和平均净利润分别为 2.07 亿元和 1 114 万元,净利润增长率高达 48.6%,意味着南通新三板挂牌企业盈利能力较强, 主要是因为南通新三板挂牌企业中存在营业收入和净利润特别高的企业,如南通三建、都市牧歌、太阳股份、容汇锂业和欧贝黎。通过数据分析可知,新三板挂牌企业资产规模与净利润水平相关性高。除建筑类企业盈利能力较强外,公用事业、信息技术等行业盈利能力也较强。再融资方面,2017 年南通共有 20 家新三板挂牌企业通过定增和发行公司债的方式进行再融资,再融资比例 26.3%,再融资规模合计为 31.44 亿元,平均再融资规模为 1.1 亿元,在省内处于领先地位。

(四)上市、挂牌企业对地方发展贡献方面

从证券化率、产业链布局等方面来看,南通上市和新三板挂牌公司对地方经济的贡献度较高。首先,南通证券化率排名与 GDP 排名的匹配程度较高。截至 2017 年,南通上市公司总市值约为 3 743 亿元,位列江苏省第四;同期 GDP 约为 7 734 亿元,也位列江苏省第五;证券化率约为 48.4%,位列南京、连云港、无锡和苏州之后,排名第五。截至 2017 年年底,江苏上市公司总市值约为 40 552 亿元, 位列全国第 5;GDP 约为 85 901 亿元,排名全国第二;但证券化率仅为 47.2%,低于北京、上海、广东、浙江、福建等地区。南通上市公司不断拓宽及延长产业链,同时布局新兴产业。一方面,南通传统优势产业中的上市公司不断完善和衍生产业链,持续提高产业的丰厚度,例如罗莱生活、中天集团、通富微电、中航高科等公司围绕产业升级引入新技术、新产品。另一方面,南通上市公司已开始布局新能源、节能环保、智能装备等战略新兴产业,例如,中天科技开展储能设备和动力电池等新能源业务, 中国天楹开展环保基础设施项目和环保设备等业务,金通灵以高端装备制造为龙头布局农业绿色能源。

二、主要做法

(一)规范化引领

在强化服务的同时,更注重制度建设,以制度强化工作推进,先后出台《入轨企业管理办法》《中介机构管理办法》《中介机构勤勉尽职》等系列文件。

(二)地毯式宣传

紧密围绕企业需求和政策更迭,坚持每月开展1场资本市场培训;充分利用媒体,借助企业上市、挂牌以及其他重要活动开展宣传活动;深入具体企业实地调研,面对面宣传。通过全方位、地毯式宣传,努力激发企业进入资本市场热情。

(三)保姆式服务

建立梯队培育制度,针对上市工作的不同阶段,分类指导重点突破,将工作时间量化到周、具体落实到人。坚持服务"零距离",努力第一时间掌握企业诉求,企业有需要随时上门,有困难及时解决,实施"保姆式"服务。

(四)产业链延伸

鼓励发展私募股权投资,解决企业"起步一公里"的问题。设立陆海统筹基金,以母基金的方式与社会资本合作;建立公益性股权投融资对接平台——"南通创业融资服务平台",通过线上网络和线下路演组织,切实解决信息不对称问题。

三、存在问题

南通市上市企业及新三板企业总体发展良好,但也存在以下一些问题。

(一)上市后备力量梯队建设仍偏薄弱

随着证监会审核趋严,再加上南通市企业本身存在的问题等因素,去年,我市4家企业撤回材料,今年2家企业IPO连续被否,企业上市工作面临比较困难的局面。

(二)南通资本市场利用率不充分

截至2017年年底,南通证券化率为48.6%,仅相当于全国中等水平。一方面,南通上市公司数量偏少;另一方面,南通上市公司市值较小。北京、上海上市公司证券化率较高主要是因为两地国有上市公司比例较大且市值较高,而南通国有上市企业占比仅为6%。

(三)南通上市公司再融资意愿较低

南通上市公司再融资规模与南京、苏州、无锡和常州存在差距,且自上市或挂牌以来未进行再融资的公司数量较多,2017年南通32家上市公司中有9家公司通过3种方式进行11笔、规模共计151亿元的再融资,与南京、苏州等再融资水平有一定差距。截至2017年年底,除2017年新增上市公司以外,南通共有7家上市公司自上市或挂牌以来未进行再融资。

(四)南通各辖区上市公司行业与区域重点产业匹配程度待加强

南通各辖区上市公司行业类别与重点产业布局的匹配程度较低,绝大部分辖区已上市公司的行业类别不是地区重点布局的产业,且地区发展新兴产业主要依托非上市公司,仅有通州区和崇川区分别重点发展的智能装备产业和电子产业中有已上市公司。

四、下一步工作计划

2018年,我们力争新增上市公司3家,围绕这个目标,我们将重点做好以下工作。

(一)坚定不移推进企业上市

目前已针对50多家入轨企业,分地区建立了挂钩联系制度,并将会同各有关部门进一步落实企业上市全流程"保姆式"服务机制,按照股改一批、辅导一批、报会一批、上市一批的工作要求,强化上市挂牌梯队建设,努力减轻企业转制改制和上市中的规范成本。

(二)做好企业上市的"前延"、"后伸"工作

"前延"就是大力发展私募股权投资,"后伸"就是鼓励上市公司开展并购重组,做大做强。下一步,我们将继续鼓励支持符合条件的企业去新三板挂牌,并积极利用省股交中心的资源和优势,通过省股交中心南通分中心设立,探索南通创业融资服务平台与省股交中心"南通板"的有效对接,帮助企业利用好场外市场。借力国内有实力的投资机构,进一步提升"江海创投行"的活动质量,帮助南通市企业利用多层次资本市场发展。同时,我们将继续鼓励上市公司通过增发、配股、可转债、可交换债等方式实现再融资,大力支持企业合理并购重组,实现做大做强。

撰稿人:郑秋实

2018年4月

南通市对外经贸发展报告

南通市商务局

一、外贸发展好于全国全省

2017 年全市外贸进出口总值为 2 360.2 亿元,同比增长 16%。其中出口 1 691.9 亿元,同比增长 11.5%;进口 668.3 亿元,同比增长 28.9%。进出口增幅高于全国(14.2%)1.7 个百分点;出口增幅高于全国(10.8%)0.7 个百分点。进口增幅高于全国(18.7%)10.2 个百分点。全年南通市进出口总量仍然位居全省第四位。

1.出口市场更趋多元。2017 年全市出口市场排名前五的国家和地区分别为美国、日本、中国香港、荷兰和印度;全市进口市场排名前五的国家和地区分别为美国、日本、卡塔尔、韩国和澳大利亚。占全市出口 42.2% 的三大主体市场出口增长 14%,其中对欧盟、美国、日本出口增幅分别为 23.5%、17.4%、2.3%。欧盟成为荷兰市第一大出口目的地。占全市出口 26.4% 的新兴市场出口增长 6.4%,其中对拉丁美洲、非洲、东盟出口增幅分别为 18.4%、5.9%、4.7%。对"一带一路"沿线国家进出口 767 亿元,同比增长 17.7%,高出同期全市平均增幅 1.7 个百分点。

2.产品结构不断优化。服装、电器电子、化工、家纺、船舶海工、机械设备等六大主导产品占全市出口的 59.1%。得益于招商局重工、中远船务、中远川崎等大户增长带动,船舶海工出口大幅增长 50.9%;集装箱出口增长 38.9%;机械设备增长 13.6%;占全市出口比重 39.3% 的机电产品出口增长 7.6%。占比 28.7% 的纺织服装、占比 9.7% 的农药化工产品出口分别增长 6.4%、23.9%。

3.贸易方式不断完善。全市一般贸易进口、出口分别为 1 530.6 亿、

1 046.9 亿元,同比分别增长 21.1%、11.6%;全市加工贸易进出口、出口分别为 564 亿元、413.8 亿元,同比分别增长 1.9%、6%。一般贸易进出口占比为 64.9%,加工贸易进出口占比为 23.9%。新业态加快发展。叠石桥市场采购贸易方式试点出口 210.6 亿元,同比增长 22.1%,占全市出口 12.4%。跨境电商"9610"项下出口 5 874.7 万元,同比增长 328.9%,规模位列全省第一、全国前列。外贸综合服务企业一达通、亿森供应链合计出口 15.8 亿元,是去年同期的 4.4 倍。华夏航空"飞机部件航空维修再制造加工贸易业务"国家级试点正式启动,3 架飞机预计实现进出口额450 万美元。新业态试点对全市出口增长贡献率达 30%。

4.**主体实力持续增强**。全市全年有进出口实绩企业 6 606 家,较去年同期增加 808 家;有出口实绩企业 5 495 家,较去年同期增加 178 家。30 家企业进出口超十亿元,365 家企业进出口超亿元,进出口总量占全市 72.2%;280 家企业出口超亿元,出口总量占全市 63.8%。全市民营进出口、出口分别为 1 131.4 亿、928.2 亿元,同比增长 19.3%、13%。

二、走出去稳健有序发展

1.境外投资逆势增长。国家加强境外投资真实性、合规性审查,企业境外投资更加谨慎理性。全国、全省境外投资分别下降 29.14%、34.82%,南通市境外投资中方协议投资额 13.6 亿美元,增长 12.5%,总量全省第三,占全省比重 14.7%。从投资行业看,主要流向以产能合作为主的制造业、建筑业、环境管理业,协议投资分别为 25 678 万美元、17 030 万美元、78 587 万美元,合计占全市总量的 89%。房地产、体育、娱乐等行业无新增投资。从投资国别看,南通市对 27 个国家(地区)有境外投资,其中,欧洲是南通市境外投资最多的地区,中方协议投资额 80 335 万美元,增长 1 092.52%,占全市总量的 59.06%。对"一带一路"沿线 10 个国家协议投资 24 990 万美元,占全市总量的 18.37%。从项目类型看,并购类项目 14 个,中方协议投资 90 296 万美元,增长 106.60%,占全市总量的 66.38%。其中,中国天楹总投资 16.03 亿美元,并购西班牙城市服务有限公司,获取先进垃圾处理技术;罗莱生活投资 8 300 万美元,并购美国知名家居企业莱克星顿公司,获取品牌和营销网络。

2.对外承包工程降幅收窄。对外承包工程新签合同额 69206 万美元，完成营业额 152 267 万美元，下降 11.86%，同比降幅收窄 7 个百分点，呈现向好发展态势。新兴市场增长较快。在马来西亚、印尼、柬埔寨等东盟国家完成营业额 18 002 万美元，增长 26.29%，非洲和中东传统市场完成营业额 93 078 万美元、28 760 万美元，分别占全市总量的 61.13%、18.89%，仍是南通市对外承包工程主要市场。其中，在"一带一路"沿线 15 个国家，完成营业额 53 511 万美元，占全市总量的 35.14%。新签大项目有所增长。新签 3 000 万美元以上项目 7 个，合同额达 44 568 万美元，增长 21.35%，占全市总量的 64.40%。装备制造总成套项目增多。江苏鹏飞新签哈萨克斯坦、土耳其水泥厂生产线项目合同额超过 1.2 亿美元；中天科技新签柬埔寨国家电力公司输电线路总包项目合同额 3 014 万美元。援外项目取得突破。全市新增援外项目 4 个，合同额 8 579 万美元。其中，龙信集团连续中标佛得角大学和博茨瓦纳莫帕尼小学项目，南通三建成功中标援科特迪瓦阿比让精英学校项目。

三、服务外包发展较快

2017 年，全市服务外包执行额 23.71 亿美元，同比增长 35.48%，其中在岸执行额 17.35 亿美元，同比增长 40.95%；离岸执行额 6.4 亿美元，同比增长 22.52%。新增服务外包企业 70 家，总数达 1 213 家。新增从业人员 14 954 人，累计达 7.6 万人。

1.业务层次不断提升。南通市服务外包产业 ITO、BPO、KPO 占比分别为 53.65%、21.38% 和 24.97%。以华冈、凌志等为代表的 ITO 外包企业逐步向高端装备内嵌软件、产品制造过程管控软件等新兴软件技术领域拓展。BPO 领域的携程、91 网络等企业不断开拓"互联网+"应用新领域。在岸市场保持稳定增长的同时，离岸外包市场从日本、美国、欧盟等地区向东南亚、中东、澳大利亚等 30 多个国家和地区拓展。赛格动漫基地的龙图、多多、卡梦等企业新开拓了日韩动漫手绘业务，海门慧聚药业开始承接台湾企业的新药研发业务。

2.示范城市建设成效显著。在全国服务外包示范城市综合评价中，南通以新晋城市的身份位列第 23 位，居地级市第 4 位，进入全国第二梯队。在商务部国际贸易研究院组织的31个中国服务外包示范城市评选中,南通被评为12个中国服务外包风采城市中的"中国服务外包最佳新锐城市"。海门临江生物医药科技创业园被省商务厅授予"江苏省服务外包示范区"。携程等6家企业、江苏中天软件等3家企业分获2016、2017中国服务外包百家成长型企业,江苏锐聘获评全国优秀服务外包培训机构。南通国际服务外包产业园获评全国服务外包特色产业集聚区。南通服务外包企业协会获评年度最佳服务外包协会。

四、2018年全市外贸、外经、外包发展主要举措

1.**争创外贸发展优势。**放大市场采购贸易方式试点效应,完善核心功能,精准配套政策。加快内外贸融合,举办"一带一路"进出口商品交易会。积极申创国家跨境电商综试区。支持华夏飞机保税维修再制造加工贸易试点扩大规模、规范监管。加快推进外贸中心建设和外贸综合服务企业发展。继续完善参展、品牌培育、通关便利、融资信保等助力企业拓展市场的支持政策。

2.**推进走出去健康发展。**创新境外投资方式,引导企业建立境外研发中心、生产基地、营销网络,促进海工、家纺等优势产业到"一带一路"沿线国家和地区布局发展,巩固以色列工程承包市场,拓展中东市场,提升对外工程承包层次。提升综合服务能力,举办"一带一路"重点国别投资说明会,加强融资支持、人才培训、风险防控。

3.**加快发展服务贸易和服务外包。**建立服务贸易考核、政策、统计机制,做大服务贸易规模。放大服务外包示范市效应。办好全球服务外包大会(南通)峰会、南通(上海)服务外包发展合作恳谈会。促进服务外包与"3+3"产业深度融合。推动市区相关板块加大软件和信息技术、数据应用及科技研发项目招引力度。

2018年4月

南通市民营科技企业发展报告

南通市科学技术局

　　2017 年,南通市科技局在市委、市政府的正确领导下,南通市民营科技创新工作紧紧围绕全市民营经济工作会议的部署和全市民营经济发展重点工作目标任务,瞄准"两聚一高"目标,以科技创新推动"创新之都"建设,以科技创新引领新旧动能转换,以科技创新加快富民强企进程,深入实施创新驱动发展战略,发挥科技创新在全面创新中的引领作用,集聚创新资源,助推民营经济迅猛发展,为加快民营企业快速发展,实现南通市产业结构提升提供强有力的科技支撑。

　　全市高新技术产业快速发展,总量位居全省第二,占全省份额由10.54%增至11.15%。占规模以上工业产值的比重达到50.3%,比2017年增加3个百分点,列全省第二位。2017 年,新认定省高新技术产品 927 个,列全省第三位,新增省级民营科技企业 536 家,列统企业数为 11 637 家,总收入为 11 612.16 亿元,企业累计拥有有效专利数达到 83 523 件,从业人员达到 1 174 173 人,从事科技活动人员达到 162 948 人,科技活动投入经费达到 1 099.38 亿元,民营科技企业列统数和技工贸总收入数均居全省前茅。

　　一、积极打造双创品牌,不断优化民营经济发展环境

　　一是全力推进中央创新区科创中心建设。围绕科创中心总体建设要求,完成《南通科创中心建设初步研究》《南通科创中心规划建设初步方案》等研究报告,积极开展科创中心城市设计研究和产业研究,目前产业发展规划研究、空间布局研究、启动区建设方案已基本完成。到 2017 年年底在谈科技项目 30 多个,与中科院系统的上海技物所、北京自动化所、上海微系统所签订入驻协议，与中科院签订"人工智能产业国际交流中心"框架协议，与深圳腾讯、金光纸业等 3 家企业签订项目合作协议，沈学础、匡定波、薛永祺、顾晓松 4 位院士团队正式入驻，与同济大学、中科院兰州物化所等 9 家高校院所签订入驻合作意向书，与天津大学、北京航空航天大学、吉林大学、大连理工大学等 10 多家单位进行入驻洽谈。

二是推进众创社区、众创空间和众创集聚区建设。全年新增市级以上众创空间 11 家，目前，我市国家级众创空间 9 家，省级 18 家，市级 17 家，总数达到 44 家。

三是扎实推进"通创荟"系列活动和"创新南通"平台的更新升级。组织融资对接活动 2 场，现场为 16 个创新创业项目取得 3 000 万元融资意向；组织创新创业大赛 2 场，300 多个项目参赛，推荐 6 个项目参加省级大赛、7 个项目参加国家大赛。组织通创训练营 6 场，培训人次超过 1 000 人；连续第三年支持"创业沙拉"在南通开展活动，今年有 700 多人次参加。根据创客需求和南通市实际，在高校、科研院所、投资机构、孵化器、创业成功企业中建立了一支 27 人的双创导师团队伍。线上"创新南通"点击量已超过 85 万人次，微信粉丝超过 1 700 人。精心组织"通创荟"系列活动。今年以来，共组织"通创荟"系列活动 17 场，其中主体活动 5 场，培训人次超过 3 000 人，参与创新创业项目超过 800 个，其中有 56 个项目在面向投资机构现场路演中，对接意向投资超过 4 亿元，已签约近 1.2 亿元。

二、全力推进智能装备产业发展

全市智能装备产业产值 2 154.3 亿元、增幅 15.1%，增幅列全市第三，比规模以上工业产值高 6.7 个百分点。全年新认定智能装备高新技术企业 94 家，培育智能装备高新技术产品 223 个，新开工的亿元以上项目 174 个。成功举办智能装备产业企业家面对面活动，在上海举办智能装备产业投资与发展恳谈会，15 个项目成功签约，项目总投资额 38.4 亿元。积极培育行业龙头企业，力星通用钢球、鹏飞集团入选全国制造业单项冠军示范企业，行业排名全国第一；神通阀门、中兴能源装备入围国家制造业单项冠军培育企业，全国领先；振康焊接在 2017 中国机器人年度评选中荣获最佳零部件奖。深入开展产业研究,形成《南通市智能装备产业发展报告》,制订并印发《2017 年智能装备产业工作意见》。编写《南通智能装备产业招商指南》,为招商引资提供参考,有 4 个智能装备产业类项目成功签约。在中关村举办科技创新专题培训班,助推南通市"3+3+N"产业园区、孵化器等建设,推动项目运作、成果转化及产业化。海安机器人产业园与哈工大机器人团队签订共建研究院协议。推动企业资源共享,建设 3D 打印公共服务平台、智能装备维保中心,目前有 60 余家企业 150 多台套设备和仪器参与共享和提供有偿加工。突出抓好项目建设,市县联动做好对接服务上海智能装备产业招商工作。

三、不断加强企业培育,突出企业创新主体地位

一是抓高新技术企业培育。坚持市科技、财税部门联动和市县科技部门联动,扎实做好高企申报工作,总计申报 704 家,目前全市高企达到 1045 家。

二是抓企业研发机构建设。按照"有技术人员、有场所设备、有研发经费、有研发方向、有专利产出"的"五有"标准,采取"找准定位、明确任务、集聚人才、落实经费、提供条件装备、构建运行机制、开展研发活动"的"七步工作法",通过网格式包干、个性化辅导等手段,推动企业研发机构建设,新增省级工程技术研究中心 18 家、企业院士工作站 3 家、企业研究生工作站 31 家,认定市级企业研究院 2 家、市级工程技术研究中心 65 家。

三是抓科技金融扶持。新认定南通市科技型中小企业 66 家,市级科技型入库企业总数达到 776 家,全年全市"苏科贷"产品实际投放贷款近 10.4 亿元,支持企业 226 家,"通科贷"产品实际投放贷款近 30 亿元,支持企业 550 家,有效缓解了科技型中小企业融资难问题。

四是落实科技创新政策,推动科技成果转化。抓政策落实,带动通过政策激励和引导,2017 年 11 月公布的 2016 年全市企业研发经费占销售收入的比重达到 1.11%,位居全省第四。2017 年落实高企税收优惠和企业研发费加计扣除减免所得税 18.53 亿元,较上年增长 30.5%。享受高企政策企业 406 家,比上年增加 87 家,享受企业研发费加计扣除政策企业

724 家,比上年增加 136 家。

四、加强创新载体建设,为民营科技企业发展筑巢引凤

一是推进高新园区建设,强化产业集聚,充分发挥南通高新区联席会议制度的作用,围绕推进南通高新区打造"特色产业、新兴产业、高技术服务业"三大产业集群,每季度与南通高新区召开一次联席会议,共谋加快推进南通高新区发展,集成创新资源,支持南通高新区生物医药产业园、省纺织丝绸技术研究所、重大科技成果产业化项目、众创空间等创新创业载体建设。二是全力推进众创社区、孵化器建设。全年新增国家级孵化器2 家,省级科技孵化器 4 家,新增省级众创社区 2 家。三是积极对接上海创新资源。与上海市科委、上海市知识产权局、中科院上海分院、张江高科技园区、上海市生医药科技产业促进中心、中科院上海技术物理所、俄罗斯圣彼得堡理工大学上海办事处等进行了科技创新资源具体对接。委托上海前滩新兴产业研究中心完成"南通对接上海全球科创中心科技创新资源专项研究"报告。起草《南通对接服务上海科技创新资源调研报告》和《南通市对接上海科技创新资源行动方案》,全面深入地筹划实施与上海创新资源的精准对接服务。新增产学研合作项目 117 个,合同金额近 1亿元,发生金额 2 000 多万元,30%以上的项目实现了年内合作经费全部到账。新建创新载体、合作平台 10 个,其中,大院大所 3 家,技术转移中心 4 家。

五、突出产学研合作,不断集聚创新资源

产学研合作成效明显。备案产学研合作项目 40 项,合同总额 2859.8万元,落实产学研合作后补助经费 303.65 万元。梳理汇编全市企业技术需求 1 072 项和节选摘编高校院所科技成果 698 项。建立全市产学研合作统计报告制度和双月工作简报制度,推动广大企业与知名高校、大院大所开展务实合作。坚持"走出去、请进来"、市县联动方式,先后组织开展中国江苏大院大所合作对接暨第六届产学研合作成果展示洽谈会、南通高端纺织推介会、2017 南通·兰州高校院所产学研合作洽谈会等 9 次重大产学研活动,2017 南通大院大所合作对接恳谈会的活动组织及实际成效得到省科技厅高度肯定并获产学研活动后补助 31 万元,全年实施产学研合作项目 623 项。

六、加强专利保护，为民营企业保驾护航

一是统筹推进知识产权强市建设。编制印发《南通市"十三五"知识产权发展规划》和《南通市加快建设知识产权强市工作方案（2017-2020年）》等文件。二是着力推进企业知识产权工作。积极推进高新技术企业、上市企业参与贯标，全年新增贯标备案企业 238 家，贯标绩效评价企业 43 家，国标第三方认证企业 25 家，贯标企业数位居全省前列；加强知识产权示范、优势企业培育，全市获评国家知识产权示范企业 7 家，获评企业数全省第一；另有 20 家企业获评国家知识产权优势企业，位居全省第二；申报市专利强企试点示范企业 400 余家。三是加大知识产权保护力度。开展专利行政执法检查月活动，目前已开展省市县联合执法检查和多部门联合执法检查 13 次，共办理专利案件 823 件，同比增长 20.3%，案件结案率达到 95% 以上。四是专利创造质量稳步提升。2017 年全市专利申请量 54 742 件，位列全省第三，其中发明专利申请量 13 386 件，同比增长 43.89%，PCT 专利申请量 988 件，位列全省第二；全市发明专利授权量 2 630 件；有效发明专利 17 383 件，位列全省第四；万人发明专利拥有量为 23.81 件，同比增长 29.97%，位列江北第一。全市获国家专利优秀奖 11 项，获奖数全省第三；获省专利金奖 2 项，优秀奖 6 项，金奖数全省第二。

2018 年，我们将充分把握省"1+3"重点功能区战略和上海北大门建设战略发展机遇，以建设创新型城市、打造创新之都为主线，以深化科技体制改革和完善科技创新体系为抓手，以促进产业创新转型、提升企业自主创新能力和新兴产业培育为重点，以构建开放融合互惠共赢的协同创新体系为保障，以科技创新转换发展新动能为目标，扎实推进《创新之都行动方案》，统筹推进科技创新、改革创新和开放创新，加快培育创新发展新引擎，营造创新驱动的政策环境和生态环境，激发全社会的创新活力，提升科技进步对经济发展的贡献度。重点抓好以下主要工作：

一是以产学研合作为抓手，着力突出企业创新主体地位。围绕"规上高企产学研全覆盖工程"，以科企双见面活动为抓手，针对南通优势产业和战略新兴产业，组织好年度大型综合性产学研对接活动，同时采取小分队、多批次、专项技术领域的科技企业走进大院大所的科企双见面活动。强化科技型企业创新能力培育,按照科技型企业、高新技术企业、创新型领军企业创新需求,突出分类指导、梯队发展、层级提升,培育一批创新型企业集群,为产业转型升级打下坚实基础。

二是以重大产业技术创新平台为依托,着力推动"3+3"重点产业创新发展。以提升产业核心竞争力为目标,以围绕产业关键核心技术研发为根本,按照"3+3"重点产业重大产业技术创新平台全覆盖目标,依托行业龙头企业,联合国内行业知名专家和高校院所,建设和提升一批重大产业技术创新平台,力争形成一批特色鲜明、能力突出、支撑强劲的产业技术研发转化先导中心,引领支撑产业创新发展。

三是以建设中央创新区为先导,着力打造具有区域影响力的创新之都。瞄准"创新之都"的战略定位,围绕本市"3+3"产业创新发展需求,在前期规划论证的基础上,对应"5+5"(5家国内知名科研院所、5家国内外一流高校)招引目标,实现研发平台与产业发展协同创新,打造南通"创新特区"。

四是以推进大众创业万众创新为突破口,着力构建创新生态系统。进一步整合、盘活、拓展创新创业资源,推动众创空间等新型科技企业孵化器和科技企业加速器扩量、提质、增效,构建"苗圃—孵化器—加速器"科技创业链条,打造科技人才创业"栖息地"。启动培育和打造一批"创新资源富集、创业服务完善、产业特色鲜明、人居环境适宜、管理体制科学"的众创社区,推动南通智慧技术众创社区首期工程改造提升完成并投入使用,使众创社区成为本市推进科技创新创业的新高地、区域特色战略新兴产业和高新技术产业发展的重要策源地。以"通创币"种子资金为杠杆,支持创业团队创新创业。坚持以"通创荟"活动为牵引,推动创新创业与科技金融对接,与培训导师团队对接,构建功能更强、体系更完善的大众创业万众创新全过程服务链,营造有利于大众创业、万众创新的良好生态。

五是以创建国家知识产权强市为目标,着力提升创造运用保护水平。深入实施《南通市"十三五"知识产权战略规划》,按照《南通市知识产权强市试点方案》部署要求,积极争创国家知识产权强市试点市。完善知识产权密集型产业培育工作机制,建立产业专利数据平台和专利运营平台,引导专利创造和集聚。深入开展知识产权投融资服务,建立知识产权投融资服务平台引导银企对接。设立专利强企试点培育计划,加强知识产权优势企业培育。开展核心技术专利布局,引导企业围绕主导产品的关键核心技术,开展专利挖掘布局,形成专利组合,扩大保护范围,提升专利价值。建立企业知识产权风险防范服务体系,加强市县区联合执法,保护专利人的合法权益。

六是以对接上海科技创新为抓手,着力全方位集聚创新资源。主动对接上海创新资源,重点与上海的科技服务机构和设施、科技园区、高校院所、知名企业、"双创"人才等实行"六大对接",承接技术转移,实现合作共赢。推动政产学研合作向中西部、东北部高校和中科院延伸,向中国香港、台湾等地区拓展,深入推进与清华大学全面战略合作,促进更多创新型项目落户南通,更多科技成果在本市转移转化。推动国际科技合作,加强与国(境)外企业、高等学校和科研院所合作,争取共建产业技术转移园区,吸引创新要素跨境流动。

七是以提升产业核心竞争力为重点,着力推动智能装备产业转型升级迈向中高端。围绕产业关键核心技术创新,布局创新资源,培育产业创新优势,提升产业核心竞争力。

撰稿人:喻兴龙
2018 年 5 月

南通市民营经济纳(国)税报告

南通市国家税务局

　　2017年,从宏观经济面看,南通市国民经济发展仍处于筑底阶段,地区生产总值增长速度回落至7.8%,但仍高于全省7.2%的均值。而由于"营改增"为主要内容的税制改革与税收优惠政策的全面到位,本市一般公共预算收入中,各项税收收入2017年仅取得1.3%的增长。当然,由于不可比因素（2016年1-4月建筑房地产及金融保险等征收营业税,而2017年度已全部改征增值税）,所以2017年度以增值税为主体税种的国税总收入达到了516.29亿元,比2016年度增长了35.03%。而本市民营经济表现更为亮眼,民营经济缴纳国税税收总量达329.13亿元,同比增长36.85%,占全部国税税收收入比重进一步提升到63.75%。充分显示民营经济的发展势能和发展后劲要高于其他经济成分。特别是工业品制造和建筑房地产这些民营经济占比最高的行业,2017年实现的税收增长都是非常靓丽的。相信随着我国宏观经济形势的日渐趋稳和经济结构调整的稳步推进,本市民营经济发展将取得更大的成就,为国家和地方贡献的税收收入将更加丰厚。

　　一、南通市民营经济税收现状分析

　　1.税收收入总量和占比均实现了大幅提升

　　2017年,我市民营经济实现国税收入总量达329.13亿元,增幅达36.85%,快于总体国税收入增长1.82个百分点,占国税总税收收入比重高达63.75%(见表1)。

表1　同税种统计口径下2016-2017年南通市民营经济税收收入情况

单位:亿元

年份	国税总收入	民营经济税收总量	所占比重(%)	税收入增幅(%)	民营经济税收收入增幅(%)
2016年	382.36	240.5	62.9	10.76	23.98
2017年	516.29	329.13	63.75	35.03	36.85

当然这其中有不可比因素,主要是2016年1-4月建筑房地产以及金融服务等行业还是缴纳的营业税(由地税部门征收),而2017年度已经全部改为缴纳增值税(国税部门征收)。事实上从行业平均税负分析,制造业和营改增后的房地产业等整体税负是下降的。

2017年度本市民营经济纳税人注册登记数量继续实现快速增长,全年新增民营经济纳税人57 345户,其中较具经营规模的增值税一般纳税人13 877户,小规模纳税人(含个体工商户)43 468户。这些新鲜"血液"的注入,为本市民营经济实现税收增长提供了源源不断的动力。而随着"营改增"全面实施,增值税抵扣链条牢固确立和规范运转,极大地提升了税收征管效率。同时,随着金税三期工程的顺畅运转,纳税信用等级评定体系越来越公开公平、透明、公正,纳税人越来越重视自己的信用等级评定,过去一些不规范的操作越来越少,在阳光下经营和纳税成为绝大多数纳税人的共识和自觉行动。所有这些因素,都促使本市民营经济税收加快进入健康发展的轨道,在享受国家税收优惠政策的同时,总体税收收入越来越多,占比越来越高。

2.南通市民营经济税收增长各地区间日趋均匀,无论总量和占比都稳定提升,地区差异开始缩小。

2017年,市区民营经济实现国税收入占比为55.19%,增速达43.05%,主要原因跟房地产销售快速增长有关。同样的如海门市,2017年民营经济实现税收增长达53.75%,也与当地房地产供不应求,房产价格上升较快的现状相符。而如皋市2017年度继续保持了新增民营经济纳税人数量第一的优势,因此其民营经济税收增幅也较大(见表2)。

表2 2017年南通市民营经济税收分地区分析

单位:亿元

地区	民营经济实现税收	民营企业占比(%)	民营经济增长(%)	全部税收	增长(%)
合计	329.13	63.75	36.85	516.29	35.03
市区	112.71	55.19	43.05	204.21	32.12
海安	35.22	70.90	29.83	49.67	34.47
如皋	39.77	72.11	34.27	55.14	32.60
如东	28.99	65.27	23.36	44.41	31.08
通州	37.72	70.70	30.87	53.35	29.50
海门	33.76	67.86	53.75	49.75	51.94
启东	40.97	68.56	33.49	59.75	44.13

3.民营经济企业组织架构更趋合理,以股份制为主要方式的现代企业组织架构,充分显示了其强大的生命力和发展潜力,私营企业作为第二梯队,也继续保持快速稳健的增长。

2017年度民营经济各类型企业中,股份制企业实现税收占了全部税收的62.17%,税收收入增长速度则达到了30.47%,成为民营经济当仁不让的主力军(见表3)。同时,由于国家和南通市地方政府对个人创业的各种扶持和鼓励,南通市私营企业的发展继续保持非常强劲的势头,实现税收也在快速增长中,所占比重已达近三分之一。个体工商户受惠于增值税起征点提高,尽管税收收入保持了增长,但所占比重依然在逐年降低。而个体工商户数量的稳定增长,依然为南通市民营经济发展提供了生生不息的创业源动力!

表3 2017年我南通民营经济税收分经济类型分析

单位:亿元

项目	小计	集体企业	股份合作企业	联营企业	股份公司	私营企业	个体经营	其它企业
各类型税收	329.13	0.57	1.01	0.07	204.62	105.03	15.77	2.06
所占比重%	100	0.17	0.31	0.02	62.17	31.91	4.79	0.63
增幅%	36.85	-35.23	106.12	16.67	30.47	51.60	29.26	171.05

4.2017年度,行业税收增长发生新变化,房地产与建筑业税收均取得巨幅增长,而批发业、化工、纺织服装和机械制造等传统行业税收增长也很明显,表明这些行业已进入复苏阶段。

表4是2017年南通市实现国税收入前10位的行业排名表,除货币

金融服务(银行)业外,其他9个行业都是南通市民营经济纳税人占据主体地位的。而在金融业中,虽然目前国有银行仍占主体,但近年来大量地方性银行涌入南通市开设分支机构,带来了南通市金融业的繁荣景象,这些金融机构民资占有较大比重,其经营的灵活性和发展的超常规,大家有目共睹。这也是南通市金融业实现税收收入实现大幅度增长的一个主要原因。

房地产业税收实现了153.78%的超常规增长,有两个主要原因:一是相比2016年1-4月该行业尚未营改增,其缴纳的营业税不在国税缴纳,所以不好进行同口径比较,若以时间长度粗略考量,至少应减除三分之一的增幅。二是去年南通市房地产行业确实呈现了量价齐升的繁荣景象,市区及部分县市辖区呈现抢购房产的现象,由于税收是以现行价格计征的,所以相较于该行业GDP的增长要高出很多。但房地产业税收增长是否能持续是有疑问的,随着国家宏观调控的逐步落地,预计房地产业将回归平稳发展的轨道。

与房地产业税收增长相联系的另一个行业就是建筑业,之所以把这个行业税收放在表格最下,是因为在税收行业统计中,该行业被细分为房屋建筑业、土木工程建筑业、建筑安装业、建筑装饰装修和其他建筑业四个子行业,其中土木工程建筑业2017年度实现了705.57%的几何级增长,这与南通市开始掀起新一轮市政工程建设高潮相契合。与房地产业税收发展前景不同,由于南通市正在开始城市地铁施工,以及以宁启铁路和沪通大桥建设为主的路桥工程建设进入冲刺阶段,预计2018年度南通市建筑业税收收入仍将保持快速增长的势头。交通大发展不但对南通市国民经济基础设施建设带来巨大的促进和完善,也将为南通市税收与财政收入带来丰厚的回报。

随着交通基础设施的持续改善,以大交通大物流为依托的批发业也呈现快速增长的喜人形势,2017年批发业实现国税收入取得26.92%的高增长。随着南通市水陆空各项交通基础设施的进一步发展与完善,南通市商业流通行业的发展前景将越来越好,发展越来越快,实现的税收收入也将快速增长,且是可持续的。

表4 2017年南通市民营经济税收收入排名前十位行业

单位:亿元

行业	2017年度实现税收	2016年度实现税收	增长速度(%)
房地产业	490 106.50	193 125.72	153.78
货币金融服务	295 031.09	160 723.85	83.56
批发业	275 148.58	216 792.69	26.92
纺织业	206 514.98	178 331.12	15.80
通用设备制造业	199 024.00	159 321.85	24.92
电气机械和器材制造业	147 800.74	117 417.67	25.88
化学原料和化学制品制造业	131 164.12	98 980.01	32.52
纺织服装、服饰业	124 031.50	96 190.80	28.94
金属制品业	114 310.71	92 851.35	23.11
建筑业	289 165.38	11 7387.73	146.34

二、当前南通市民营经济税收发展机遇和挑战

无论国家还是地方政府，对支持民营经济发展是一以贯之且全力以赴的。就税收而言，当下随着国际国内宏观经济的发展和变革，减税已成为政府与民间的共识。在撰写这篇报告的时候，我国政府已宣布了降低增值税税率，以及对部分行业实行企业所得税减免等一系列税收新政。同时合并国地税机构，进一步方便纳税人办理各项税收事项等征管体制的改革，力度也是空前的。预料2018年在中央的统一部署下，我国税收发展将迎来巨大的变革与创新，从税制改革到征管体制改革，必将给我国经济注入更强的活力与动力。南通市民营经济纳税人应时刻关注这些变化，及时了解税收政策和法规的新变化，加强财务等部门对税收政策的学习与研究，充分利用改革良机，享受改革红利，加快积累和发展的步伐，在竞争中调整、巩固和发展自己的优势。同时，也要明白在大数据时代，信息共享将成为政府管理的有力抓手，过去一些不合规不合法的手段，将无处隐藏。诚信纳税，实现自身利益与国家利益的协调发展，在阳光下开展经营和成果核算，应该成为一个有责任有担当的纳税人的基本目标。

2018年，我们将按中央要求和上级部署实行国地税机构合并，合并后的税务机关将一如既往地为广大民营经济纳税人提供更加全面、周到、细致的一站式服务。同时，随着大数据的应用，南通市税务部门也将与财政、公安、市场监督、商务、海关(商检)、环保、社会保障等部门进一步加强联系与配合,以建设法治税务为目标,以纳税信用等级评定为抓手,努力为全体纳税人提供一个公开公正公平、有法可依违法必究的纳税环境。我们也希望广大民营经济纳税人做依法纳税的模范,通过行业协会等形式,共同学习,互相帮助和监督,协调和规范涉税行为。

三、南通市民营经济与税收发展前景展望

2018年,我国宏观经济已基本实现触底回升,且国家的有关政策红利还将陆续释放。就南通市而言,随着交通基础设施的持续发展和改善,市政建设的不断优化和推进,地区发展的小环境更好,发展机遇更多,扶持力度更强。南通市民营经济不但要持续"脱胎换骨"自我改造,更要"强身固体"谋求新发展,善于发现新机遇,善于用好新政策。在做大做强自身的同时,为国家和地方政府贡献更多的税收,为促进南通市地方经济与社会发展提供财力支撑。2018年,民营纳税人要在税收方面做好如下工作:

1.密切关注国家税收政策变化和税收机构改革的进展,积极学习、研究税收新政策,特别是税收减免税政策,主动问主动学,财务与税务多沟通,有的放矢做好税收筹划,用足用好各项税收优惠政策。

2.充分防范和规避各类税收风险。大数据时代,不能再用老观念旧手段进行不合规操作,不能有任何侥幸心理,去追逐不合法的利益。在商务活动中,更要避免自己落入别人设置的圈套,贪一时之利,遗无尽后患。对不确定的事项,多与税务机关和税务人员沟通,明确政策与法律的界限。

3.主动积极地加入行业协会等组织,抱团行动比单打独斗要可靠得多,也有力得多。这是我们再三呼吁的一个话题,源于我们在日常税收政策落实、宣传和征管服务工作中发现的一些带有行业共性问题的感悟。重复的话不再多讲,衷心希望广大民营经济纳税人通过各种协会与组织,共谋发展与进步,更好地为自己争取权益,规避风险。

撰稿人:王耀光
2018年4月

南通市民营经济纳(地)税报告

南通市地方税务局

2017年,全市地税系统积极应对复杂严峻的经济形势,通过改革创新、转型升级、提质增效等方式,凝聚各方面力量,培育各种增长点,实现新常态下民营经济税收收入的可持续发展。

一、2017年全市民营经济税收总体情况

2017年,南通市新发展个体工商户2.58万户,新增私营企业2.09万家。民营经济载体、总量、单体不断发展壮大,带来了民营经济税收的稳步增长。2017年,全市地税系统共实现税收收入324.92亿元,其中民营经济地方税收268.56亿元,同口径(剔除"营改增"影响)较去年同期的218.64亿元,增长22.83%。总体来看,主要呈现以下特点:

一是同口径税收增速较快。2017年,南通市地方税收收入总体可比增长11.2%,民营经济税收增长高于税收整体增速近12个百分点,占地方税收总量比例达到82.65%,较2017年81.13%,上升1.52个百分点。

二是地区发展略不平衡。各地民营经济税收占比差异明显,如皋所占份额最大,达91.03%,较去年提升近10个百分点,市区占比最少,仅为78.48%,两者相差12.55个百分点。

三是"营改增"减税红利显著。2016年,全市民营经济共入库营业税122.55亿元,全面"营改增"后,这部分税收收入转变为增值税,增值税抵扣链条全产业打通,制度性重复征税因素得以消除,营商环境得以进一步优化,民营经济纳税人数量显著增加。

二、民营经济税收构成分析

(一)公司制纳税人仍是民营经济税收收入的主力,个体工商纳税人则在数量和金额上达到历史新高

从经济类型上看,2017年,各类公司的税收收入占民营经济税收的8成以上,个体工商户纳税人数量达到了16.91万户,全年入库地方税收36.29亿元(详见表1)。其中:

1.公司制纳税人中工商登记注册类型为"其他有限责任公司"的纳税人,税收收入总量列各类工商登记之首。2017年,"其他有限责任公司"纳税人共入库地方税收136.84亿元,占民营经济税收收入的50.95%,去年同期占比为53.34%,其他各类工商登记纳税人地方税收占比提升了2.39个百分点。可以看出,"其他有限责任公司"仍然是民营经济税收收入的主力,但是随着"营改增"、小微企业税收优惠、高新技术企业税收优惠等政策红利的释放,南通地区的经济形态越发多元化。

2.个体工商纳税人全年入库地方税收较上年增收2.17亿元,增幅6.36%。增幅的百分比虽然不大,但是2017年作为"营改增"后第一个完整的统计年度,个体工商纳税人地方税收金额的绝对值已经反超"营改增"之前个体税收最高峰(2012年27.71亿元)近9亿元,个体工商纳税人户数也达到了历史新高。个体工商纳税人的数据一方面从侧面印证了南通市社会化征管机制日趋完善,国税、地税、政府综治办的合作卓有成效,另一方面也说明伴随着南通市的营商环境持续向好发展,大众创业的热情也日趋高涨。

表1 民营经济税收的经济类型结构情况

项目	2017年	
	税额(亿元)	比重(%)
民营经济	268.56	100
其中:联营企业	0.0003	0.0001
股份合作企业	0.7	0.26
股份有限公司	30.61	11.4
私营企业	64.12	23.88
有限责任公司	136.84	50.95
个体经营	36.29	13.51

(二)企业所得税、个人所得税、土地增值税、契税多税种贡献突出

2017年,四大税种入库民营经济税收200.26亿元,总量占比达到

74.57%。其中:企业所得税 56.42 亿元,个人所得税 52.34 亿元,土地增值税 46.37 亿元,契税 45.13 亿元。"营改增"后,市地税局综合运用外部门信息,强化风险管税,通过信息化手段,切实提高了对各项税源的有效管理,使"营改增"对地方税收的影响降到最低。(详见表2)

表2 民营经济税收的税种结构情况

项目	2017 年	
	税额(亿元)	比重(%)
民营经济	268.56	100
其中:企业所得税	56.42	21.01
个人所得税	52.34	19.49
土地增值税	46.37	17.27
契税	45.13	16.8
其他税种	68.3	25.43

(三)房地产、建筑两大行业对民营经济税收收入影响较大

2017 年,房地产业、建筑业两大行业民营经济税收仅企业所得税就入库 32.46 亿元,同时土地增值税和契税两大税种与房地产、建筑行业有着直接联系,三者合计对民营经济税收收入影响就已达到 46.16%。可以预计在一定的时期内,南通市民营经济税收仍将与房地产、建筑行业保持着强关联度。

三、民营经济税源发展中存在的主要问题

南通市民营经济迅速发展,已成为税收收入的重要支柱,但发展中仍存在着结构不合理、发展后劲不足等问题。

(一)整体竞争力仍不强

民营经济的单体纳税规模偏小,大企业、大集团偏少,难以形成税收集聚效应。另外,民营经济科技企业虽然较多,但高新技术企业较少。这些都制约着民营经济的发展。

(二)税源结构偏重房建企业

南通市房建产业在民营经济中块头较大,且以传统型发展为主,新兴产业、新型服务业占比偏低。这种行业集中度过高的现象,隐含一定的结构性风险。

(三)制造业发展制约较多

现有民营经济制造业发展层次较低,大多集中在一些技术简单,投资不大,易于模仿,便于进入的粗放型劳动密集型产业,造成传统制造业企业多,低水平加工企业多。同时,企业生产成本特别是用工成本持续上升进一步加重企业生产经营困难,中小实体经济融资难也是制约工业生产的重要因素。这些,无一不制约着制造业税收的增势。

四、促进南通市民营经济发展的目标举措

2017年,全市地税系统将积极应对经济形势复杂多变以及结构性减税政策减收效应持续放大的影响,立足全市发展大局,在做好民营企业的纳税服务工作,切实保障税收优惠政策落实到位的基础上,进一步强化增收促管举措,深入排查税源。为民营经济健康稳定的发展,营造一个公平规范的税收环境。

(一)梳理政策,保障税收优惠落实质量

为增强税收优惠政策落实的针对性,在全面梳理各项涉及民营经济发展的税收优惠政策的基础上,认真开展税收优惠政策落实情况自查,建立完善税收优惠政策跟踪问效和督导检查制度,切实抓好税收优惠政策的落实。

1.支持民营经济科技创新。发挥高新技术企业低税率优惠、研究开发费用加计扣除、技术转让收入减免税、创业投资抵扣应纳税所得额、固定资产加速折旧等税收优惠的政策激励效应,引导民营企业加大科技创新投入,以创新驱动企业不断发展升级。

2.支持民营经济做大做强。全面落实个体起征点调整政策;符合条件的,可按企业所得税特殊性税务处理;积极落实小型微利企业税收优惠政策,为企业的起步发展保驾护航。

3.支持民营经济转型升级。保障企业依法享受办理土地、房屋权属等方面的税收优惠政策,积极引导有条件的个体工商户转型为个人独资企业、合伙企业、有限责任公司等组织形式。

4.支持民营经济生态化建设。认真落实关于鼓励资源综合利用、扶持发展新能源、促进环境保护等税收优惠政策,支持民营经济开展生态文明建设。

5.支持民营经济队伍发展。全面落实军转干部、随军家属、大学生就业创业以及残疾人就业、失业人员再就业等税收优惠政策，鼓励吸纳就业、个人自主创业。

(二)紧跟形势,深化税源经济建设

密切关注国家税制改革动向，研究分析相关政策对南通经济社会发展的影响；对区域经济发展、优势产业发展和重大民生发展等问题开展专题研究，以更好培植税源。响应南通陆海统筹、江海联动发展战略需求，研究相关配套政策和服务举措，营造良好的税收政策与服务环境。健全税源经济建设与服务协调联动机制，定期通报增收促管举措及成效；主动对接政府招商引资，提前跟进服务，建立重大项目税收贡献评价和反馈机制；及时了解政府重大项目决策，获取企业重大税源信息,构建大项目税收税源管理体系,助推产业升级转型。

(三)便民惠民,提升纳税服务质效

突出需求导向、问题导向，按照做强前台、做实后台的总体要求，科学谋划未来纳税服务发展方向。合理确定前台收集、影印的资料范围，实现税务机关和纳税人双减负；试行"容缺受理"，允许符合条件的纳税人"先办后补"；加大"网上办税服务厅"推广力度，稳步推进自助办税机业务。完善12366纳税服务热线系统和知识库，在做好涉税咨询的前提下，融入大数据概念，建立推广微信公众号，形成集网站、微信、手机APP等现代通信技术为一体的立体式税情收集网络。根据纳税人需求差异，提供"差异化"服务产品，尝试个性化办税提醒，并利用好纳税人教育中心阵地，探索"订单式"培训、小班化教学，实施差别化、精准化的税收辅导。深化纳税人维权组织、"纳税人之家"建设，改进维权工作机制，形成政府购买服务或志愿者无偿服务，税务机关依法征收服务，纳税人依法履行义务，维权组织实施社会监督的"四位一体"维权服务格局。

总之，南通地税将在新常态下，全面深化改革，呼应地方经济的发展，大力培植经济税源，创建公平公正的纳税环境，积极对接纳税人的需求，努力创造新的服务价值，全力推动民营经济做优做强,持续健康地发展。

撰稿人：蔡婧娴 佘侯

2018年4月

南通市民营企业吸纳就业报告

南通市人力资源和社会保障局

2017 年，南通市以习近平坚持以人民为中心的发展思想为指针，主动适应经济发展新常态，大力实施就业优先战略和更加积极的就业政策，推动实现更高质量和更充分的就业。就业是最大的民生，民营企业由于其机制灵活、适应性强、发展迅速等特点，在吸纳就业方面发挥着越来越大的作用，成为重要的就业载体，促进民营企业更高质量地吸纳就业，是新时代下保障和改善民生水平的重要内容。

一、南通市民营企业吸纳就业基本情况

(一)总体情况

2017 年，全市民营经济体累计登记总量 74.4 万户，同比增长 13%，累计注册资本总额 11 693.8 亿元，同比增长 27.6%，吸纳就业人数 343.8 万，占全市从业人口比重 75.4%，较去年上升 1.8 个百分点。随着民营经济发展大环境的不断改善，全民创业呈较快增长态势，2017 年，南通市共帮扶创业人数 14 614 人，其中引领大学生创业 1 881 人，扶持农村劳动力自主创业 4 901 人，创业带动就业 63 586 人。

(二)特点分析

1.总体就业吸纳能力强，一、三产业此消彼长

截至 2017 年年底，民营经济共吸纳从业人员 343.8 万人，较去年增长 6.8 万人，占全市从业人口总数比重超四分之三。其中，民营企业 19.4 万家，吸纳从业人员 254.5 万人，户均吸纳人员 13.1 人；个体工商户 55 万户，吸纳从业人员 89.3 万人，户均吸纳人员 1.6 人。

从就业结构看，三次产业的就业结构依然为"二、三、一"的格局，三次

产业从业人员比重分别为 20:47:33，一产同比下降 1.4 个百分点，三产同比上升 1.3 个百分点，二、三产业依然成为吸纳劳动力就业的主体。建筑业作为南通市经济的支柱产业，民营企业正成为中坚力量，作为全国闻名的"建筑之乡""建筑强市"，目前建筑队伍人数达 170 万人。

2. 用工需求呈上升趋势，民企智能化快速发展

尽管宏观经济形势有所放缓，民营企业仍然为市场带来了大量的就业岗位。2017 年，全市共提供就业岗位 34.7 万个，其中民营经济提供就业岗位 31.2 万个，占比达 89.9%，较去年上升 2 个百分点。在对 400 家企业的春季用工需求调查显示，2017 年民营企业有招工需求的比例为 70%，较去年上升 5 个百分点。

从产业需求看，三次产业的用人需求比重分别为 0.47%、45.41% 和 54.12%，产业结构持续优化。随着南通市"互联网+现代农业"战略发展，培育了一批农产品电子商务、休闲旅游电商平台、综合性智能农业服务平台等农业服务新业态，实现一产与二、三产业的深度融合，岗位需求同比增长 82.2%。以信息技术和制造业加速融合为主要特征的智能制造快速推进，成为制造业新的增长点，岗位较去年同期上升了 4%。2017 年，我们对全市拥有省级智能车间的企业进行抽样调查，其中民营企业占比近 70%，涉及纺织制造业、汽车制造业、电器机械和器材制造业、计算机、通信和其他电子设备制造业等行业。调查显示，45% 的民营企业使用智能装备技术后增加了岗位，包括调试员、技术员、工程师等；80% 的民营企业技术工人人数有所增长，一线工人文化水平也呈逐年上升趋势，大专或本科的占比增加，高中及以下学历占比减少。

3. 农民工返乡创业增多，大学生在南通就业提升

因民营经济发展快、用工需求大，"在家门口就业"已成南通市农村劳动力就业的第一选项。近年来，随着南通市农民工文化水平提高，且受过工业化生产训练和市场熏陶，越来越多的农民工选择返乡创业，他们涉足的领域广泛，主要涵盖特色种养业、农产品加工和物流、信息服务及电子商务等各产业，实现从传统一产向二产、三产融合发展。2017 年，在新增转移的农村劳动力中，就地转移人员占比达 61.2%，同比有所上升。

由于民营企业一视同仁、量才录用的用人机制也为高校毕业生提供了公平竞争的舞台,高校毕业生对到民营企业就业的认可度不断增强。同时,民营企业在薪资、职业生涯规划及后勤保障方面越来越具有竞争力。从民营企业招聘人员的需求来看,民营企业招聘高层次、高技术人才的数量有所增加,招聘人员条件也从以往片面要求有一定工作经验转为注重高校毕业生品质、潜力。随着越来越多的高校毕业生加入民营企业队伍中,形成了高校毕业生促进民营企业发展和民营企业不断吸纳高校毕业生就业的良性循环。根据对2016届高校毕业生的全面跟踪回访显示,民营企业成为吸纳大学毕业生就业的主力军,占比为72.1%,在通、返通就业率,比上一届提高2.3个百分点。

4.用工环境改善优化,薪资待遇稳步提升

由于南通市人力资源红利的逐步减弱,部分民营企业不同程度地面临着一些结构性、阶段性"用工难"的问题,为满足自身用工需求,企业也不断改善优化用工环境。通过调查走访,我们发现越来越多的民营企业在管理上更加人性化,生产生活条件更加舒适、工资福利更加优渥、劳动保障也更加健全。企业不仅按照国家规定按时足额缴纳五险一金,还提供免费的食宿,更有如过节费、员工生日礼金等优厚的福利待遇,除此之外,还提供各种晋升和培训的机会。调查显示,2017年民营企业平均月薪3657元,较去年增长5.7%;企业用人观念发生改变,企业对劳动者的性别无要求占比39.5%,较去年上涨14.7个百分点;企业春节后返岗情况较好,受访企业返岗率均超过50%,返岗率在80%以上的占91.7%。

二、发展民营经济与促进就业中存在的问题

民营企业已成为就业市场重要的"蓄水池"、稳定扩大就业的"主力军"。随着城镇化进程的不断加快,充分发展民营经济,可以吸纳大量低技能和低端就业人口,对保障社会稳定有重要作用。另外,随着南通市经济转型升级步伐加快,中高级人才缺乏问题日益严重,充分发展民营经济,是吸引中高端人才聚集的重要手段。随着各项改革的深入推进,南通市民营经济在促进就业方面取得了显著成效,但仍面临一些有待解决的问题。

一是就业结构性矛盾仍然突出。2017年南通市城镇常住居民人均收人 24 670 元,比上年增加 1 904 元,增长 8.4%。面对劳动力成本持续增长,劳动力出现结构性短缺,"机器换人"已成为企业通过自动化提高生产效率的新尝试。"机器换人"一方面减少了一线员工、优化了人员结构、提高了劳动生产率、降低了企业成本;另一方面一批自动化设备、电子机械、软件设计等专业的复合型人才需求激增,企业所需要的机器人技师、工程师与技术技能型人才供给失衡。新兴产业的发展对技术型、科技型、复合型劳动力的需求也与日俱增,就业结构性矛盾凸显。

二是就业质量仍有待提高。高质量的就业不光要看就业率,更要看就业满意度。衡量的标准主要包括工资、工时、工作环境、社会保险、就业稳定性等因素。根据对南通市生源 2016 届高校毕业生就业状况及返通就业情况的调查,与周边地区相比,南通市回通就业率仍然不高,人才结构性矛盾、人才流失情况较为突出,不利于稳定就业。此外,现有的技能培训一般集中在培训课时短、技术含量低的工种,市场竞争力有限,就业需求与用人单位需求难以匹配,劳动者收入难以提高。

三、发展民营经济与促进就业的对策建议

为了更好得促进民营经济的发展,发挥促进就业创业的带动作用,建议从以下几个方面完善:

一是优化环境发挥民营经济灵活性。民营经济已经成为市场竞争最充分的部门,资源配置效率和劳动力市场灵活性优势明显。继续深化行政审批制度改革、商事制度改革,进一步消除行业和地区壁垒,营造更加公平的市场竞争环境,使劳动力在民营经济中更加充分的自由流动和有效配置。同时推动平台经济、众包经济、分享经济等创新发展,随着新经济形态的大量涌现,催生大量新增就业机会,能够有效缓解结构性失业和摩擦性失业,为不同社会阶层提供公平的和无差别的就业机会。

二是精准施策提升企业吸纳动力。一方面,对于一些吸纳能力较强的制造业、居民服务业、批发零售业等民营企业,应该加大扶持力度,适当给予政策倾斜,比如适当降低这部分企业的社保费率或给予社保补贴等,有效降低企业的人工成本和经营负担,促进就业稳定。另一方面,通过实施规范服务企业用工资金奖补办法,巩固劳务输入基地建设,帮助企业和劳动力资源实现有效对接，通过资金激励调动各方形成合力提高人力资源引进工作，促进人力资源配置效益最大化。

三是通过全面职业培训提升员工素质。坚持培训先行，将提升员工技能作为优化人才资源配置的突破口，整合各部门、院校、企业的培训资源，实行全覆盖、多层次、多元化的职业技能培训，拓展员工发展空间。建立职业培训师资库，多元化师资队伍结构，拓展职业培训授课内容。试点数字培训课程，开发数字培训网络平台，向试点培训机构征集理论课程视频，劳动者登录网站点击视频即可免费享受理论培训，实现线上理论、线下实践的培训模式。

四是完善创业服务聚焦创业富民。进一步健全完善覆盖城乡的公共创业服务体系，对重点人群比如大学生、返乡农民等提供贯穿创业全程的创业服务。一方面提供财务支援、搭建融资平台等硬支持，另一方面提供信息、辅导和建议等软支持。通过举办创业主题活动，借助各类服务平台，充分运用"互联网+"，为自主创业人员提供创业咨询发布、创业培训引导、创业政策解读、创业项目推介、创业基地展示、创业导师咨询和创业经验交流等服务。

撰稿人：李佳理

2018 年 4 月

南通市民营企业质量发展报告

南通市质量技术监督局

2017 年,市委、市政府高度重视质量工作,市领导多次指示和专题部署,增加了推进合力,质量发展服务民营经济取得了可喜成效。

一、民营企业产品质量发展现状

近年来,南通市民营经济在整体经济下行压力持续增大的情况下保持稳步发展,面对增速换档、结构调整、动力转换的新常态,民营企业正从数量型向质量效益型转变;民营企业产品质量总体水平稳中有升,产品品牌竞争力提高,质量管理标杆凸现,技术标准引领,能源计量扎实开展;"两个安全"有效保障,在促进产业转型升级、提质增效方面发挥了积极作用。主要表现在以下几个方面:

(一)民营企业质量水平总体平稳

2017 年全市产品质量监督抽查了食品相关产品、日用消费品、工业生产资料、农业生产资料、建筑装修装饰材料五大类共 2 612 批次产品,其中合格 2 454 批次,不合格 158 批次,不合格品平均检出率为 6.05%,低于去年同期 2.32 个百分点。

其中国家监督抽查了 314 批次,合格 288 批次,不合格 26 批次,不合格品平均检出率为 8.28%,与 2016 年基本持平。省级监督抽查了 568 批次,合格 527 批次,不合格 41 批次,不合格品平均检出率为 7.22%,低于去年同期 0.52 个百分点。市级监督抽查了 56 类 1 729 批次产品,合格 1 639 批次,不合格 90 批次,不合格品平均检出率为 5.21%,低于去年同期 3.33 个百分点。

2017 年全市未发生较大面积产品质量共性问题,食品相关产品、工业生产许可证、强制性认证产品等重点产品合格率水平保持稳定。全市产品质量水平积极提升,国家监督抽查合格率连续 6 年高于 90%,省级、市级产品监督抽查合格率水平稳中有升。

1.民营企业食品类产品质量状况。2017年,食品安全监督抽检共采集各类食品样品3 150份,经检验合格3 075份,合格率97.6%。生产环节抽检900份,合格868份;食品流通环节抽检1 350份,合格1 328份;餐饮服务环节抽检900份,合格879份(见表1)。

表1　2017年不同环节监督抽检合格率

抽检环节	样品数(份)	合格数(份)	合格率(%)
食品生产	900	868	96.4
食品流通	1350	1328	98.4
餐饮服务	900	879	97.9
合计	3150	3075	97.7

不同环节监督抽检合格率均较高,其中最高的环节为食品流通环节,达到98.4%。虽然食品生产环节合格率最低,但也达到了96.4%。南通市食品生产企业的经营规模参差不齐,以中、小型企业以及小作坊为主,食品安全管理水平也存在较大差异,中、小型企业以及小作坊在生产条件、原料质控、过程管理、成品检验等方面存在的问题,在监督抽检中有所体现(见表2)。

表2　2017年南通市食品安全监督抽检不同品种合格率汇总表

序号	品种	不合格份数	不合格占比(%)	不合格指标
1	肉制品	1	1.33%	亚硝酸盐
2	粮食加工品	1	1.33%	脱氧雪腐镰刀菌烯醇
3	水产制品	1	1.33%	山梨酸
4	调味品	1	1.33%	总砷
5	蔬菜制品	1	1.33%	苯甲酸
6	糕点	5	6.67%	过氧化值、脱氢乙酸及其钠盐、糖精钠、菌落总数
7	食用油油脂及其制品	1	1.33%	过氧化值
8	食用农产品	14	18.67%	恩诺沙星、氟苯尼考、多菌灵、氟虫腈、呋喃西林代谢物、孔雀石绿
9	餐饮食品	21	28.00%	大肠菌群、亚硝酸盐、阴离子合成洗涤剂、克伦特罗
10	酒类	8	10.67%	酒精度、甜蜜素、山梨酸
11	淀粉及淀粉制品	3	4.00%	硫酸铝钾、大肠菌群
12	食糖	1	1.33%	螨
13	饮料	17	22.67%	耗氧量、大肠菌群、铜绿假单胞菌、余氯
	合计	75	100%	--

75 份不合格产品中，餐饮食品所占比重最高，其次是饮料、食用农产品、酒类等。餐饮食品中被检出大肠菌群，可能由于产品的加工原料、包装材料受污染，或在生产过程中产品受人员、工器具等生产设备、环境污染、有灭菌工艺的产品灭菌不彻底而导致的。

75 份监督抽检不合格样品不合格指标包括微生物指标（菌落总数、大肠菌群、铜绿假单胞菌、霉菌等）、理化指标（亚硝酸盐、阴离子合成洗涤剂、耗氧量、余氯）、酒类中（酒精度、甜蜜素、山梨酸）等。

2. 民营企业食品相关类产品质量状况。2017 年共监督抽查了全市 130 批次食品相关产品，全部合格，具体情况（见表 3）。

表 3　2017 年全市食品相关产品监督检查不合格品平均检出率统计情况

序号	产品类别	抽查批次	不合格批次	不合格品平均检出率(%)
1	食品用塑料包装容器工具产品（省抽 67 批次、市抽 58 批次）	125	0	0
2	食品用纸包装、容器（省抽 3 批次、市抽 2 批次）	5	0	0
	合计	130	0	0

3. 民营企业工业生产许可证产品质量状况。2017 年，监督抽查了全市 508 批次工业生产许可证产品，不合格 15 批次，不合格品平均检出率为 2.95%。其中国家监督抽查了 73 批次工业生产许可证产品，不合格 9 批次，不合格品平均检出率为 12.3%；省级监督抽查了 222 批次产品工业生产许可证产品，不合格 6 批次，不合格品平均合格率为 2.7%；市级监督抽查了 213 批次工业生产许可证产品，全部合格。

从抽查的情况来看，所抽查的铝合金建筑型材、钢筋混凝土用热轧带肋钢筋、建筑防水卷材、肥料、农药、铅酸蓄电池、建筑卷扬机、危化品、危化品容器及包装物、树脂镜片、铜材、食品相关产品、电动自行车、通用小型汽油机全部合格，特种劳动防护用品、钢丝绳、电力电缆、电热毯、水泥等产品存在监督抽查不合格情况，其中特种劳动防护用品有 5 批次省抽不合格，钢丝绳有 7 批次国抽不合格，电力电缆有 1 批次国抽不合格，电热毯有 1 批次国抽不合格，水泥有 1 批次省抽不合格。主要质量问题是：

安全防护用品(安全帽、安全鞋)的冲击吸收性能和电力电缆的护套失重试验不符合标准要求,电热毯的机械强度、水泥的抗折强度和钢丝绳的中心钢丝直径和拆股钢丝抗拉强度不达标。相关统计情况(见表4)。

表4 2017年全市工业生产许可证产品监督检查不合格品平均检出率统计表

序号	产品类别	抽查批次	不合格批次	不合格品平均检出率(%)
1	铝合金建筑型材(含4批次国抽、7批次省抽、10批次市抽)	21	0	0
2	肥料(8批次国抽、1批次省抽)	9	0	0
3	特种劳动防护用品(含2批次国抽、25批次省抽)	27	5	0
4	钢丝绳(含49批次国抽、25批次市抽)	74	7	9.45
5	建筑防水卷材(1批次省抽)	1	0	0
6	铅酸蓄电池(1批次国抽)	1	0	0
7	电力电缆(含2批次国抽、33批次省抽、5批次市抽)	40	1	0.25
8	建筑卷扬机(16批次市抽)	16	0	0
9	电热毯(1批次国抽)	1	1	100
10	水泥(含6批次省抽、12批次市抽)	18	1	5.6
11	危化品容器、包装物(3批次省抽)	3	0	0
12	钢筋混凝土用热轧带肋钢筋(17批次市抽)	17	0	0
13	危化品(含61批次省抽、28批次市抽)	89	0	0
14	农药(含4批次国抽、30批次市抽)	34	0	0
15	铜材(10批次市抽)	10	0	0
16	树脂镜片(含1批次国抽、1批次省抽)	2	0	0
17	食品相关产品(含70批次省抽、60批次市抽)	130	0	0
18	电动自行车(11批次省抽)	11	0	0
19	通用小型汽油机(1批次国抽、3批次省抽)	4	0	0
	合 计(国家监督抽查73批次、省级监督抽查222批次、市级监督抽查213批次)	508	15	2.95

4.强制性认证产品。2017 年,共监督抽查了全市 209 批次强制性认证产品,不合格 13 批次,不合格品平均检出率为 6.2%,同比去年上升 1.24个百分点。其中国家监督抽查了全市 32 批次强制性认证产品,不合格 5批次,不合格品平均检出率为 15.6%;省级监督抽查了 77 批次强制性认证产品,不合格 7 批次,不合格品平均检出率为 9.1%;市级监督抽查了100 批次强制性认证产品,不合格 1 批次,不合格品平均检出率为 1%。

从抽查情况来看,所抽查的通用灯具、机顶盒、玩具、LED 产品、安全帽、电弧焊机、开关、插座、低压电器(小型断路器)、电线电缆、室内加热器、轮胎、植物保护机械等产品全部合格,电动工具、安全玻璃、低压成套电器(配电箱)、中小型电机、吸油烟机、变压器等产品存在监督抽查不合格情况。主要质量问题有:电动机的旋转方向、效率测定和电动工具的机械危险试验、骚扰功率不符合标准要求,安全玻璃的耐热性不达标,吸油烟机的结构项目存在缺陷,配电箱的绝缘材料的耐热性验证、绝缘材料耐受非正常热和着火的验证不符合标准要求,变压器的温升试验、局部放电测量和雷电冲击试验不达标。具体抽查情况(见表 5)。

表 5 2017 年全市强制性认证产品监督检查不合格品平均检出率统计情况

序号	产品类别	抽查批次	不合格批次	不合格品平均检出率(%)
1	通用灯具(含 1 批次国抽)	1	0	0
2	机顶盒(1 批次国抽)	1	0	0
3	玩具(1 批次国抽)	1	0	0
4	LED 产品(1 批次国抽、5 批次省抽)	6	0	0
5	安全帽(2 批次国抽)	2	0	0
6	电弧焊机(4 批次国抽)	4	0	0
7	电动工具(含 13 批次国抽)	13	2	15.4
8	开关、插座(含 2 批次国抽、10 批次省抽)	12	0	0
9	低压电器(小型断路器)(含 1 批次省抽)	1	0	0
10	电线电缆(41 批次市抽)	41	0	0
11	安全玻璃(含 2 批次国抽)	2	1	50
12	室内加热器(1 批次国抽)	1	0	0
13	轮胎(1 批次国抽)	1	0	0
14	低压成套电器(配电箱)(含 37 批次省抽、50 批次市抽)	87	3	3.4

（续表）

序号	产品类别	抽查批次	不合格批次	不合格品平均检出率(%)
14	低压成套电器(配电箱)(含 37 批次省抽、50 批次市抽)	87	3	3.4
15	中小型电机(含 1 批次国抽、3 批次省抽、9 批次市抽)	13	1	7.7
16	吸油烟机(1 批次国抽)	1	1	100
17	植物保护机械(1 批次国抽)	1	0	0
18	变压器(21 批 8 次省抽)	21	5	23.8
合　计(国抽 32 批次、省抽 77 批次、市抽 100 批次)		209	13	6.2

(二)民营企业质量竞争优势持续提高

主要体现在以下四个方面：

1.质量品牌保持优势。2017 年民营企业品牌和区域品牌发展硕果累累。通光线缆荣获 2017 年江苏省质量奖，紫罗兰家纺获省质量管理优秀奖，全市省质量奖企业位列全省第一。罗莱生活、亚振家具等 5 家民营企业荣获南通市市长质量奖，累计 26 家民营企业荣获南通市市长质量奖。73 家民营企业获评江苏名牌产品，11 家获评"江苏双百"品牌。如东条斑紫菜育养加销集中区获批"全国知名品牌创建示范区"，如皋高压输变电器产业园、通州高新区申报创建全国知名品牌示范区工作稳步推进。港闸区船舶配套工业产业集群被新确定为"江苏省优质产品生产示范区"，海安高新区被授予"国家锦纶功能纤维新材料产业基地"称号，区域质量竞争力进一步增强。

2.标准引领成效突出。力星钢球作为秘书处单位设立的全国滚动轴承标准化技术委员会滚动体分技术委员会，为全省近三年来唯一获批的分技术委员会。南通市民营企业参与制修订国家标准和行业标准 70 项，发布团体标准 21 项，位居全省第二。在全省标准化立项项目总数大幅削减的情况下，南通市积极推进民营企业标准建设，2017 年立项的省级项目 12 项，国家级项目 13 项，实现较大幅度增长。如皋黄酒、如东泥螺两个产品获得国家质检总局公告保护，南通市地理标志保护产品的总数达 9 个，位居全省第二。

3.质量安全持续稳定。通过企业质量安全承诺、日常巡查、产品监督抽查、行政约谈、行政处罚等监管手段,全市民营企业整体质量水平平稳。通过全面落实企业主体责任和政府属地责任,健全部门分级分类监管制度,进一步完善了质量安全责任体系。

4.平台建设再上台阶。为更好的促进民营企业发展,南通市积极搭建为企业服务的平台。"江苏省功能性床上用品质量监督检验中心"获批筹建,成为南通市纺织行业历史上首个省级中心,目前正在积极申报国家级质检中心。南通市"3+3"重点产业标准信息公共服务平台项目被列入2017年市级政府投入信息化项目建设计划,目前完成基本框架开发。正式开通了南通检验检测公共服务平台,优化检验检测机构事中事后监管方式。南通市检验检测认证产业园挂牌成立,同上海质检院等一批国家级质检机构对接合作,全力打造长三角区域检验检测认证服务业发展新高地。

二、推进民营企业质量提升的主要做法

质监系统把推进民营企业质量提升作为落实供给侧结构性改革的重要举措,出台了系列服务提升民营经济发展的政策措施,强化产品质量管理基础,增强企业的质量意识,提升民营企业质量竞争力。

(一)强化质量品牌集聚

一是提升质量管理创新水平。组织开展第三期"南通制造2025"质量创新系列公益孵化活动、"天楹"杯全市质量管理先进方法应用QC成果发布会,大力推广精益制造、卓越绩效模式,增加有效质量投入,形成优秀质量课题43个,实现直接经济效益5 000余万元。二是推动质量品牌培育创建。围绕全市主导产业和战略性新兴产业,通过领导带队入企调研、专家培训辅导、企业交流座谈等形式,挖掘培育潜力,不断加快质量奖、区域品牌、企业名牌创建力度。市质量奖、市质量标兵、市名牌、现场管理良好行为企业评审工作有序开展,全市质量品牌标杆企业集群规模不断壮大。

(二)坚持先进标准引领

发挥考核导向的激励作用,推动地方党委、政府和全市质监系统加大对标准化工作重视程度和推进力度,积极争取上级标委会支持,取得了显著的效果。积极推动相关秘书处单位发挥好标准话语优势,组织召开了全市标准化技术机构负责人座谈会,不断增强领军企业标准研制和创新的意识。

(三)强化事中事后监管

一是强化质量监督和基础管理。严格执行监管计划,组织开展了食品相关产品、工业许可证产品、农产品、强制性认证产品等重点领域、重点行业、重点品种的监督抽查,全力推进全环节、全过程、全覆盖监管,强化问题导向和跟踪督查力度。组织开展了餐饮业和超市计量专项监督检查,加强了重点计量器具检定监督管理,严厉打击计量欺诈行为。二是强化特种设备安全监管。坚持以隐患排查治理为重点,常态化开展特种设备安全大检查。牢牢抓住电梯维保、气瓶充装等问题薄弱环节,组织开展了电梯和气瓶安全攻坚战,通过创新电梯维保信息公示、通报电梯运行状况、电梯激光防伪二维码、升级气瓶监管信息系统、电梯维保技能大比武、应急救援演练等机制举措,强化社会共治,有效提升安全治理水平。组织实施了小锅炉、"涉危涉爆"特种设备、叉车、油气输送管道等专项整治,推动落实企业单位安全主体责任。成立了全市特种设备事故调查处理中心,有力提升了事故应急处置总体水平。

(四)营造质量文化氛围

一是加强质量文化建设。进一步弘扬"崇信致先、强企惠民"的南通城市质量精神,以中小学质量教育基地、卓越绩效孵化基地、全国首个开放式质量主题公园等为载体,以开展消费者权益保护日、世界计量日、标准日、认可日,校园安全月,全国质量月,食品安全宣传周等活动为契机,积极发挥行业协会、商会等组织和媒体作用,加强质量文化宣传融合,营造良好的质量发展环境,推动质量文化进企业、进社区、进课堂,形成了政府重视质量、企业创造质量、社会崇尚质量、大众享受质量的浓厚氛围。二是加快人才队伍建设。大力实施企业质量技术人才战略,组织开展了首席质量官培训,举办计量、标准、认证及检验检测等质量基础从业人员能力提升班,累计培训 2 100 余人次,有力提升了民营企业质量管理和质控能力水平。三是推进基础能力建设。指导全市企业完善能源计量工作基础,提升节能降耗实效，培育省级能源计量示范单位4家；加强计量监督管理，逐步形成以企业自律、示范为基础的计量管理自我约束机制。四是认证认可积极有为。开展对环境检测机构专项整治行动，对3家出具虚假报告的机构，依法申请撤销检验检测资质认定，有效督促环境检测机构自律。开展全面质量管理升级行动，新增质量管理体系认证证书580张、环境管理体系认证证书200张、职业健康安全管理体系认证证书210张、能源管理体系认证证书4张。南通市申报的"高端纺织业质量管理标准"列入国家认监委打造质量管理体系认证升级版试点项目，推动纺织产业认证向差异化、智能化、一体化方向发展。

三、南通市民营企业质量发展方向

（一）坚持质量为先，有效推进供给侧品质提升

1. 提高质量管理水平。鼓励民营企业建立质量创新促进中心，对质量管理模式和技术手段进行研究，形成具有民营企业特色的质量创新平台。大力推广先进的质量管理技术和方法，积极推进卓越绩效孵化活动，进一步培育壮大质量标兵、南通市质量奖、江苏出口产品优质奖、省质量奖和中国质量奖的创建梯队，形成规模效应。鼓励和引导民营企业建立健全质量促进体系，加强质量攻关和比对提升，促进新技术、新工艺、新材料和新设备的应用，开展各类管理体系和产品认证。结合"5125"工业大企业培育工程，以龙头民营企业培育发展为重点，鼓励民营企业走质量产学研联合之路，推进实施质量进步、质量改进、管理创新项目。

2. 夯实质量发展基础。整合标准、计量、认证认可、检验检测体系，培育经济增长的质量新动能。发挥市场主体作用，加强关键技术标准研制。围绕南通产业发展，科学建设量值传递和溯源体系，全面提升计量服务能力。建立认证业务流程网上查询系统，实现认证工作全程"可视化"，规范认证市场秩序。以新兴产业和特色优势产业为重点，围绕特种电机、海工船舶、高端纺织等优势产业，鼓励民营企业建设国家级检验检测平台和重点实验室平台。

3. 加强质量人才建设。加快培育民营企业质量领域专业技术人才和高级职业技能人才，塑造民营企业精益求精、追求质量的工匠精神。做好

民营企业创业创新人才团队和科技领军人才的引进培育工作，在规模以上民营企业全面推行首席质量官制度，推进卓越绩效管理自评师和质量检验人员等培训，建设检验员实践培训考核基地。广泛开展职业技能竞赛、岗位练兵和质量标兵等活动，鼓励民营企业员工学习新知识、钻研新技术、使用新方法。

(二)突出标准引领，倒逼产业提质增效升级

1. 加大标准创新力度。探索并构建以"市场需求"为导向，民营企业为主体，政府宏观调控与服务，社会广泛参与的新型技术标准运行机制。以装备制造业和消费品领域为重点，加强技术标准创新示范区建设，建立企业标准领跑者制度，引导消费者更多地选择标准领跑者产品。推动循环经济、高新技术标准化示范试点工作，鼓励学会、商会等开展团体标准试点，大力培育联盟标准，推进民营企业产品标准自我声明。实施"标准化+"战略行动，实施工业基础和智能制造、绿色制造标准化，加快关键技术标准研制。围绕产业特色，鼓励民营企业争取承担国际、国家标准化技术组织秘书处及其领导职务，主导承担制修订国际标准、国家标准和行业标准。

2. 加大科技创新力度。促进民营企业自主创新核心技术、专利技术、科技成果向技术标准转化，形成标准研究促进科技创新、标准应用实现科技成果产业化的良好氛围。鼓励民营企业设立博士后工作站、院士工作站，建设省级工程、技术研究中心和企业重点实验室。围绕制造业装备升级计划、"双百工程"项目计划、智能制造计划，瞄准国际先进水平，加大采用国际标准和国外先进标准力度。围绕产业发展，推进产业标准化示范区建设，推动建立产业联盟、产业技术联盟、产业技术研究院，鼓励指导优势产业建立联盟标准。强化知识产权保护意识，鼓励民营企业开发具有核心竞争力、高附加值和自主知识产权的高新技术和产品，提高高新技术产业产值比重，加大研发经费的投入，扩大专利申请量和授权量。

(三)强化品牌创建，推动供给和需求结构升级

1.大力推动优势产品的品牌创建。创新质量供给，着力增品种、提品质、创品牌，建立品牌发展推进机制，完善品牌认定管理办法，制定品牌发展规划和保障措施。推进"3+3"重点产业民营企业品牌跨跃发展，深入开

展工业品牌创新行动，推进品牌产品质量和技术标准国际化。重点围绕"7+3"现代服务业名牌发展，大力推进服务业商标注册，大力推动制造业配套的生产性服务业品牌、新兴服务业和传统服务业名牌创建。

2. 加大品牌竞争力提升的扶植力度。 鼓励和引导品牌民营企业、区域品牌示范区开展品牌价值评价活动，围绕品牌的有形资产、质量、创新、服务、无形资产等维度，诊断产业和产品品牌发展的短板，推动企业实施质量改进和提升计划，整合资源要素向优势产业和品牌产品集聚，推动相关领域对品牌无形资产的评估应用，提高民营企业品牌竞争力的整体水平，力争有一批龙头企业入选中国品牌价值榜单。

(四)加强信用建设，促进经济发展释放新动能

1. 加强质量安全监管。 推动民营企业建立质量首负责任制，督促民营企业建立全过程质量安全保证体系，完善民营企业质量承诺公开制度，推动民营企业积极承担产品质量社会责任。加强对电子商务产品、日用消费品、农资、质量投诉热点产品、影响国计民生和社会经济发展的重要工业产品的质量监督。构建进出口商品风险预警体系，严把进口消费品质量关，促进出口消费品提质升级。加强对食品、药品、农产品质量安全监管，完善工程质量安全和环境质量监管体系。探索建立产品伤害监测体系建设、消费品质量安全惩罚性赔偿、质量担保、销售者先行赔付和产品质量安全责任保险等多元救济机制，建立完善质量安全风险预警机制和突发事件的应急反应机制、重大质量事故报告制度及应急预案、预警机制。

2. 加强质量信用建设。 建立健全质量信用制度，完善民营企业质量信用档案，健全民营企业质量信用评价工作体系，实施质量信用分类监管。督促民营企业自觉履行质量承诺公示义务，发布质量信用报告和社会责任报告。建立跨部门、跨区域、跨行业质量信用结果的激励和惩戒机制，定期向社会公开产品质量"红黑榜"。完善质量投诉和消费维权机制，运用现代信息技术完善"12345""12315""12365"等质量投诉信息平台，畅通质量诉求渠道。深入开展重点产品、重点工程、重点行业、重点地区和重点市场的质量执法，严厉查处制假售假大案要案，营造公平竞争的市场秩序。

3. 加强企业质量文化建设。 在民营企业中大力宣传和弘扬"崇信致先、强企惠民"的城市质量精神,倡导民营企业积极参加"城市质量节"、"质量月"、"3·15"消费者权益保护日、QC 小组成果发布赛、卓越绩效孵化行动等活动,在民营企业中营造良好的质量提升氛围。

撰稿人:曹国新
2018 年 4 月

南通市民营经济信贷和融资报告

中国人民银行南通市中心支行

2017年,人民银行南通市中心支行紧紧围绕促进民营经济发展目标要求,充分发挥主观能动性,通过加强和完善窗口指导,推进金融改革创新,维护区域金融稳定,努力构建和谐金融生态环境,促进全市民营经济又好又快发展。

一、南通市金融支持民营经济发展的主要情况

近年来,南通市银行业金融机构注重加大对以小微企业为主体的民营经济的信贷支持力度,小微企业贷款始终保持中高速增长。截至2017年年末,全市小微企业贷款(含个人经营性贷款,下同)余额2 544.47亿元,比年初增加239.06亿元,增长10.37%(见图1)。

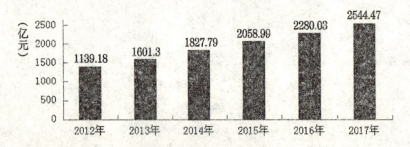

图1 南通市小微企业贷款余额

二、金融支持民营经济的主要做法及成效

(一)充分发挥货币信贷政策对金融资源配置的引导作用

2017年以来,我行持续优化货币政策工具运用,突出投向、价格"双引导",鼓励更多金融资源向民营经济领域倾斜。一是对贴现利率较低的票据、实体企业票据优先办理再贴现,对民营经济支持力度大的银行机构优先办理再贴现;二是向法人农商行、村镇银行发放支小再贷款,鼓励以低成本政策资金优先用于小微企业的贷款投放。2017 年累计发放支农、支小再贷款 41.8 亿元,累计办理再贴现 28.8 亿元。据测算,办理再贴现票据的贴现利率较其他票据平均低 1~2 个百分点;运用再贷款资金发放的贷款利率较其他贷款平均低 1 个百分点。

(二)鼓励金融机构关注小微企业等民营经济薄弱环节

一是积极推广信用贷款产品,缓解小微企业抵押担保难题。如工商银行南通分行在用足"小微创业贷"15 亿元总规模的情况下,积极盘活存量,增加惠及面,对于完成起步积累的小微企业,逐步替换为其他信贷产品,腾挪额度给更多初创企业,目前"小微创业贷"换户率达到 25%,累计支持超 600 家小微企业,其中 2017 年新增约 100 家。继江苏银行南通分行之后,邮储银行、如皋农商行等多家也与税务部门开展合作,推出基于税务数据评估授信的小微企业信用贷款。二是下沉工作重心,主动对接融资需求。如各家农村商业银行充分发挥网点多、人员多的优势,对辖内小微企业逐一走访,发放宣传材料、调查问卷等,做到"宣传全覆盖、户户有说法"。

(三)引导银行机构坚持推动金融创新,优化产品和服务

一是推动抵质押物创新,减轻对传统抵押担保方式的依赖。如各银行机构依托人民银行"中征应收账款融资服务平台",发展应收账款质押贷款业务。2017 年全市平台融资总额 596.6 亿元,累计促成供应链 41 条。二是创新民营企业转续贷方式,全市多家银行机构通过循环贷、年审制贷款等新型业务品种,以及无还本续贷、预授信、整贷零还等新型贷款周转模式,累计为民营企业实现贷款周转超 50 亿元。三是发展投贷联动,拓宽民营经济融资渠道。如南京银行南通分行推出"小股权+大债权"投贷联动模式,由南京银行下属鑫沅股权投资公司持有不高于 5% 的"小股权",配套南京银行信用贷款"大债权"支持,重点培育科创企业,先后扶持了风神空调、美通重工等,至年末,配套贷款余额为 6 199.69 万元。四是推出"出口退税贷"。如南通农商行与南通市国税局联合推出了提供政策支持和出口退税数据的技术保障,本行通过技术分析等方法进行风险把控;三是加

强业务宣传,本行联合国税、商务部门组织了全市出口企业产品推介会 3 次,通过宣传册发放、现场路演、企业答疑等形式推广产品。截止 2017 年末,已成功用信 21 笔 15 305 万元,已授信未用信 5 850 万元,在审批 6 280 万元。

(四)强化银行诚信建设,优化民营企业融资环境

督促银行规范各类经营行为,组织员工签订《诚信经营承诺书》,严禁对借款人设置非必要的提款条件,虚假承诺放贷、续贷等行为。深入开展金融生态环境创建工作,南通市 6 县(市、区)在"2017 年江苏省县域金融生态环境综合评估排名"中整体排名继续全省领先,在前 10 名中占据 3 席,其中海门市连续 4 年蝉联第一。

三、金融支持民营经济发展中存在的问题

(一)金融服务民营企业的短期动力不足,风险较高

基于高收益和低风险的经营目标,金融资源向民营企业配置的短期动力不足。从成本收益角度看,民营企业为银行机构创造的总利润低。本市民营企业多数为中小微企业,户数多、客户维护的人力物力成本高;而单户资金需求小、期限短,且资金价格受客户承受能力等因素限制,提高幅度有限。从风险角度看,民营企业贷款形成损失的概率相对较大。

(二)民营企业发展需进一步提质增效,行业整体融资需求略显疲软

一是民营企业融资增长缺乏新动力,高新技术产业培育和技术改造投入有待加快。全市船舶、纺织等传统行业进入了成熟期,行业竞争激烈,融资需求平缓。高新技术企业发展活力不足,与苏州等城市存在明显差距。二是企业对经济发展前景看淡,新增投融资意愿减弱。企业扩张发展的意愿不强,新增投融资需求较弱;即使部分经营状况较好的企业,出于对经济环境的不确定性,也开始主动缩减产能和投资,提前归还银行贷款或者到期不续贷。三是部分民营企业经营质态下滑,主动或被动缩减融资规模。

(三)民营企业信用体系建设还有待完善

一方面,民营企业相较于国有、集体控股等具有公有背景的企业,天生存在信用劣势。金融机构在一定程度上认为,国有企业、集体企业依托

着国家信用、集体信用,而民营企业则仅有私人信用。金融机构对民营企业投放的贷款,更多的需要抵质押物来弥补其信用不足。另一方面,近年来民营企业失信的现象逐渐增多,严重损害了整体的信用。内生的信用劣势,加上外在的信用损害,导致民营经济面临着信用困境。

四、相关建议

(一)加快经济转型升级步伐

建议加快产业结构调整,加大对产能过剩行业的调整力度。特别是要针对南通地方的特色,加大对建筑、纺织、家纺、船舶、化工等行业的行业指导力度,监测上述行业的整体信用风险,鼓励行业中的资产整合,提升行业的综合竞争力。

(二)做大做强国有背景的担保公司,缓解民营企业融资担保难

增加国有担保公司数量、充实既有担保公司的资本金、放大担保倍数,满足民营企业融资的担保需求。

(三)进一步推进信用体系建设

进一步完善征信体系内容,拓宽信息覆盖面;扩大信用信息应用范围,探索构建不良信用记录惩戒措施,提高信用违约成本,合力打击逃废债。

撰稿人:陆雯婕

2018 年 4 月

南通市商会发展报告

南通市工商业联合会

　　商会是市场经济条件下实现资源优化配置不可或缺的重要环节,是实现政府与企业、企业与企业、企业与社会之间相互联系的重要纽带。随着经济全球化的深入发展和社会主义市场经济体制的日益完善,商会组织民间性、社会性、经济性的特性和功能更加凸现,在推动地方经济发展方面具有得天独厚的优势。2017 年,南通市各级工商联组织在市委、市政府的正确领导下,团结带领全市各级各类商会认真学习贯彻党的十九大精神和中发【2017】25 号文件精神,紧紧把握"两个健康"主题,加强非公有制经济人士思想政治工作,引导和促进全市民营企业聚力创新,加快转型升级,在积极反映会员诉求、维护会员合法权益、参与行业政策研究制定、加快产业板块集聚发展以及促进区域经济交流合作等方面发挥了重要作用,为高水平全面建成小康社会、加快建设"强富美高"新南通做出了积极贡献。

　　一、全市商会组织建设的基本情况

　　2017 年,全市新成立陶瓷商会等 13 家商会组织,指导餐饮商会、青年民营企业家商会、家居商会、南安商会完成换届,餐饮商会更名为饭店与餐饮业商会。至 2017 年年底,全市工商联有各类商会组织 349 家,会员总数 29 335 家,其中市直商会 58 家,位居全省前列。全市商会组织中乡镇商会 64 家,街道商会 20 家,行业商会 203 家,异地商会 39 家,园区(楼宇)商会 12 家,其他类别 11 家。349 家商会组织中具有法人资格的一级商会 209 家,占全部商会组织数的 59.8%。全市商会组织数列全省第四,行业商会组织数列全省第一,形成了与地方特色产业、重点行业发展相适应,布局合理、覆盖广泛的行业商会体系。全市 203 家行业商会共涉及纺织、服装、机械、电子、建材等近 60 个行业。一、二、三产占比分别为 11.2%、53.1%、35.7%。一产主要集中在养殖业和加工业;二产主要集中在纺织、服装、化工、机械、电子等主要行业;三产主要集中在贸易流通、餐饮服务等行业,基本已经覆盖到南通市各个主要行业。这其中,尤其以支柱产业、特色行业为主,其行业商会数超过总数 60% 以上。南通在外商会组织建设步伐加快,全年新建立扬州市南通商会等在外商会 4 家。目前本市已在全国建立各级异地商会组织 40 家,在促进区域经济交流合作中发挥着越来越重要的作用。

为推进在外通商的合作交流,在异地通商的提议下,市工商联就成立通商总会向市委、市政府作了专题汇报,得到市委、市政府的高度重视,明确通商总会由海内外通商代表共同组成,设立理事会作为决策机构,接受市委统战部的领导和市工商联的业务指导。5 月 21 日,通商总会正式成立,300 名海内外通商代表出席成立大会,选举产生由 61 名海内外通商代表组成的首届理事会,袁亚康、陈惠、薛驰当选为理事会执行会长,王文其等 15 名通商当选为副会长。丁佐宏等 7 名知名通商被聘请为名誉会长。通商总会成立后,召开了通商总会秘书处联席会议,完成了通商数据库的验收工作,赴温州学习全国温州商会总会运作的先进经验,搭建了联络感情、对话交流、共谋发展的平台,深化了南通与海内外的交流合作,实现南通经济和通商经济的融合发展。

二、加快推进商会组织建设的主要做法

2017 年,我们在推进商会组织规范化、制度化建设的同时,以开展四好商会组织建设、创建诚信商会、推进商会党建工作和开展理想信念教育实践活动为抓手,商会服务会员企业、服务行业发展的水平不断提升,凝聚力不断增强,商会经济在地方经济建设中的作用也越来越突出。

1. 推进四好商会建设。 按照全国工商联、省工商联要求,广泛开展以班子建设好、团结教育好、服务发展好、自律规范好为主要内容的"四好"商会建设工作,推进工商联所属商会改革发展,举办全市商会组织创建"四好"商会主题论坛,对创建"四好"商会工作提出具体要求。组织召开全市商会组织工作会议,制定出台市直商会年度重点工作和目标责任制评价意见。举办全市商会组织秘书长培训班,帮助商会组织提高办会水平、提升商会秘书长、商会工作人员执事能力。举办市直行业商会会长年度工作交流会,增强会长更好履职的责任,促进商会之间学习借鉴、共同提高。

2.开展诚信经营"十百千万"创建活动。由市文明办牵头,市工商局、市食品药品监督管理局、市工商联在全市范围从 2014 年起组织开展诚信经营"十百千万"创建活动(10 条餐饮服务诚信示范街、100 家诚信商会组织、1 000 家生产经营企业、10 000 户诚信经营示范店),在全市范围内营造以诚信为荣、失信为耻的良好社会氛围。2017 年,会同市文明办、市食药监局、市工商局继续开展诚信经营"十百千万"创建活动,24 家商会组织被命名为"诚信商会组织",3 年来,共有 108 家商会被命名诚信商会组织,完成 3 年创建百家诚信商会组织的目标。

3.激发商会经济新活力。2017 年,市工商联组织召开"故乡情 故乡行"全国通商新春座谈会、全国南通商会第五次合作交流青海会议,共叙乡情,鼓励在外通商回报家乡;搭建平台,推动在外通商在更大范围、更高层次实现合作发展共赢。引导民营企业"走出去"参与"一带一路"建设,组织企业参加在港上市企业座谈会暨境外上市企业发展培训会和 2017 全省外事服务暨海外商会工作培训班。还组织企业参加由西班牙驻上海总领事馆主办的"西班牙投资新机遇"推介会、法国商务投资署组织的中国国际医疗器械博览会、广东省举办的中国加工贸易产品博览等,帮助企业拓宽经贸活动范围,拓展国内外市场。

4.创新行业商会党建工作。2017 年,南通市行业商会联合党委组织市直各商会党组织开展"两学一做"学习教育活动,举办"两学一做"专题党课,召开商会组织推进"两学一做"学习教育常态化制度化工作座谈会。新成立陶瓷商会、湖北商会、红木商会 3 家党支部,至 2017 年年底,已建立 26 家市直商会党支部,党员总数 163 名。发挥市行业商会联合党委非公有制企业党建工作总指导站和各商会非公有制企业党建工作指导站的作用,协助做好会员企业的党建工作。发挥商会组织经济服务和政治引领作用,探索商会与非公有制企业党建融合发展,受到省工商联的肯定。

5.开展理想信念教育实践活动。2017 年,市工商联开展以"守法诚信、坚定信心"为重点的非公有制经济人士理想信念教育实践活动,5 月和 6 月先后组织 200 名市直常执委、年轻一代企业家代表参加全国、全省年轻一代民营企业家理想信念报告会电视电话会议,推荐我市通富微电子股份有限公司总裁石磊在全省年轻一代民营企业家理想信念报告会上作《产业报国 创世界一流》的演讲发言。党的十九大召开后,组织企业家副主席(副会长)、工商联界别政协委员和县(市、区)工商联深入学习贯彻党的十九大精神和中央25号文件精神,引导民营企业把思想和行动统一到党的十九大精神上来,进一步弘扬优秀企业家精神,更好发挥企业家作用,努力营造企业家健康成长的良好环境,推动全市民营经济健康持续发展。会同市委组织部、市委"两新"工委、市委统战部、团市委在贵州举办全市第四期青年民营企业家培训班,45名新任常执委及部分商会会长和青年民营企业家代表参加培训。引导民营企业履行社会责任,南通市创新开展了"商会联村,企业联户"精准扶贫的做法,并就此在省工商联"百企帮百村"扶贫活动工作经验交流会上作了经验交流。在全市"传承爱心 接力善行"主题募集活动中,商会组织和民营企业共捐款726.6万元,占捐款总数的62.8%,南通泉州商会捐款145.7万元,名列第一,中南集团等6家民营企业捐款金额超过50万元。在市慈善总会成立20周年"慈善之星"表彰会上,20家单位获南通"慈善之星"爱心单位(1997-2017),其中民营企业占12家,江苏文峰集团获唯一的六星级"慈善之星"。

三、加强和改进商会组织建设的主要思路

1.理顺关系,做好行业协会商会与行政机关脱钩工作。行业协会商会与行政机关脱钩改革具有重要意义,是理顺政府、市场与社会三者之间的关系,建立政府依法行政、社会组织依法自治的现代社会组织体制的关键环节,是关系国家治理体系和治理能力现代化的深刻变革。工商联所属商会是非公有制企业自主组建、自筹经费、自主管理的社会组织,不存在脱钩任务。要以行业协会商会脱钩改革为契机,扶持工商联所属商会加快发展,不断完善行业协会商会脱钩后的配套支持政策,同时研究制定行业协会商会综合监管办法,建立综合信用评价制度,鼓励和促进行业协会商会间公平有序竞争。

2.加强引导,优化行业商会组织结构。目前一些新兴产业、混合所有制产业还未建立商会组织,要积极介入,认真引导,制定发展规划,在条件成熟时,因势利导地推动成立相应商会组织。要按照市委市政府确定的

"3+3+N"重点产业发展方向(高端纺织、船舶海工、电子信息三大重点支柱产业,智能装备、新材料、新能源和新能源汽车三大重点新兴产业以及符合产业发展导向、有利于发挥南通自身优势的产业),以六大产业联盟为基础,组建六大产业商会,切实改变以往流通领域商会数量多,制造业商会数量少,行业代表性不强的弱势。要认真做好会员发展工作,重点发展企业会员,改善会员结构,注意发展有实力、形象好、影响大、有代表性、热心商会工作的股份制企业及民营科技型企业为会员,确保组织建设增添新鲜血液。

3.夯实基础,发挥乡镇(街道)商会组织作用。乡镇(街道)商会活跃在经济建设第一线,在推动新农村建设和区域经济的发展中发挥着积极的作用。要切实加强对乡镇(街道)商会工作的研究,出台有关加强乡镇(街道)商会工作的意见,积极推动乡镇(街道)商会工作的开展。加强与党委政府的沟通联系,定期向当地党委、政府汇报乡镇商会工作开展情况、经济运行情况及存在问题和困难,并提出建议,争取支持。加强乡镇(街道)商会的自身建设,提倡企业家办会,开展乡镇(街道)商会会长、秘书长培训,增强责任感,提高执事能力,健全和完善各项规章制度,着力推进乡镇(街道)商会组织规范化、工作制度化、活动正常化。

撰稿人:陆志祥

2018 年 4 月

南通市纺织业发展报告

南通市纺织工业协会（商会）

2017 年是"十三五"各项利好政策得以实施的重要一年,随着供给侧改革深化和企业转型升级步伐加快,行业结构进一步优化,国内外市场进一步开拓,2017 年度南通纺织行业家纺、棉纺织、服装、化纤、丝绸、印染等六大板块规模以上企业 1 648 家,运行保持平稳回升,产量、主营业务收入、利润、固定资产投资等主要经济指标在合理区间保持稳定,发展动力有所增强,较去年有明显改善。

一、主要经济指标完成情况

1.现价工业总产值同比增加。2017 年度,全市纺织行业六大板块规模企业实现现价工业总产值 2 460.08 亿元,同比增长 2.2%(见图 1)。

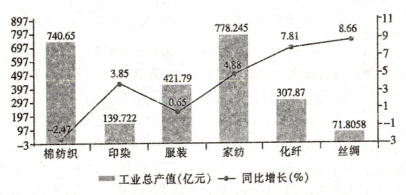

图 1　2017 年度南通纺织工业六大板块总产值完成情况

2.主营业务收入同比增加。2017年度全市纺织行业六大板块主营业务收入 2425.40 亿元,同比增长 1.52%,增长放缓(见图2)。

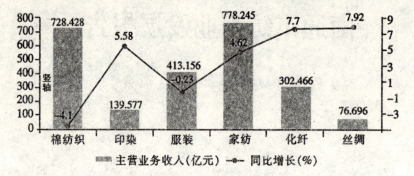

图2　2017年度南通纺织六大板块主营业务收入完成情况

3.产值、主营收入、实现利润均稳中有增。2017年度全市纺织行业六大板块规模企业实现利润 178.93 亿元,同比增长 0.89%。

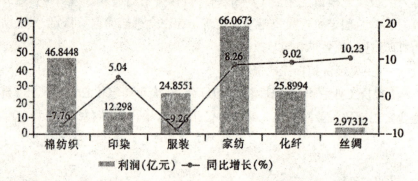

图3　2017年度南通纺织六大板块利润情况

4.纺织业出口继续保持稳定。全市纺织业积极响应国家"一带一路"倡议号召,向纵深方向发展,产能合作能力不断提升。经历了第三季度汇率短期内快速波动不利因素后,第四季度本市纺织服装出口额仍保持扩张态势,环比实现增长,2017 全年纺织服装出口 484.8 亿元,同比增长 6.4%,占全市出口 28.7%,其中服装出口 271.7 亿元,同比增长 7.6%,占全市 16.1%,家纺出口 146.8 亿元,同比下降 2.1%,占比 8.7%,出口整体形势良好(见图4、图5)。

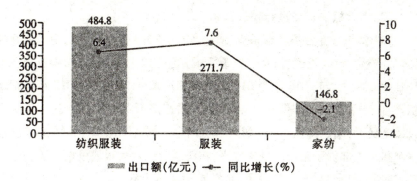

图4　2017年度南通纺织出口情况

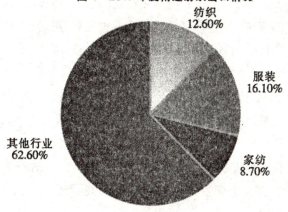

图5　2017年度南通纺织出口占比情况

5.从业人员继续减少。随着纺织行业自动化、智能化、数字化程度的提高，本市规模以上企业的用工水平逐步提高，从业人数一直在减少，2017年，六大板块从业人数已经从26.4万人减少到25.3万人，减少1.1万人。

当前影响纺织行业效益的主要因素：一是劳动力成本、能源成本刚性上升；二是原料采购价一直波动、产品卖出价一直下滑；三是消费市场环保、健康、功能性要求不断提高，致使制造成本上升；四是同行业竞争加剧、企业库存逐年增加、资金成本上升、国内外市场疲软；五是规模总量较大的棉纺织行业利润率较低，影响和拉低了全行业盈利水平。

二、六大板块行业运行情况简析

1.棉纺织行业形势不容乐观,增幅最小。2017年本市棉纺织行业在经历资源整合、行业整改后,企业数量下滑,截至12月,我市棉纺织业企业单位数为609个,与2016年为616个同期相比减少了7个。2017年度棉纺织产业实现工业总产值740.64亿元,同比降低2.47%;主营业务收入728.42亿元,同比降低4.1%;利润46.84亿元,同比降低7.76%(见表1)。这三项指标全部低于全行业平均水平,在纺织行业六大板块里增幅为负。经历了近几年原材料频繁暴涨暴跌、劳动力成本上涨的打压,棉纺织行业利润下降,其中主要的原因是原来纺棉为主改纺粘胶,而各种优惠政策地区,如新疆区域的新增产能、福建和浙江棉纺企业包税制等低价位粘胶纱等因素,对本市棉纺织行业粘胶纱市场带来很大冲击,同时大部分企业面临着生产成本增加、技术人才欠缺、运转工人紧缺、融资难融资贵等困难。

不过本市棉纺织行业的龙头骨干企业运行基本稳定,虽然利润率增幅不大,但是企业吃饱开足,折旧、费用提足,除了企业自身管理到位、品牌市场因素以外,还离不开储备棉的轮出,尤其是储备棉在稳定市场供给、调节棉花价格方面发挥了重要作用。在国内棉价高于国外棉价的常态下,储备棉在价格调控方面发挥了重要作用,降低了市场价格,保证了棉纺织行业的稳定运行。

2018年储备棉继续实施轮出政策,相信在国家宏观调控下,棉纺织行业仍将继续保持平稳运行。

2.印染业效益明显提升。2017年度印染产业实现工业总产值139.72亿元,同比增长3.85%;主营业务收入139.57亿元,增长5.58%;利润12.29亿元,增长5.04%(见表1),三项指标增幅都在全行业平均水平以上,这些增长,是在全市对小印染全面整顿,关停了一批不合格印染企业的基础上实现的。除了印染企业自身努力以外,周边城市对小印染全面整顿,印染加工能力供不应求,现存印染企业在应用新设备、新工艺、新型染化料、浆料辅料等方面全面升级、改造,大中型印染企业装备、管理、加工质量、加工能力全面提升,加工价格按质论价,外销产品价格订单提前量大,价格相对稳定,内销加工价格每米普遍上涨1元左右,剔除环保要求提高增加的成本,还有空间,这也是印染产业利润大幅增长的原因之一。因此,如何提高环保综合整治能力,推动产业绿色化,促进整个行业转型升级,是当前印染行业面临的迫切要求。

3.服装行业效益徘徊不前。2017 年度服装产业实现工业总产值 421.79 亿元,增长 0.65%,主营业务收入 413.15 亿元,同比下降 0.23%,利润 24.85 亿元,同比下降 9.26%(见表 1)。2017 年本市在近几年需求疲软、原材料、劳动力成本和店铺租金上涨的打压下,服装行业利润下降的状况正日益严峻,内销供过于求,库存加大,对服装销售造成极大冲击,以内销为主的服装企业陷入低迷。在此严峻形势下,纺织服装企业纷纷寻找出路,国内纺织企业纷纷将生产工厂及简单生活工艺环节纷纷向东南亚转移,大企业合纵连横、扩张版图,小企业则索性进行重组退出纺织主业。

4.家纺行业体量最大,增幅较高。2017 年度家纺行业实现工业总产值 778.24 亿元,增长 4.88%;主营业务收入 765.08 亿元,增长 4.62%;利润 66.06 亿元,增长 8.26%(见表 1)。家纺增长的主要原因,仍然来自于电商的持续发展,线上的比例正在逐年增长,线上购物正在成为各个年龄段的首选。其次,越来越多的家纺企业正在适应市场的需求和变化,主动开发新品满足线上线下,家纺产品正在从"温饱型"向"健康、环保型"转型升级,高端家纺企业都在打造功能更多、绿色环保的家纺新产品,保暖不再是家纺产品的第一功能,生态、健康、时尚、美观、舒适等新概念新潮流成为消费者的广泛追求,随着新纤维、新工艺、新材料等在家纺的应用,家纺四件套的价格也从大众化的一、两百元提高到精细化的千元以上,功能化的品牌家纺产品甚至达到了万元以上,附加值的提高造就了南通家纺新的价值链。从专业市场和企业的信息反馈,接下来行业逐步进入旺季,行业企业的效益还将有所改善。预计四季度行业发展还将继续保持稳定且稳中向好的态势。再次,部分家纺企业正在向"大家居"方向发展,产业链的延伸必将进一步加快家纺产业的发展,南通家纺"中国家纺第一"的地位将继续保持。

5.化纤行业大幅提高。2017 年度化纤产业实现工业总产值 307.86 亿元,增长 7.81%;主营业务收入是 302.46 亿元,增长 7.7%;利润为 25.89

亿元,增长 9.02%(见表 1),三项指标增幅明显。化纤业经历了 2015、2016 年连续两年保持两位数增长以后,2017 年继续大幅增长,领跑六个细分行业。随着纺织市场回暖,对化纤的需求有所好转,行业整体开工率较去年同期有所提高,化纤市场淡季不淡。另受原油价格上涨的传导,化纤主要产品平均价格高于去年同期。行业运行质量改善,盈利能力提升。

6.丝绸行业地位不可小觑。2017 年丝绸业实现工业总产值 71.80 亿元,同比增长 8.66%;主营业务收入 76.69 亿元,同比增长 7.92%;利润 2.97 亿元,增长 110.23%,三项指标增幅都超过全行业平均增幅。丝绸在行业占比仅 2.87%,但是它在江苏乃至全国的影响很大,尤其是茧丝绸市场,在全国总量占有很大的比例,南通茧丝绸规模总量已超过苏州、杭州,以鑫缘丝绸为代表的南通品牌,正成长为中国丝绸的代表性品牌。

2018 年注定是不平凡的一年。它是贯彻党的十九大精神的开局之年,是改革开放 40 周年,决胜全面建成小康社会、实施"十三五"规划承上启下的关键一年。以供给侧结构性改革为主线,统筹推进稳增长、促改革、调结构、惠民生、防风险各项工作,是 2018 年经济工作的重点。在此宏观背景下,纺织行业转型升级方向更加清晰,那就是坚定地推进高质量发展,推进质量变革、效率变革、动力变革。

表 1 2017 年度全市纺织行业六大板块运行情况

单位:亿元、%

纺织行业	工业总产值	同比增长	主营业务收入	同比增长	利润	同比增长
棉纺织	740.64	-2.47	728.42	-4.1	46.84	-7.76
印染	139.72	3.85	139.57	5.58	12.29	5.04
服装	421.79	0.65	413.15	-0.23	24.85	-9.26
家纺	778.24	4.88	765.08	4.62	66.06	8.26
化纤	307.86	7.81	302.46	7.7	25.89	9.02
丝绸	71.80	8.66	76.69	7.92	2.97	10.23
合计	2460.08	2.2	2425.40	1.52	178.93	0.89

三、关于妥善应对美国政府对中国产品加征进口关税事件的风险提示

北京时间 2018 年 3 月 23 日凌晨 12 点半，美国总统特朗普签署总统备忘录，依据"301"调查结果，对从中国进口的商品大规模征收关税，并限制中国企业对美投资并购。4 月 3 日，美国公布 500 亿美元征税商品清单，对部分中国商品加征 25%关税。4 月 4 日，为反制美方，国务院决定对原产于美国的部分商品加征 25%关税，特朗普随后宣称将继续追加 1 000 亿美元征税商品清单，中美贸易战持续升级，并成为冲击市场的主要力量。针对中美贸易问题，我国政府表示坚决反对美方这种单边主义和贸易保护主义行径，必将采取坚决和必要的应对措施维护好国家和企业的利益。

2017 年，中国纺织品服装对外出口 2 686 亿美元，美国作为我国纺织服装出口的最大市场，2017 年累计出口 453.9 亿美元。目前美国对中国纺织服装常见产品类关税一般在 10%~20%，这些产品的关税若提升至 45%，将对出口带来较大影响。美国政府对我国出口采取贸易保护措施由来已久，我们和相关出口企业共同经历了 2003 年纺织品特殊保障措施、2009 年轮胎特殊保障措施、2014 年轮胎发起双反调查、2011 年及 2014 年先后两轮光伏产品发起双反调查、2017 年聚酯短纤发起双反调查、2018 年大型洗衣机和光伏产品全球保障措施等多次美国对华的贸易保护活动，南通市纺织工业协会公平贸易工作站在应对国外贸易摩擦和技术性贸易壁垒、促进进出口贸易健康发展、维护产业安全和保障会员企业的合法利益方面发挥了重要作用。面对此次规模空前的贸易保护战，我们将一如既往坚定地和会员企业站在一起沉着应对，积极履行南通市纺织工业协会诚信自律公约，同时，发挥我们已多次成功应对美国贸易保护的经验，积极为广大出口会员企业提供风险应对建议，为外贸出口保驾护航。

面对当前严峻的中美经贸形势，南通市纺织工业协会公平贸易工作站建议会员企业尽早主动与买方联系，协商应对办法。特别提醒注意下列事项：

一是对于已出运待清关的货物，建议企业尽快联系买方确认收货意愿及可能的关税承担等问题。在加征关税政策出台后，如有可能发生损失，

请按保单约定时限要求尽快报损，我们将配合中国出口信用保险公司积极向买方施压减损。

二是对于尚未出运的订单，建议会员企业尽快与买方协商未来关税成本分担事宜，并将有关条款纳入正式贸易合同，或补充签订相关书面协议，明确双方责任，最大限度保障自身合法权益。从以往处理经验看，由于加征关税不确定的时间并不长，买卖双方往往可通过协商共同承担这段时间出口的额外成本，一旦确定后，可通过提价等方式继续进行贸易。

三是对于尚在洽谈的新业务，建议企业审慎对待短期内新增的大额订单以及中小买方的需求，最好等待政策明朗后再签订贸易合同。

四是如会员企业的出口市场高度集中于美国，建议积极开拓其他国别市场，以分散国别集中的风险，把命运更多地掌握在自己手里，有效避开美欧国家的种种限制措施。我们将建议中国出口信用保险公司继续加大对新兴市场，特别是"一带一路"共建国家出口的支持力度。

五是建议会员企业加快调整纺织产业结构，增加出口产品的附加值和科技含量，并最终完善知识产权保护法律体系，实现以质量、效益为核心的发展模式。

行业协会外交是应对贸易摩擦的重要手段之一，2005年我们在解决中欧、中美贸易摩擦活动中发挥了积极的作用，对于增进理解、消除误解、加强沟通和协商、化解摩擦、构建稳定和谐的贸易环境具有重大意义，中美贸易战总体对中国纺织行业出口的直接影响不大，但可能推动国内棉花政策发生重要变革。南通市纺织工业协会将密切跟踪该事件的进展，与会员企业共同度过这一特殊时期。

四、2018年行业发展预测

2018年我国纺织品行业面临比较有利的环境。首先，我国经济社会将继续保持健康稳定的发展，GDP增速将预计到达6.5%左右；国家重视实体经济的发展，供给侧结构改革的深化，大力简政减税减费，大力鼓励科技创新，制造企业面临的发展环境更加优化；国民收入持续增长，城乡差距缩小，军民融合的深度推进，国家将继续加大在环境保护、基础设施建设、新能源等方面的投入，行业主要产品的内需市场将会继续保持较快的增长。全球经济继续复苏,欧美等发达国家市场对纺织品的需求保持温和增长,"一带一路"沿线国家和地区对一次性卫生材料、非织造布、涂层织物、土工材料和过滤材料等我国具有较强优势的产品需求旺盛。

我国纺织品不仅在规模上全球最大,在专业人才培养、专用装备和原材料保障等方面也取得了巨大的进步,在科技创新、新产品开发、精细化管理和产品质量方面与发达国家的差距逐步缩小,在智能制造和绿色制造方面也取得不少成果,骨干企业的实力得到壮大,产品不仅满足了国内需要,在全球也具有很强的竞争力,企业的发展信心足,为行业的发展打下了坚实的基础。

2018年我国纺织品行业将会平稳发展,生产和销售的增速会略高于2017年的水平,出口继续保持较高的增速,盈利能力会得到改善,固定资产投资的增速可能会有所回落。

撰稿人:金　鑫

2018年4月

南通市船舶海工业发展报告

南通市船舶海工业商会

2017 年,南通市船舶海工产业按照市委、市政府"3+3+N"产业发展的统一部署,持续追求产业高端发展,努力拓市场保交付,确保了三大造船指标保持向好态势,海工企业压力有所缓减,同时,随着兼并重组项目的成功,一批实力强的央企加入南通市船舶海工产业大家庭,为产业持续发展注入了新鲜血液。现将 2017 年南通船舶海工产业发展情况简析如下:

一、产业发展基本情况

1.船舶工业发展总体稳定,产值继续保持增长。2017 年,全市 446 家船舶海工行业企业实现产值 2056 亿元,同比增长 4.7%。其中,船舶造修产值 306.3 亿元,同比下降 3%;船舶配套产值 1 593.3 亿元,同比增长 4.9%。从地区看,海安、启东和港闸等地区增速较快,分别为 25.1%、15.5% 和 11.2%。海门增速放缓,开发区、如东增速出现下降(见表 1)。

表 1 2017 年南通各地区船舶工业产值情况

单位:亿元、%

序号	地区	企业数	累计产值		
			本期	同期	同比
	合计	446	2 056.0	1 963.8	4.7
1	崇川区	6	59.7	56.8	5.1
2	港闸区	66	229.5	206.3	11.2
3	开发区	45	130.3	207.5	−37.2
4	通州区	79	384.1	351.0	9.4
5	海安县	46	136.8	109.4	25.1
6	如皋市	80	316.0	293.7	7.6
7	如东县	23	57.8	58.1	−0.6
8	海门市	54	434.9	415.3	4.7
9	启东市	47	306.9	265.7	15.5

2.三大造船指标保持向好态势,市场份额总体保持稳定。 2017年,国际船舶市场虽总体处于低谷,但市场形势较上一年有所好转,特别是第四季度,波罗的海干散货指数(BDI)保持在1 500点上下,南通市企业抢抓市场机遇,取得了一批新船订单。一是造船完工量总体趋稳向好。2017年,全市造船完工量306.3万载重吨,同比下降3%,降幅较上年度收窄22.8个百分点,总体实现企稳。但与全国造船完工量同比增长20.9%的业绩相比,仍有一定差距。主要是受国际航运市场回暖影响,2016年大量延迟交付的船舶在2017年集中交付,而本市造船完工量主要由南通中远川崎、韩通重工两家龙头企业贡献,两家企业生产总体平稳、交付节奏均衡,没有出现大量延迟交付、集中交付的现象。二是新接订单大幅回升。2017年,累计有8家企业承接了新船订单,新接订单总量达到387万载重吨,同比增长204.7%,增速比全国平均水平高144.6个百分点。订单主要集中在中远川崎、韩通重工、象屿海工、招商局重工、启东振华、江苏海通等龙头重点企业,主要产品包括散货船等主导船型,以及挖泥船、化学品船、探险邮轮、铺缆船等一批特种船型。三是手持订单实现增长。由于2017年新承接订单大幅增加,本市企业手持订单量近年来首次增长,到2017年12月底,全市企业手持订单约848万载重吨,同比增长11.7%,好于全国手持订单同比下降12.4%的平均水平。总体看,造船三大指标保持向好态势,好于全国平均水平,船舶制造占全国的比重总体保持在10%左右,市场份额总体保持稳定。

3.海工企业保交付调结构,产业发展整体企稳向好。 2017年,受制于市场大环境影响,海工产业产值继续走低,海工新兴产业实现产值284.9亿元,同比下降1.9%。但重点海工企业努力保交付缓解经营压力、调整产品结构争取新单,产业发展趋势整体企稳向好。一是交付一批产品。企业持续加强与国内外油服公司对接、借助上级公司等方式努力交付在平台,取得一些成效,全年累计交付7座海工平台(模块),较2016年交付2座的业绩大幅提高,企业生产经营压力得到一定程度缓解。二是承接一批新订单。重点企业跳出传统石油开发装备领域,在海上风电装备、半潜船、辅助作业平台等领域获得一批新订单,5家企业获得9艘新订单,接单企业数、艘数较 2016 年 2 家、3 艘的业绩大幅增加。

二、产业发展主要特点

1.产品结构持续升级,高端产品业绩斐然。近年来,南通市持续推动船舶企业开拓高技术、高附加值船舶市场,促进企业产品结构升级,2017年取得较好业绩,一批在行业内外具有影响力的"大国重器"诞生。国内首制 20000TEU 超大型集装箱船、国内首艘军民两用 5 万吨级半潜船、国内首个总包工程浮式生产储卸油平台"希望 6 号"、全球首艘 tri-lube 型 C型储罐液态乙烷气体运输船、全球首个驳船型浮式 LNG 储存及再气化装置(FSRU)、世界首个浮式液化天然气生产驳船(FLNG)等一批高技术船舶和海工装备交付。亚洲最大的"大型绞吸式挖泥船天鲲号"、新一代 40万吨矿砂船"明瑞"轮、4 500 吨大型抢险打捞起重船"创力"号、"龙源振华3 号"2 000 吨风电施工平台、全球首制深海动力定位原油转驳船(CTV)等一批高技术船舶和海工装备顺利下水、试航。新承接了 38 800 吨双向不锈钢船、探险邮轮、6 万吨半潜船等一批高端船型订单。

2.强化自主创新,提升高端配套能力。2017 年,南通船舶海工配套高端配套能力取得新进展,南通亚泰工程承担的国家高技术船舶专项"船用中高速柴油机氮氧化物减排系统自主研发项目"顺利通过工信部组织的专家鉴定;南通力威机械的锚泊定位绞车系统研制项目成功获得 2017 年工信部高技术船舶科研项目立项支持,是南通市多年来支持民营企业争取到的第二个专项,成功挤入少数获得工信部专项支持的民营企业行列。随着本市高端配套能力的不断提升,一批高端配套设备市场加快步入市场。南通振华传动机械研发生产的起重机、升降系统、动力定位系统等关键配套设备,成功为 2017 年下水的"龙源振华 3 号"2 000 吨风电施工平台配套;南通振华生产的 600T/1600T 起重机、液压升降系统也为中天科技集团海洋工程有限公司在江苏招商重工订造的自升式风力安装平台和1600T 起重船配套。润邦重机生产的液压式插销升降系统已批量配套国内多家海工企业建造的平台。华滋海工生产的世界最大的 C 型船用液罐已成功交付大连船舶重工有限公司,为全球首制 85 000 立方米超大型乙烷/乙烯船配套,成为国内又一家大型液罐系统供应商。在市场前景较好的压载水处理系统领域，南通易利特研发的压载水系统已通过美国海岸警备队和国际海事组织的实船试验，正进行最后的环境试验，预计将在2018年第三季度获得美国海岸警备队的最终型式认可证书，成为国内第一个获得认证的采用物理技术的压载水处理系统。

3.有效盘活存量资产，产业发展注入新动力。受持续低迷的市场环境及经营不善影响，南通多家重点企业陷入停产、破产的境地，成为南通船舶海工产业发展的痛点，也是产业发展亟须解决的难点。在各方持续努力下，2017年多家破产、停产企业重组取得重大突破，为产业发展注入新动力。一是明德重工破产问题得到有效解决。南通象屿海洋装备有限责任公司于2017年年初完成对"明德重工"资产的收购，并投入资金进行改造，于5月正式投产，当年就新承接订单23艘、112万载重吨，成功实现了原明德的品牌优势、象屿的资本优势、其他投资方的订单资源优势最大化发挥。二是南通太平洋海工创下了国内"破产不停产"的先例。在各方努力下，中集安瑞科完成了对太平洋海工的全资收购，保住了工信部"船舶白名单"资质，创造了"破产不停产、员工不失业"的先例，破产重整期间先后交付了7个项目，5艘液化气船，总价值10亿元的订单得到重新确认，目前该企业已全面恢复正常。三是武船重工控股启东顺恒。武船重工于2017年控股启东顺恒，成立了央企控股的混合所有制企业——武船重工南通顺融重工有限公司，将启东基地打造成为武船重工重要的民品、军品建造基地。

三、产业发展面临的困境

融资难、接单难、交付难、盈利难依然是产业发展的"拦路虎"。一是受制于持续多年的市场环境影响，2017年金融机构进一步加大了对船舶行业风险的关注，企业融资难度进一步增大。二是新船订量难以满足产能需求，接单难继续困扰企业，当前订单进一步向大企业集中，今年本市新订单主要由重点企业获得，通德、通顺等多家中小企业已因缺少订单停产。三是海工企业产品交付难尤其突出，在建项目被反复延期，最终甚至弃单，对企业经营特别是资金带来极大压力，且海工平台定制化特点加大了转售难度。四是成本压力加大。当前，船舶企业不仅承受着低船价压力，而且 2017 年船用钢板等原材料及劳动力等生产要素成本大幅高涨,其中仅船用钢板自 2016 年第四季度以来价格上涨了 70%,人民币兑美元汇率也连续上涨,极大挤压企业利润,影响了企业持续发展。

四、2018 年展望

据中国船舶工业行业协会预测,2018 年全球经济发展将趋于稳健,航运市场有望稳中向好。随着老旧船舶的淘汰,过剩运力将得到进一步消化,新船市场有望趋于活跃。预计 2018 年全球新船订单在 7 000 万载重吨左右,海洋工程装备成交量约 130 亿美元,新船价格可能略有回升。就具体船型来看,大型船舶成交量将有所回落,部分中小型船舶成交将会趋于活跃,特别是豪华邮轮、汽车运输船、客滚船等少数特种船市场值得期待。全球油气开发将继续回暖,市场热点仍将集中在浮式生产平台、海上风电场建设运维装备以及 LNG 相关装备等领域。总体而言,2018 年船舶工业仍将处于低位运行,全国造船完工量将有所下降,但新接订单量比 2017 年略有提高。

面对 2018 年船舶工业处于低位运行的态势,南通船舶工业要继续坚定不移走高端化路线,进一步发挥在南通的央企的研发能力优势,大力发展智能船舶、豪华邮轮等高技术、高附加船型;海工企业要坚定不移拓宽产品领域,开拓 LNG 相关装备、海上风能及矿产资源开发装备市场;坚定不移强化提质增效,发挥中远川崎等企业示范作用,推进智能制造,实行精益造船,控制采购成本,降低能源消耗等措施,全面加强成本控制和管理,提升企业竞争力。

2018 年 4 月

南通市建筑业发展报告

南通市建筑业商会

2017年，南通建筑业面对激烈的建筑市场竞争和经济发展新常态大环境，积极应对、开拓创新，以转型升级为驱动，突出转变发展方式，全市建筑经济运行良好，继续保持着持续健康较快发展的态势。

一、发展现状

1.主要经济指标有较大增长。全市完成建筑业总产值实破7 000亿元，达到7 350亿元，同比增长11.51%；承建施工面积7.84亿平方米，增长8.59%；新开工面积2.69亿平方米，同比增长14.98%；竣工面积2.07亿平方米，同比增长5.7%；承建高层建筑22 454幢，其中29层以上的超高层建筑6 371幢；单跨跨度24米及以上工程27个，平均从业人数175万人，劳动生产率39.5万元/人，同比增加3.9%。实现利税总额460.3亿元。各项主要经济技术指标在省内继续位居第一。

2.行业骨干企业发展壮大。2017南通市有5家建筑企业成功申报特级资质，至此全市共有特级资质企业20家，居全国地级市之首。一级资质企业224家。其中总承包一级企业127家，专业承包一级企业97家，特级和一级企业产业集中度进一步提升，完成全市建筑业88%以上的产值。产值规模前10%的企业完成的产值约占总产值的92%，在2017年公布的各项评选认定中，本市建筑企业再创佳绩，2017中国企业500强本市9家企业入围，其中建筑业企业8家；全国工商联发布的"2015中国民营企业500强"，南通共有18家民营企业入围，南通就有13家（商会会长、副会长）建筑企业跻身其中，充分彰显了南通作为建筑强市的总体实力。省住建厅、省统计局发布的江苏省建筑业百强企业榜单中，南通共有 25 家企业入围,共获 30 席,综合实力前 4 名均为本市建筑企业,南通二建、南通三建、苏中建设位列百强企业前三名,前 10 强中南通企业占据 6 席;装饰装修、建筑钢结构、建筑安装、基础设施、建筑外经类,本市企业均有入选,建筑外经类 10 家企业本市占据 5 家;江苏共 5 家入围 2017 年 ENR 全球最大国际承包商 250 强,其中 4 家为本市企业;7 家企业入选中国承包商 80 强;企业在中东、非洲等地区均已站稳脚跟,市场份额不断扩大。目前本市建筑队伍遍及 40 多个国家和地区,"一带一路"国家在手项目 48 个,2017 年新签合同额达 7.56 亿美元,年完成营业额达到 15.6 亿美元。

建筑产业现代化加速推进。去年,南通市顺利通过建筑产业现代化示范城市建设中期评估考核。以装配式建筑作为产业现代化主体任务,制定"十三五"期间本市装配式建筑年度控制性指标,形成"三城、四园、多基地"的装配式建筑产业发展空间格局。创国家级示范市一个、装配式基地三个。南通市建筑设计研究院、江苏省苏中建设集团被评为省级建筑产业现代化示范基地,南通政务中心北侧停车综合楼被评为省级建筑产业现代化示范项目,已投入使用。至此,本市产业现代化示范城市已达 3 个,示范基地已达 5 个,示范项目已达 6 个,全市已建和在建的采用装配式方式施工的建筑面积突破 100 万平方米。中南集团部分项目已实现建筑材料 90%以上工业化制造,龙信集团的柱、梁等构件生产已达日本、新加坡等发达国家水平。产业现代化方式施工的智慧建筑取得新突破,在 BIM 技术、楼宇安保系统自动化、系统控制与集成等方面积极探索,多个项目技术应用国内、省内领先,"海门被动化产业园区"研发被动化建筑已申报国家产业示范基地。

4.创建优质工程成果丰硕。南通建筑企业长期以来扎实推进精品战略,积极引导和加强服务,鼓励企业加快转型升级、加大推进技术创新,开展创建优质精品工程,2017 年,中国建设工程鲁班奖(国家优质工程)入选名单,市建筑企业大获丰收,有 9 个项目获此殊荣,截至目前,本市获鲁班奖总数达 100 个,继续保持全国地级市中获奖总数第一的荣誉。同时,还每年创建国家、部省级优质工程超过 200 项。优质精品工程的创建,促进了建筑企业管理水平的全面提高,进一步扩大了南通建筑业在全社会的知名度,提升了新时期南通铁军品牌的新形象。

5.建筑节能和绿色建筑成果显著。全年新增绿色建筑面积约 1 400 万平方米,建筑节能超过 12 万吨标煤,获得绿色建筑设计标识 21 个,建筑工程质量检测中心综合实验楼等 3 个项目获评 2017 年度全国绿色建筑创新奖。35 项工法获评省级工法,154 个项目列入省级新技术应用示范工程目标项目,8 家企业技术中心被省经信委、住建厅认定为江苏省建筑业企业技术中心。

6.建筑业企业信用体系健全。企业库、从业人员库及项目库"三大库"数据量稳步提升,信用评价在工程项目招标环节的应用占比得以提高。以省纪委、住建厅将本市定为全省招投标改革工作试点城市为契机,成功打造"阳光+招标"品牌,全面落实招标人的主体管理责任,优化评标、定标办法,规范招投标各方交易主体行为,强化事中、事后监管。

二、面临形势

当前国内、国际新的形势,给南通市建筑企业带来了新的发展机遇和挑战,我国经济已由高速增长阶段转向高质量发展阶段,处在转变发展方式、优化经济结构转换、增长动力的关键期,供给侧结构性改革不断推进、房地产市场深度调整、政府建设法治化市场体系等,都是建筑产业发展面临的形势,如何"去产能、去库存、去杠杆、降成本、补短板",正是行业发展和企业生存要面对的问题。

"一带一路"倡议进入实质性操作阶段,基础设施互联互通是首要任务。国内长江经济带、京津冀一体化、雄安新区规划建设等国家战略稳步推进,国家和地区各类基础设施投资规划密集出台,此外新型城镇化建设、海绵城市、综合管廊等正在快速推进。建筑业正处在产业现代化的全面提升过程中,朝着装配化、信息化、标准化、绿色化、设计施工一体化为改革重点的方向发展。以诚信获取市场份额、以规划化提升发展品质是企业转型成功的必经之路。

2017 年,国务院发布《关于促进建筑业持续健康发展的意见》,全国各地城市纷纷出台政策,从规划、财政、金融、技术、监管等方面扶持建筑产业和装配式建筑的发展，"十三五"期间市场空间增量近2万亿元，2018年装配式建筑市场将进入快速发展时期。从全国影响建筑业发展的因素来看，房地产投资高增长难以持续、国际市场开拓风险较大、政策环境倒逼企业管理规范化、企业融资及运营能力的提升、同行业的竞争日趋渐激烈等，都是本市建筑行业发展的晴雨表，如何转型升级、提质增效是建筑行业面临的重要课题。

三、思路举措

贯彻落实党的十九大精神，积极适应经济发展新常态，紧紧围绕战略布局，推动建筑产业转型升级，增强建筑企业市场竞争力，深化建筑业"放管服"改革，积极推动装配式建造、绿色建造、智慧建造、数字建造发展，构建现代建筑产业集群，以保持建筑强市优势为目标，实现建筑产业高质量增长。

为此，要着力实施六大行动：

1.主业做大行动。充分发挥南通建筑产业联盟、南通建筑业商会和协会的协调服务作用，创造条件鼓励企业之间开展多种形式的合作，鼓励收购、合并、兼并，强强联合，合作抱团发展；加强南通建筑产业发展研究，召开"企业家面对面——南通建筑业转型升级研讨会"；举办"中国·南通智慧建筑（城市）国际创业大赛决赛暨国际智慧建筑高峰论坛"。申请承办"全国建筑企业高峰论坛"，共同探讨行业管理、行业发展工作，共享优秀企业的先进理念和典型经验，提升建筑全产业链企业的能力。2018年，力争全市建筑业总产值突破8 000亿元，重点扶持实力强的总承包一级企业申请特级资质企业，扶持企业上市2~3家。

2.专业做精行动。提高中小型建筑企业资源整合能力，加强与大型企业的横向联合，扶持一批经营特色明显、科技含量较高、市场前景广阔的专业企业。尽量避免同质化竞争，找准定位，围绕特长发掘细分市场，做精做细，塑造差异化的竞争力。对具有发展潜力的一级资质企业，在资产整合、权证确认、财务管理、科技进步等方面给予专门辅导，制定配套政策。支持大型建筑企业跨地区、跨行业兼并收购，继续鼓励和扶持大型建筑企业采用联合体投标的方式参与轨道交通、桥梁隧道、综合管廊、海绵城市等重点基础设施建设。支持建筑企业采用 PPP 模式进入城镇供水、污水垃圾处置、燃气、公共交通等领域开展"建营一体化"业务。加强技术研发和成果的转换运用，建设国家级企业技术中心 1~2 个，发展省级以上高新技术企业 2~3 家，设计、施工、运营等全产业链集成应用型企业 8~10 家。

3.**市场拓展行动**。国内市场方面，紧跟扬子江城市群规划、"京津冀"一体化等战略，重点发展沈阳为中心的东北市场，大力开拓重庆等大中城市建筑市场，引导企业向深圳等南方市场拓展。海外市场方面，采取"联合"的经营战略，加强与央企的联营，采取工程总承包、联合承建和提供劳务并举的办法，提升工程承包能力。在巩固非洲、中东市场的基础上，积极鼓励企业进入以色列等发达国家建筑市场，不断增强本市建筑企业在海外市场的份额。充分发挥中国-东盟建筑行业合作委员会这个平台的作用，帮助企业拓展东南亚和发达国家市场。

4.**精品工程行动**。积极推动绿色装配式建筑产业园区、示范基地、示范项目建设，形成规模化的绿色装配式建筑产业链。着力培育绿色装配式建筑市场需求，政府投资项目率先实现绿色装配式建造。继续在土地出台环节明确建设项目的绿色装配式建筑比例要求。建立 BIM 技术推广应用长效机制。加强与资质资格管理改革相适应的配套制度建设，鼓励本市建筑企业继续弘扬"南通铁军"精神，打造更多的精品工程，以品质赢市场。以南通建筑产业联盟为载体，申请注册集体商标，营造南通建筑产业集群公共品牌"南通建造"，注重品牌推介，加强宣传的广度和深度，提升南通建筑业在全国乃至世界的社会知名度和美誉度。

5.**金融合作行动**。金融机构应对本市建筑企业在授信额度、投标保函、质押融资、利率优惠等方面给予支持，积极支持本市银行、保险公司及相关企业开展工程担保业务试点，切实减轻建筑企业保证金负担。探索设立建筑企业融资担保基金和应急转贷基金，统筹使用财政引导资金支持建筑企业融资，加大对本市建筑企业金融支持力度。

6.**产业现代化行动**。本市已创建全国装配式建筑示范城市，建成国家级建筑产业现代化(住宅产业现代化)基地 4 家、省级建筑产业现代化示范城市4个,在全省率先完成建筑产业现代化目标。但从产业链构成看,本市企业以施工为主,设计企业实力不强,应推动本市建筑企业和设计企业的联营合并,形成优势互补。产品结构上,本市在钢结构、装饰装修部品、建筑装备制造、智能建筑部品、绿色环保建材等方面欠缺,相关建筑产业园区的招商应侧重于补充产业链薄弱环节。

撰稿人:黄文深　王向阳

2018年4月

南通市餐饮业发展报告

南通市饭店与餐饮业商会(协会)

2017 年,南通饭店与餐饮业围绕构建现代服务业体系,顺应市场变化,推进结构调整,创新经营模式,拓展服务领域,提升文化创意,倡导诚信经营,保障食品安全,促进产业链融合,南通市餐饮业基本形成高、中、低档餐饮相互协调、互为补充的发展格局,呈现增速平稳、稳中有进的良好态势。

一、南通餐饮业基本情况

(一)行业规模稳中有进。2017 年,南通社会消费品零售总额 2 873.4 亿元,同比增长 9.1%,住宿和餐饮业消费品零售额 247.8 亿元,同比增长 9.6%,全年住宿和餐饮业消费品零售额占社会消费品零售总额的 8.62 %。统计表明,近几年来,虽然受宏观经济政策影响较大,但随着人们消费水平的提高,住宿和餐饮服务收入仍然逐年递增,但年增长率从 2012 年的 20%降至 2017 年的 9.6%,增幅基本呈现逐年回落的态势,而住宿和餐饮业占社会消费品零售总额从 2012 年的 7.74%提高到了 2017 年的 8.62%,比重逐年增加(见表 1)。

表 1   2012-2017 年南通市住宿和餐饮业占社会消费品零售总额比重

单位:亿元

年份	社会消费品		住宿和餐饮业		住宿和餐饮业占社会消费品零售总额比重(%)
	零售总额	年递增(%)	零售总额	年递增(%)	
2012	1 708.7	15.5	132.3	20.0	7.74
2013	1 927.1	12.8	151.8	14.8	7.88
2014	2 153.5	11.8	173.5	14.3	8.06
2015	2 379.5	9.9	202.0	10.2	8.49
2016	2 632.9	10.7	226.1	11.9	8.59
2017	2 873.4	9.1	247.8	9.6	8.62

注:数据来自于南通统计年报。

(二)行业结构趋于合理。新常态下,餐饮业回归本质、回归市场是王道。餐饮业是充分竞争的行业,面对复杂的内外部市场发展环境和政策环境变化,企业以需求为导向,自我调节、完善管理、升级产品,满足消费者多层次、多样性、个性化餐饮需求。当前,南通餐饮业结构变化趋向合理,呈现出业态多元、兼容并蓄的特点。大众化餐厅人均消费额在100元以内的,占据餐饮服务网点总数的75%,零售额约占全行业零售额的80%,经营业态主要集中在便民早餐、团膳、快餐、小吃、火锅、农家乐、休闲餐饮(咖啡馆、茶楼套餐、饮品店、面包坊等)、外卖送餐、商业综合体餐饮等。在大众化餐饮业态中,快时尚餐厅、轻餐厅、休闲餐饮、特色小吃,经营面积150㎡~300㎡,在商业综合体、社区内开设的发展最为迅速。中档餐厅人均消费额在100~300元的,占餐饮服务网点总数的20%,零售额约占全行业零售额的15%,主要是特色餐厅、主题餐厅、星级宾馆餐饮等。注重品质的高端餐饮人均消费额在300元以上,满足消费者物有所值的消费需求,主要是高星级酒店、高端会所等,占餐饮服务网点比例约5%,零售额约占全行业的5%。本市餐饮业对促进和扩大就业、实现产业互动、调整消费结构和拉动消费稳定增长发挥了重要作用。

(三)企业质态逐步提升。2017年,全市重点监测的1 023家住宿和餐饮企业中,营业收入762家增长,261家下降,增长企业占比为74.5%。南通大饭店、金石国际大酒店、滨江洲际酒店、中洋金砖酒店、启东恒大威尼斯酒店5家酒店跻身营收亿元俱乐部,累计实现营业额6.5亿元,同比增长35.4%。

(四)品牌效应更加显现。本市拥有众多历史悠久、风格独特、技艺精湛、品质优异的餐饮老字号品牌。商务部门支持老字号企业在传承中创新,在创新中发展,挖掘整理老字号传统产品和技艺,收集、记录老字号发展史料,建立健全老字号档案。截至2017年,本市拥有"江苏老字号"7家,分别是:四宜糕团、西亭脆饼、四海楼美食、白蒲黄酒、林梓潮糕、新中酿造、白蒲三香斋茶干,其中5家为"中华老字号"。质监部门加强对区域名品的保护,支持区域龙头企业申报国家地理保护品种名录,目前,我市获得国家地理保护品种名录产品有9个,分别是:长江河豚、狼山鸡、海门山羊、如东条斑紫菜、南通蓝印花布、吕四海蜇、海安蚕茧、如皋黄酒、如东文蛤。本市促进企业标准化、规范化、规模化建设,文峰饭店等 11 家酒店获得南通市服务业名牌称号;江苏品尚豆捞跻身中国餐饮百强,名列第 15 位。政府部门支持本土品牌建设,对提高农产品知名度和美誉度、延伸上下游产业链、服务业提档升级、旅游资源开发利用、扶持企业发展壮大具有不可替代的作用。

(五)企业发展提档升级。餐饮业品牌具有特定的消费人群、产品印象与个性特点,在行业转型升级的大背景下,品牌连锁经营和多元化成为受追捧的商业模式。餐饮老品牌在深耕品牌和企业优势的基础上,丰富产品内容、创新服务形式、依托老品牌做背书,走规模化发展道路。如:梅林春晓主打江海鲜特色,走出南通,在强手如林的上海成功开设 3 家分店;江海一锅在无锡、江阴农家乐分店生意红火;非遗传承人巫雁冰走上央视,将海门红烧羊肉推向了全国;海底捞、外婆家、西贝等国内一线品牌纷纷入驻本市,南通商超综合体中餐饮占比已达 35%,成为商业综合体名副其实的主打业态。

(六)消费拉动更加明显。2017 年国庆、春节"黄金周"期间,全市重点监测的 20 家餐饮企业实现营业额 7 340 万元,同比增长 23.3%,高于全市消费增长 13 个百分点。扩大就业作用显著。全市住宿餐饮服务网点数达 2.6 万户,从业人员 17 万人以上,占商贸流通就业人数的 20%。消费导向作用增强。"餐饮+娱乐购物"消费模式蓬勃发展,客流量明显向拥有大量餐饮企业的城市商业综合体集聚,据测算,2017 年,圆融金鹰、万达广场、文峰城市广场等商业综合体销售额同比增长约 25%左右。

二、南通餐饮业发展存在的主要问题

尽管本市是餐饮大市,但离餐饮强市仍有很大距离,面临着深层次的矛盾和困难,与建设长三角北翼经济中心的战略定位不相适应。新形势下,南通餐饮业发展的动力不足,行业人才相对缺乏,管理水平还不高,核心竞争力和抵御风险能力较弱,本地品牌化、规模化、集团化企业较少。主要问题有:

一是行业集中度偏低。2017 年本市餐饮网点约 26 000 户,但限额以上餐饮企业较少,仅为 211 户,较上年减少 35 家。全市商业综合体发展不均衡,部分商业综合体投资、建设、招商、运营、管理相分离,缺乏统一的规划和运营;商业综合体对餐饮的定位和主题不够明确,定位基本雷同,业态细分不明确,基本上将所有餐饮分类都招进来;部分餐饮企业盲目跟进入驻,未清晰了解商业综合体招商、运营团队对项目的把控能力。部分餐饮企业交了学费,遭遇了挫折。全市餐饮业总体上仍然处于小、散、弱的状况。

二是连锁化经营能力偏弱。连锁经营是餐饮行业典型的现代经营方式,本市连锁餐饮企业数量偏少,品牌知名度和影响力还不高。2017 年,南通仅有 1 家企业进入全国连锁餐饮百强,与同处长三角地区的扬州、无锡、常州相比差距较大。目前,全市连锁餐饮企业经营业态主要集中在快餐、火锅和休闲餐饮。中式正餐连而不锁的现象仍很突出,总部经济、资本运作仍需加强。

三是市场开发力度不够。南通餐饮业在科学管理、菜品研发、工艺技术、营养保健等方面投入不足。南通餐饮文化源远流长,远可追溯到海安青墩文化遗址,近可溯源近代先贤张謇,南通滨江临海,水网纵横交错发达,食材资源得天独厚。南通餐饮目前尚不够承载江海大地丰厚的人文传承与历史沿袭,江海餐饮文化特色不够明显。不少餐饮业的创新往往停留在经验积累、相互仿造的低层次上,餐饮业的经营管理标准化、生产工艺的工业化程度不高,餐饮业在产品制作和整个流程上技术创新滞后。在餐饮教育方面,往往以中、高职学生的职业技术训练为主,而对餐饮业的经营管理创新、菜品研发和营养配比的分析方面人才比较缺乏。

四是税收贡献下降。2017 年,全市餐饮企业地方税收仅有 2 亿元,同比下降 20%以上。一方面说明,自中央八项规定以来,公款消费渐渐收缩,居民日常大众化消费渐成主流,税收流失较多;另一方面,企业为顺应市场变化,不少限上企业主动降星降级,布局和定位于小规模大个体。总体上,南通餐饮企业仍然是家族管理偏多,企业利润偏低,抗风险能力较弱。

三、行业组织推进行业发展的主要做法

(一)精心调制"南通好味道",大力弘扬江海美食文化

"南通好味道"是商会全力打造的金牌活动,以"南通好味道、让生活

更美好"为主题,引导大众"吃出健康、吃出品位、吃出文化",活动贯穿全年,精彩不断,在大力弘扬江海美食文化的同时,既聚集了餐饮业的人气,又提振了行业发展的信心。

(1)承办"江海美味、乐享食惠"南通大众美食促销季。9月份,商会(协会)与市商务局、旅游局等部门联合启动"江海美味、乐享食惠"南通江海美食节和大众美食促销季。通过一城一味"南通天下第一鲜"推介,南通特色菜点展评;寻味南通,3000人走进三鲜街,共品江海风味宴;接轨上海,南通旅游饭店与上海旅行社双向交流;联展促销,南通名店名小吃联展,南通名优土特产展卖等九大系列活动,全市300多家餐饮企业统一标识、统一行动。以节庆为载体,促进消费。

(2)四进上海,江海美食受热捧。商会(协会)四次组织企业参加市政府主办的"南通旅游上海推介会"。南通名点现场制作,免费品尝广受欢迎。120多家南通酒店与近百家上海旅行社面对面交流洽谈。

(3)大赛练兵,江海名菜入选"江苏当家菜"。商会(协会)致力于将南通名菜推向全国,2017年组织参加了第三届"江苏当家菜"烹饪大赛。文峰饭店的"明月映珊瑚"等5道南通佳肴,入选"江苏名菜(点)";举办了"南通江海特色风味菜点展评活动"。南通市46家旅游饭店、特色餐饮企业的102道菜点参加了展评活动。南通大饭店的"酥皮文蛤海味盅"等11家13道菜品荣获一城一味南通"天下第一鲜"展评活动特金奖;滨江洲际酒店的"荷塘鲜上鲜"等13家14道菜品获金奖,其余参展作品均获得银奖。同时,南通壹号渔人码头大酒店的"黄海双珍"等27道菜品被评为"南通江海特色风味菜"。

(4)宣传南通,编印《味解乡愁》。2017年,商会(协会)与市商务局联合编印《味解乡愁》一书,成了首届通商大会又一亮点。受市委宣传部委托,协助完成江苏发展大会南通宣传片美食篇组稿拍摄工作。

(二)创新服务方式,打造行业服务升级版

(1)以服务会员为中心,成立南通市饭店与餐饮行业商学院。商学院是商会(协会)"职业技能培训"服务品牌的升级版,为行业转型升级提供智力和人才支撑。4月6日,南通市饭店与餐饮业商会(协会)商学院挂牌成立,裴浩兵会长兼任商学院院长。商学院自成立以来,以培养管理人才和高技能人才为重心,举办五期培训班,42位厨师获得国家烹调技师和高级技师职业资格证书;316学员取得"南通市食品安全管理员培训合格证"。以"酒店大讲堂"方式,推进新思路、新模式、新工具在会员企业落地运用,今年,265位企业高管参加了酒店大讲堂。18家星级酒店、连锁品牌导入现场管理体系和成本管控软件。

(2)以弘扬江海文化为主线,成立南通餐饮文化研究专业委员会。为建立和完善南通饮食文化传承机制,9月29日,南通市餐饮文化研究专业委员会成立,专业委员会会长由裴浩兵会长兼任。一是主办"首届中国南通饮食文化发展论坛"。9月29日,商会主办了以"坚定文化自信,推动南通餐饮文化发展"为主题的首届中国南通饮食文化发展论坛。中国烹饪协会副会长冯恩援作主题演讲,来自省内专家及本市餐饮界、社会文化界人士近300多人出席活动。论坛由中国烹协特邀副会长、中国饭店协会顾问彭东生主持。二是举行南通饮食文化全书《江海食脉》首发式。《江海食脉》是一本多维度、立体式叙述南通烹饪文化历史、古今菜点、民风食俗、名厨老店的餐饮文化全书,由苏州大学出版社出版发行。

(3)构建长效机制,提升企业质量安全管理能力。国家《食品安全法》出台一年来,商会(协会)在调研基础上,在市食药监局、市场监管局的指导支持下,通过"食品安全管理员培训+编印标准台帐+导入现场管理体系"的模式,帮助企业提升质量安全管理能力。此举得到会员企业的响应。截至2017年年底,62家会员企业运用现场管理法,676位食品安全管理员持证上岗。务实的工作得到认可,由商会颁发的"南通市食品安全管理员培训合格证书"已成为崇川区餐饮服务许可申请和年审的必备条件之一,标准台账文本由各市场监管局统一编印下发。商会(协会)被中国烹饪协会授予"全国首家餐饮业质量安全提升工程培育基地"。

(4)制订行业团体标准,推动行业标准化发展进程。餐饮产业化发展,标准是基础。根据市政府召开的南通市服务业标准化工作推进会精神,为推进南通名菜标准化,由市旅游局提出,本会承担了南通餐饮行业团体标准《南通十佳系列名菜名点制作技艺标准》的编制任务。挖掘整理传承发展,商会(协会)从前期调研、标准起草制订修订、发布宣贯到树立典型示范,开展中国南通菜传承名店评选等标准化活动,发挥标准在南通名菜传承发展中的作用。南通十佳系列名菜名点总则和部分名菜标准在中国标准网上发布,将南通味道推向全国。

(三)助力转型发展,推动南通餐饮企业难中求进

以培育、打响南通餐饮品牌为重点,帮助企业开拓经营思路,从单一经营向多元化发展转变,积极推进企业现代化管理进程。

(1)开展交流学习,拓宽经营思路。2017年,商会(协会)3次组织企业家联谊会,同行切磋技艺,展示餐饮文化,分享经营管理思路。先后组织赴杭州、常州、镇江、无锡等城市典型餐饮企业考察学习、参观交流26次,500多人次参加。通过请进来、走出去,组团参加论坛峰会、参展参赛观摩、团购市场考察、同行交流切磋、会员互学互访等形式,努力使会员开阔视野,启发思路。

(2)引导创新创业,助推升级发展。加快创新步伐,涉足新业态,拓展新领域,谋求新发展。在商会的引导下,会员单位主动创新思变,南通餐饮业多业态、多元化发展格局基本形成。传统餐饮门店纷纷升级,多品牌战略成功试水,跨区域布局稳打稳扎。江苏品尚豆捞跻身中国餐饮百强第15位,成功开辟海鲜进口直供的经营"蓝海";海门东方雁跳出餐饮做食品,创办东方雁食品厂,以非遗传承人的身份走进央视,将红烧海门羊肉行销世界各地;梅林春晓入驻上海滩,将南通江海鲜特色推向国际大都市;启东宾馆、如东中天黄海等陆续推出移动宴席上门服务,斩获颇丰;渔人码头、江海渔港、老码头等多点布局,逆势扩张;邵东、柴发、广福渔都等主动出击,推出多元化、多品牌战略,进驻南通商超综合体。以"通城厨大师"为代表的"中央厨房+社区配送+就餐送餐"为代表的品牌餐饮逐渐占领高档社区和写字楼配餐领域。餐企转型升级的路上八仙过海,各显神通。

(3)试水智慧餐饮,促进管理服务提升。《江苏餐饮业品质提升工程(2016-2020)》正式发布,以消费升级带动餐饮产业升级,以消费环境改善和市场秩序规范释放新空间,以扩大有效供给和品牌提升满足餐饮新需求,以餐饮产品升级和产业发展,推动餐饮消费和投资良性互动,消费提升和餐饮品质协同共进,创新驱动和餐饮转型有效对接是未来的发展方向。2017年,南通餐饮O2O市场规模约为20亿元,同比增长29.5%,占餐饮业总体规模的6.8%。互联网平台"美团"、"饿了么"2017年入驻餐饮企业达到1 000多家,日订单量达1万单。几年来,"互联网+实体"同样给传统餐饮企业带来了内生性革命,智慧餐饮在互联网、物联网和大数据基础上,打造企业从前台预订、排队点餐、服务呼叫、后厨互动、收银、评价等全过程的就餐服务,强化营销、内控、采购管理,改进销售模式、生产方式、服务流程,实现餐饮互联网化。南通餐饮连锁品牌企业,特别是标准化程度高的火锅、快餐企业试水智慧餐饮实施计划,将大大降低运营成本、提升服务效率和品质。

四、推动南通餐饮业健康发展的对策建议

(一)加强宏观指导,实施南通餐饮业品质提升工程

当前,消费已成为经济增长的重要引擎,成为拉动经济增长的第一推动力,餐饮行业是扩大消费的主力军。要推进餐饮业供给侧结构性改革,发挥市场配置资源决定性作用,培养形成餐饮发展新动力,通过行业深化改革,实施餐饮品质提升工程。在品质提升工程中,要加强宏观指导,推进餐饮业品牌建设、创新商业模式、生态绿色餐饮发展,加快餐饮信息化、电商平台、移动互联网建设、信用体系建设等方面的工作,引导餐饮业向创新驱动、科学管理、产业融合、智慧餐饮、循环低碳方面发展,提升消费品质,满足人民群众对物有所值的餐饮新消费体验的需求,达到餐饮企业提质增效的目标。建议南通市政府出台《南通市政府品质提升指导意见》,明确南通餐饮业今后一段时期的工作指导方针、发展目标、主要任务、发展重点和保障措施,出台支持中餐工业化、中餐科技进步奖、食品安全质量提升、餐饮品质提升示范单位、健康养生餐饮示范模式、餐饮互联网创新、诚信经营、信用体系、文化建设等方面的具体奖励政策。

(二)坚持培大扶强,大力推进中餐工业化发展

南通餐饮业发展面临房租、税费、食材、劳动力、能源成本不断上涨的压力,中餐工业化已成为连锁餐饮企业发展的必然趋势,通过标准化、批量生产的经营模式,力求降低运营成本。自2014年起,江苏省商务厅会同财政厅已连续三年对全省30多家中央厨房建设单位给予资金奖励,引领行业转型发展,更好地服务民生。中餐工业化的前提是标准化体系建设,从上游原辅材料标准化,到专业化设备的创新与普及,菜点工艺标准化转换,复合调味汁的研发,冷热链技术的推广,以及低碳环保理念的提升,互联网、物联网的应用,大数据信息化分析,以及百姓餐饮消费体验信息反馈等。建立中餐工业化运营系统,体现集约化、标准化、专业化生产特征,中餐工业化重点要从理念更新,确立先有市场、后有工厂的理念及产品设计优先原则,建立标准原料模块、工艺模式、调味模块进行组合的模式,形成产品分类明晰,达到多样化、生产快速、创新简便化的目的。各级政府部门要支持品牌餐饮企业设立便民餐饮网点,为学校、医院、养老院、办公集聚区等提供早点小吃、快餐简餐、团体供餐等大众化餐饮服务,引领规范发展,减少中间环节,惠及普通群众。

(三)注重城镇规划,以项目建设促进餐饮集聚发展

餐饮业是第三产业中的传统产业,是重要的生活环境和投资环境产业,也是国家扩大内需的重要支柱之一,随着城市建设进程的加快推进,已把发展餐饮业列入南通经济发展的重要组成部分,从发展战略、网点规划、政策扶持、品牌建设、人员培训等方面加以认真研究,切实改变目前餐饮业的放任自流、无序发展、盲目竞争的状况。未来几年,南通综合交通枢纽逐渐形成,各地区域特色明显,地理名标品类齐全,各级政府可以依托区位优势,进行前瞻性规划和建设,加快现代服务业产业资源引进,以江鲜、海鲜、河鲜及名特产品地缘区分,以长寿之乡、名人故里、风景名胜等为依托,发展一批综合性餐饮经营区,将餐饮街区规划统一纳入城市商业网点规划,避开城市交通拥挤、停车难、环保、消防难达标等难题,坚持高起点、高标准、高品味,突出餐饮文化与购物、娱乐、旅游、商务、会展等紧密结合,更好地发挥特色餐饮街区的龙头作用和聚集效应,形成特色鲜明、布局合理、配套完善的市场体系。建议政府部门加强引导,突出主题,采取税收优惠减半等措施,营造商业繁荣和诚信文明经营的良好氛围,目前,市区星湖101广场、1895广场、狼山江海美食文化创意园初具规模,中南城、文峰城市广场、五洲国际、圆融广场、万达广场等大型综合体餐饮也蓬勃兴起,今后,围绕打造明斯克航母主题公园、沪通铁路交通枢纽,以及地铁1号线、2号线沿线,政府部门要高点定位,合理规划,长远布局,积极打造餐饮主题街区新格局,营造引商、亲商、安商、富商的创业环境,把南通建设成为真正的长三角旅游休闲度假胜地。

(四)加强餐饮文化建设,提升南通市餐饮业的整体形象

南通市要加强行业文化基础建设,重视企业文化建设,完善职业道德体系,推进餐饮业诚信体系建设,提升本市餐饮业的整体形象。并要充分利用报刊、电视、广播、网络等媒体,结合江海旅游节加强宣传和推介,浓厚"假日节庆""以节造市"的氛围,利用如皋长寿之乡、海安中洋河豚生态养殖基地、启东吕四及如东洋口海鲜之乡、如东狼山鸡、海门山羊等绿色生态农业的旅游线路和资源,充分挖掘和宣传南通江海鲜的地域特色和文化效应,浓墨重彩地宣传本土的、特色的食材采摘过程,独特的烹饪技艺和饮食文化,打造吃、喝、玩、乐为一体的江海休闲、娱乐、养生、体验之旅。

(五)发挥行业组织作用,促进行业健康协调发展

当前,各级政府正探索"负面清单"管理模式,加快政府职能转变,简政放权,理顺关系,推进法制政府建设。建议政府部门积极发挥社会组织的"行业孵化器"功能,通过委托授权、资金扶持的方式,引导行业组织开展有关行业的政策性、专业性、事务性服务事项,形成社会组织健康发展的长效机制。行业组织应发挥在维权、协调、自律等方面的服务功能,积极主动承担职业资格鉴定、行业培训、行业标准制定职能,参与涉及行业利益的听证会、论证会,积极申报有关行业发展的软课题调研,反映行业诉求,提升组织的话语权,争取政策对餐饮业发展的支持,主动与各级政府部门协调和沟通,充分发挥政府与企业之间的桥梁和纽带作用。

撰稿人:朱兴建

2018年5月

海安县新材料业发展报告

海安县工商业联合会

海安县新材料产业培育办公室

海安县新材料产业起步早、发展快,近年来已经成为海安经济转型、科技创新的重要阵地。目前,全县已经拥有各类新材料企业100多家,产业涉及信息材料、能源材料、汽车材料、纳米永磁材料、高性能粉末材料、稀土材料、新型钢铁材料、新型有色金属材料、新型化工材料等领域。

一、海安县新材料产业发展现状

经过多年的培育发展,海安县新材料产业规模不断壮大,已经形成了较好的发展基础,主要特点有:

(1)产业规模持续增长。全县现有规模以上新材料企业46家,涉及高性能磁性材料、新型金属材料、特种玻璃材料等多个领域,实现销售收入超60亿元。

(2)主导产业优势突出。形成了以高性能磁性材料和新型金属材料为主导的产业格局。海安高性能磁性材料产业经过多年发展,已经形成以晨朗集团、新旭磁电为龙头,以万宝实业、冠优达磁业、普隆磁电等骨干企业为支撑,以20余家关联企业为基础的独具特色的产业集聚地;新型金属材料产业形成以亚太轻合金、鹰球集团为龙头,远东新材料、鼎晶有色金属铸造、礼德铝业等几十家骨干企业为支撑的产业集群。

(3)产业集聚效应明显。从区域分布来看,海安新材料产业的主要力量集中在两区一镇,即高新区、开发区和曲塘镇。高新区和开发区新材料企业众多,产业基础好、规模大、集聚程度高;曲塘镇则依托自身产业特点,打造优势、特色新材料产业。从特色领域来看,高新区和开发区的磁性材料及开发区、曲塘镇和李堡镇的金属材料等都各自聚集了一批领域内的行业龙头和重点企业,建立了集科研、生产、应用、服务等功能为一体的园区和基地,突出呈现了新材料产业发展的集聚效应。

(4)龙头企业实力增强。海安新材料产业涌现出了一批技术水平高、创新能力强的行业骨干龙头企业,这些企业不仅具有在国内甚至国际市场上的优势地位和竞争能力,而且发展速度快、盈利能力强,对海安新材料整体产业的发展起到带动和支撑作用。目前,海安已拥有进入全国粉末冶金行业前三甲的龙头企业——海安县鹰球粉末冶金有限公司、汽车用铝型材国内重要生产企业——亚太轻合金(南通)科技有限公司、长三角地区顶级磁性材料及磁性元件生产制造企业——江苏晨朗电子集团有限公司、轨道交通车辆和汽车玻璃的龙头——江苏铁锚玻璃股份有限公司、功能性薄膜材料大型企业——海安浩驰科技有限公司等一大批具有雄厚实力的代表企业,带动了海安新材料产业的稳定和快速发展。

(5)创新能力不断提升。海安新材料产业拥有国家火炬计划重点高新技术企业 2 家,国家高新技术企业 6 家,江苏省创新型企业 2 家,江苏省高新技术(后备)企业 4 家,建有"江苏省(亚太)车用铝合金材料工程技术研究中心""江苏省粉末冶金新材料工程技术研究中心"江苏省高性能永磁铁氧体材料及工艺工程技术研究中心"和"江苏省片式元件与材料工程技术研究中心"省级工程技术研究中心 4 个,江苏省研究生工作站 2 家,南通市级工程技术研究中心 4 家。2014 年,海安县被国家科技部认定为"国家火炬计划磁性材料及其制品产业基地",海安新材料商会成功晋级"AAAA 商会",万宝、鹰球等 2 家企业获得中国驰名商标。

根据产业特色,海安联合国内知名科研院所共建了海安南京大学高新技术研究院、海安上海交通大学智能装备研究院、中纺院(海安)纤维新材料产业技术研究院、海安常州大学高新技术研究院等一批产学研合作平台。通过与 30 多家科研院所和大中院校的长期合作,海安新材料企业形成了众多创新成果,如晨朗集团的 11H 功率电感器的新型铁氧体磁性元件、鹰球集团的粉末冶金高温自润滑轴承、添加纳米粉体的高性能粉末冶金齿轮等十多个产品被认定为高新技术产品。

二、海安新材料产业发展的优势和短板

(一)产业优势

1.区位优越和功能平台健全有利于承接产业转移

随着长三角产业升级和结构调整步伐加快,产业转移成为重要趋势,海安县凭借在交通区位、投资环境等方面的优势,已成为承接长三角各主要城市产业转移的理想区域。同时本县拥有有色金属期货交割库、塑料粒子期货交割库,成为相关产业的原料中转基地。

2.产业起步较早具有先发优势

海安县在磁性材料、特种玻璃、新型化纤材料、新型金属结构材料等领域,具有一定的知名度,这对于下一步继续吸引相关产业来海安集聚具有重要意义。目前海安县拥有众多与新材料行业相关的企业,其中大多数企业虽不直接研发生产新材料产品,但与新材料产业有着紧密的联系,未来可以利用技术嫁接、产学研合作等直接转为新材料生产企业。

(二)产业短板

1.龙头企业数量较少,引领带动作用不强

虽然高性能磁性材料和新型金属材料在海安新材料产业中占据着绝对的规模优势,但两大产业龙头企业数量少,对整个产业链的影响带动作用较弱。新型金属材料领域 2016 年销售额超过亿元企业仅有 4 家,高性能磁性材料领域超亿元企业仅有 3 家,无 1 家上市企业。

2.中高端产品比例不足,产品附加值低

新型金属材料产业主要集中在有色金属熔炼、有色中间合金、有色金属压延、原材切割等领域,主要以基础原材料或中间体为主,大部分处于产品链条的某一段,下游产品开发不足,产品种类少,高附加值产品开发较少;高性能磁性材料产业主要涉及粘结钕铁硼、烧结钕铁硼、铁氧体等磁性材料以及电子元器件。但当前磁性材料的高端产品和技术主要掌握在美国、日本等主要发达国家手中,海安磁性材料企业总体来说还处于中高端产品研发的阶段,具有高科技含量、高附加值的新材料产品并不多。

3.企业研发投入不足,产品缺乏长远规划

海安县新材料企业对关键技术的研发与创新研究较少,研发投入不足。除少数领军企业和产品外,大部分新材料企业和产品主要以跟踪模仿为主,缺乏核心技术,自主创新能力不足。本县新材料企业在一些新兴的产业领域,还缺乏战略眼光和超前研究,进入晚、投入少、发展慢,缺乏高层次领军人才支撑,缺乏重大技术突破,只能采取跟随战略,未形成产业优势,与国内领先企业有较大差距,没有占领产业制高点,成为相关产业发展的瓶颈。

三、今后的发展思路

1.建立健全沟通协调机制,强化产业统筹管理

建立新材料产业发展部门会商、协调机制,统筹研究协调新材料产业发展重大问题。加强新材料产业政策、发展规划与科技、财税、金融、商贸等政策协调配合,强化各部门专项资金和重大项目的沟通衔接。建立新材料专家库,成立新材料发展专家委员会,提高新材料产业发展决策水平和服务企业水平。制定新材料产品、企业认定办法,定期发布重点新材料产品目录和企业名录,发布重点项目计划,引导社会投资。强化新材料产业标准化管理,推动新材料产业标准化试点示范。完善新材料产业统计制度,组织开展新材料产业运行监测,加强新材料产业的损害预警,定期发布新材料产业发展信息,引导、促进新材料产业规范、有序发展。

深入推进"县级机关服务企业科技行""创新创业在海安"和"中科院专家走进海安"等主题活动,围绕"地毯式、人盯人、全覆盖"的要求,分行业、分专业、常态化开展产学研活动,加速创新资源向本县聚集。建立产学研项目数据库,完善产学研项目转化推进机制,将任务落实到挂钩责任人,三年内产学研项目转化率达90%以上。围绕重点产业、重点企业的创新需求,实施精准对接合力推进成果转化,每年引进成果转化项目。

2.加强产业关键技术攻关,提升行业自主创新能力

围绕重点新材料领域发展、特色优势产业链构建和新材料产业集聚区培育,设立新材料领域产业技术创新基金,扶持新材料领域重点企业研发中心建设和专项技术攻关。加强组织协调,实现从基础研究到产业化示范全链条的布局,扶持新材料生产及应用的龙头企业发展,强强结合,不断提高创新能力,优化提升产业链。组织实施一批新材料系统集成、生产、

应用示范工程,提升新材料技术工程应用水平,加快企业科技成果产业化进程。通过与科研院所、高等院校组建产业技术创新联盟,构建长效的产学研合作机制和成果转化新机制,推进集群创新,提高行业的可持续发展能力。

按照"企业规模行业前列、研发能力行业领先、产品档次行业高端、智能装备行业示范、品牌形象行业最佳"的目标,筛选创新型行业"单打冠军"企业培育对象,联合重点高校,制定大企业创新规划,打造国内行业领先的研发平台,抢占产业技术制高点。在国家行业协会和上级科技、人才等部门联合评审的基础上,培育5家具有较强影响力和竞争力的创新型行业"单打冠军"企业。

3.完善落实财税金融政策,加大产业扶持力度

完善落实新产品应用风险补偿机制及保险补贴政策,支持新材料首批次应用,促进新材料初期市场培育。完善支持新材料企业发展的政府采购政策。落实支持新材料产业发展的高新技术企业税收政策、中小企业扶持政策。引导金融机构加大对新材料企业的信贷支持,鼓励和引导各种风险投资基金、股权投资引导基金、产业投资基金对新材料企业特别是初创型企业的支持。

4.强化人才队伍与平台建设,促进新技术高效转化

统筹人才、项目、平台建设,构筑新材料人才高地,为产业发展提供基础理论和原创技术。通过设立新材料创业专项基金,推动科技人员创新创业,促进科技成果转化。鼓励各类产业园区加强孵化作用,通过实验开发、测试等公共服务平台建设,为产业发展提供支撑。招引高校和科研机构的专业技术人员到重点企业研发中心兼职科技副总,在重点企业研究院的技术协同创新队伍中选定优秀年轻技术创新人才,实施青年高技能人才培养计划,集聚一批高层次创新人才。重视本土人才的培养,联合高校院所对企业骨干技术人员进行进修或短期培训。实施人才创业项目。全力招引带技术、带项目、带资金的"有梦想、肯吃苦"的优秀创新创业人才,与天使基金精准对接,有效破解种子期、初创期企业初始资金投入不足的瓶颈,推动种子期、初创期企业裂变式发展。

5.搭建供需平台,服务产业创新发展

搭建新材料产业供需对接平台,组织新材料发布会、产用对接会等。协调推进重点新材料领域建立以资本为纽带、产学研用共同参与的产业联盟。利用新材料专家库资源优势,组织专家组开展企业服务活动。发挥军民融合公共服务平台作用,向具备资质企业提供武器装备对新材料的需求信息,向军工用户推荐民口单位新材料产品。培育服务于新材料产业创新发展的第三方专业服务机构,引导和支持其开展技术、咨询、融资、信息、检测等服务。支持新材料行业协会开展创新指导、办展招商等服务活动,促进行业合作交流,支持利用互联网手段,建立新材料从业人员交流平台。

抢抓"一带一路"建设机遇,充分发挥国家级国际科技合作基地、中意海安生态园平台作用,推进与欧亚科学院中国科学中心、中国国际技术转移中心和省跨国技术转移中心的合作,构建与美国、欧盟、俄罗斯、韩国、以色列等国家和地区的科技合作关系。积极承接上海自贸区开放合作溢出效应,吸引海外高校、研发机构、跨国公司设立研发中心和成果转化中心,促进国际创新资源和企业创新需求有效对接。

2018 年 4 月

海安县锻压机械业发展报告

海安县工商业联合会

海安县锻压业商会

海安锻压机械产业是海安县起步较早的支柱产业之一。经过近 60 年的发展，逐步形成了产业特色鲜明、产业关联度大、产业链条完整的锻压机械产业集群，成为全国比较知名的锻压机械生产基地，是国家火炬锻压装备特色产业基地。

一、海安锻压产业发展现状及优势

1.发展现状

海安县锻压机械制造业有较长的历史，从 20 世纪 50 年代的三家企业，发展到目前大小近 200 家企业，其中以小规模企业数量居多，规模以上企业 63 家，亿元企业只有 9 家，超 10 亿元企业仅瑞安特一家，其余龙头企业年销售最高只有 2 多亿元。主要包括剪板机、折弯机、卷板机、校平机等产品，这部分产品的生产企业是本县锻压机械的主力，企业数量大约占海安锻压机械企业总数的 80% 以上，还有个别企业开始生产数控转塔冲和激光切割机。

2017 年，海安锻压机械板块企业形成开票销售 384 977.97 万元，较去年同期下滑 22.64%，目前产品拥有钣金加工机床(卷板机、校平机、折弯机、剪板机、激光切割机)、锻压装备(液压机、冲床、冶金机械、空气锤、电液锤、模锻锤等)、铸锻件(水泥机械、船用机械、汽车零部件锻件)和其他机械产品(肥料机械、滚动功能部件、彩板压型机等)等四大类 200 多个品种，产品应用领域广泛，行业发展空间巨大。

2.发展优势

经过近年来的发展，海安县锻压机械产业在经济规模增长、行业效益改善、转型升级和产业结构优化等方面取得了很大进步。规模总量稳步增长，产品质量不断提升，新产品不断涌现，产学研合作不断加强，资源整合力度加大：

国家火炬锻压装备特色产业基地、江苏省特色产业集群锻压机械产业特色产业集群、锻压机械绿色发展基地等纷纷花落海安；拥有"江海"机床、"银利"数控、"苏中"曲轴3个国家驰名商标，拥有省级锻压机械检验检测平台。全县30多家锻压机械企业拥有机电产品出口质量许可证，50多家企业具备自行开发研制新型、特殊规格剪折产品的能力，数十种新产品填补国内空白，数控剪折机床占市场份额的40%左右。

东海集团、中威重工生产的大型、特大型闸式剪板机和多机联动折弯机以及江海集团生产的用于中厚板的大型单、双边液压滚切剪在国内较有名气；瑞安特集团生产的精密滚珠丝杠副、精密滚动直线导轨副为国家重点支持项目、江苏省名牌产品；中机锻压与北京机电研究所共建产业研究院，研发团队研发出的程控全液压模锻锤，最大打击能量可做到160KJ（千焦）；百协精锻的程控液压模锻锤和程控对击锤代表了国内先进水平，技术水平属于国内首创并具有国际同类产品先进水平，完全能够替代国外产品；超力卷板机起草了二辊卷板机行业标准，承担国家火炬计划项目2项，拥有44个授权国家专利和16个江苏省高新技术产品；南通恒鼎成功制造出校平精度在0.1mm以内的精密校平机，产品稳步跨入行业一线品牌行列，成为一汽、二汽、东风等知名企业优秀供应商。众多龙头企业在各行业协会中纷纷取得话语权：中机锻压、江海机床集团是中国锻压协会副理事单位，海太铸造是江苏省铸造协会第二届副会长单位。

2017年，南通海卓数控有限公司与北京机电研究所合作，成立了混合所有制企业"中机锻压江苏股份有限公司"，一个月就开票销售1 000万元。以中机锻压为依托，北京机电研究所同时在开发区成立了成形研发中心，以打造成最具活力的先进制造技术创新平台，辐射海安锻压装备行业，促进智能化制造技术及科技成果在海安本地产业化。

二、海安锻压机械产业发展短板

2017年,海安锻压机械板块开票销售同比下降了近五分之一,除了原材料和产品的价格波动的影响外,主要还是因为本县的锻压机械总体品质不高,海安仅少数企业产品属于中高档产品,大部分企业生产的产品档次在国内属于中、低档,同质化竞争十分激烈,企业转型升级迫在眉睫,全县近200家企业年销售40亿元,与临近的扬力、金方圆和亚威3家企业年销售40多亿元相比,充分说明本县锻压机械产业整体"大而不强",企业过于分散造成的重复建设、资源浪费和恶性竞争,严重影响了行业总体经济规模的扩大。简要分析如下:

1.产品结构不合理,产品档次和技术水平相对较低

一是产品档次低,高端产品少;附加值不高,利润低。

海安锻压机械主营产品是剪折卷机械,除少数大企业生产的重型卷板机和大型剪折机床在国内具有一定名气以外,绝大多数产品属于低档产品,普通机型多,数控化率低,以数控剪折机床为例,技术附加值高的关键部件如电液伺服系统和数控系统都是外购,企业获得的只相当于钢铁粗加工利润。据调查,本县多数生产剪折卷机床的企业平均利润率只有5%~8%,许多企业销售的设备吨价只有8 000元/吨,远低于锻压机械行业平均价格水平12 000元/吨。

二是单机产品多,成套设备少。截至目前,只有江海集团为吉利汽车开发设计了一条成套生产线;单一功能设备为主,复合功能机床少。

本县锻压机械产品目前主要以卖单台设备为主,很少企业能够为用户提供完整工艺解决方案和成套设备,在这方面与国内亚威、金方圆等名企的差距较大。此外像激光冲裁复合机床、机器人多边折弯中心等高端的复合功能机床本县还不能生产。

2.企业结构趋同和产品同质化导致恶性竞争屡屡发生

海安县锻压机械企业近200家,在发展过程中,由于历史原因,产品品种大多相同,基本以剪折卷机床和低档液压机为主,企业涉足的领域基本类似,企业的发展方向趋于同向,企业结构雷同和产品同质化现象十分严重。在市场竞争日趋激烈的情况下,出现了许多企业之间互相压价、恶性竞争的问题。恶性竞争的后果首先是影响正常销售价格，扰乱市场秩序，使本县原本锻压机械产品利润偏低的现实雪上加霜。其次是不少厂家为降低成本而偷工减料，使不少剪折卷机床的内在质量存在问题。此举不仅损害用户利益，也严重损害本县锻压机械行业的声誉，对产业整体发展不利。

3.企业自主创新能力严重不足,缺乏核心技术和核心竞争力

海安锻压机械产品档次低的根本原因在于企业缺乏自主创新能力，缺乏技术人才和科技创新机制。据调查，海安县绝大多数锻压机械企业都存在缺乏技术人员的问题，企业具有高级职称的技术人才较少，具有硕士、博士学位的高级技术人才更少。此外企业管理者也大多缺乏自主创新意识，只图眼前利益，很少有企业进行科技研发投入。不少企业甚至没有技术人员，没有一套完整的图纸，这种状态下企业生产的产品必然是低档的。

本县锻压行业内企业老板整体素质不高，对企业的发展也有了一定的制约，此外企业缺乏知识产权保护意识，不少企业辛辛苦苦开发出的新产品，转眼之间就被本县同行抄袭和模仿。这种现象在一定程度上也妨碍企业进一步自主创新和技术研发投入。同时，一线操作技术工人缺口较大，给企业正常生产经营带来一定的困难，这个问题也不容忽视。

4.多数企业还不具备现代化工业管理理念

从企业管理角度,在管理顾问体制的引入方面落后于国内长三角、珠三角地区;从技术角度,缺乏自主创新能力,缺少核心技术和关键技术;从生产角度,缺乏精益生产管理理念;从企业领导者角度,缺少有战略眼光的企业家,绝大多数企业家忙于应付生产,埋头干活,没有发展规划,没有宏图观念。

三、发展方向

随着全球化经济的推行，锻压机械产业面对的市场竞争压力越来越大,为了有效应对国内和国外对手的竞争,2018年,海安县锻压机械产业统筹规划,拟从以下四个方向落实发展:

一是通过战略重组与分工协作,合理配置资源,培育行业领军企业,

优化产业结构,加快专业分工协作体制的建立,大力发展专业配套及服务产业,压缩转移多余生产力,合理配置资源产品要向精密、高效、智能、柔性方向发展,培养行业内"单打冠军"优秀企业,鼓励和支持龙头企业进行县内或跨地区的企业间的战略重组或兼并,实现强强联合和优势互补,向规模化、综合性、集团化方向发展。

二是推进科技创新,开展产学研活动,提升产品质量,优化产品结构,将传统产业做好做精,将特色产品做大做强,瞄准客户需求,开发适应市场需求的高端机床产品。

三是精准招商,完善产业链。在上游数控系统、功能部件制造商以及下游IT产业、家电、电气等方面下功夫,学习台湾锻压行业"中卫体系",以中心厂带动卫星厂的抱团发展模式,抓住上海、苏南等先进地区产业转移的机遇,完善产业招商目录,加快招引一批产业链缺失、与现有产业融合度高的专特精项目,以项目带动促进产业集聚。

四是深入两化融合,探索成立融资租赁机构的可行性,解决融资难的问题。

五是开放开发发展,引导企业"走出去"。对接"一带一路"建设和长江经济带等重大开发战略,积极主动对接上海、苏南等先进地区,开展锻压机械制造产业协同创新,形成具有海安特色的锻压产业链条,打造海安锻压产业发展新引擎。

六是走集约集群发展模式,力争建成以高新区、开发区、李堡镇为依托的锻压机械生产集结区,将海安高新技术产业开发区、海安经济开发区和李堡工业片区分别打造成为锻压机械三大专业生产板块:卷板机械生产板块、锻压装备生产板块、剪折机床生产板块,推动海安县锻压机械稳步健康发展。

2018 年 4 月

海安县现代家具业发展报告

海安县工商业联合会

海安县现代家具产业培育办公室

现代家具产业是海安近年来刚刚发展的一项传统产业，随着海安东部家具产业基地建设的不断深入，家具项目的不断积聚，家具产业也逐步成为海安对外宣传的一张重要名片。

一、国内家具产业的发展方向

家具产业具有独特的双重属性，既是一种典型的工业产品，又是一种文化创意产业，根据专家研究，未来中国家具行业的格局与形态=德国工业4.0+意大利设计创新体系+中国的国家禀赋。在当前我国经济新常态下，我国家具行业由高速发展向中高速发展转变，行业突破瓶颈转型升级正在进行，呈现出以下发展趋势：

1.以技术化为核心的产业升级

伴随着经济增速趋缓的预期以及房地产调控政策的影响，目前家具行业中通过不断扩大生产规模的粗放式发展模式已经不适应激烈的市场竞争，具有设计优势、采用新技术和新工艺、改进机器设备，在信息化时代响应消费者的个性化需求及基于大数据和物联网，植入大规模定制和柔性生产方式以及互联网+，加大科技和创新投入的集约型企业将在整个行业洗牌中占据更多优势。

2.以设计引领和驱动的行业风向

设计作为产业经济发展的驱动力与多产业联动的连接价值，已经越来越受到业界的关注。未来的消费会逐步转向以设计为中心，这样一个趋势就会促成中国大批量的优秀设计师和设计品牌的崛起。"设计"和"创新"将会在最大程度上体现家具的市场价值,而在未来的市场发展中这两者的结合将逐渐成为家具企业的核心竞争力。传统的家具行业运营模式已不能支撑企业自身发展的速度,只有通过设计的引领和驱动,才能帮助企业寻找到新的商业模式和核心竞争力,助推家具行业由传统制造业向创意设计产业的升级发展。

3.价格竞争逐渐转变为品牌竞争

随着居民收入水平不断提高,消费者的消费习惯也不断变化。家具行业由过去的卖方市场逐步发展到以价格竞争为主的买方市场,目前正在处于价格竞争向品牌竞争的过渡阶段。价格竞争和品牌竞争都是家具企业参与市场竞争的重要手段,但是价格竞争着眼于现在和生存,是有下限的竞争;品牌竞争着眼于未来和发展,是不断由低级向高级发展变化的竞争,是一种无止境的竞争,其中包括形象、产品、服务、网络、市场保护等诸多内容。

4.家具产业链向"大家居"概念延伸

随着居民消费观念、主要消费群体和收入水平的变化,中高档家具的需求量迅速膨胀,消费者购买行为越来越体现差异化、个性化,催生了整个市场向专业化、细分化的趋势发展。未来,消费者会更加讲究精细化、个性化、多元化,对于家具的整体性、协调性、设计感的需求将不断增强,更加注重家居的风格、品位、代表的文化及售后服务等。家具产业也已经由家具产品延伸到包括家具、家装、家电、家纺、灯具、厨具等八个方面组成的"大家居"环境的范畴,出现了定制家具、全屋定制家具、集成家具(整体家居)、智能家居等制造模式和商业模式,如索菲亚、欧派、林氏木业、曲美家居、金牌等品牌都开始向全屋定制转型。很多企业推出"一站式服务"、"全屋定制"的概念,有的家居品牌企业因"大家居"战略开始拓展产品线,以橱柜起家的欧派拓展地板、床垫、木门等家居品类,从而渗透到其他品类的领地,无形中给其他品类的同行造成了压力。2016年5月,恒大集团发起,包括索菲亚、联邦、喜临门、曲美、仁豪、森堡、顶固等企业参与,在河南兰考建立恒大家居联盟产业园,该产业园投资总额100亿元,占地1万亩,首期投资总额超过40亿元,计划打造亚洲最大的家居产业园。这就意味着,上游装修建材业向其他品类的渗透,势必波及下游的家具行业,无形之中抢了家具人的"饭碗"。更多企业将由单纯原材料供应商向整体、系统解决方案提供商转变,提供"设计+产品+服务"一站式的解决方案。

5.产业群体仍然以中小型企业为主导

消费者诉求的多元化和完全竞争的市场特点,决定了家具行业的集中度不仅远低于汽车和家电,甚至还低于服装、纺织品和鞋类而处于最低水平,对于企业纵横联合而言,未来中国家具企业生态群依然是少数企业在红海市场里沉淀为大型、甚至超大型企业,并会带动一批卫星企业共同发展,但排在前十的企业占据市场总份额依然不会超过10%。企业群体将依然是中小型企业占主导。但能够生存下来或滋生出来的中小型企业不是现在这种高度同质化状态,而是在各个细分领域的设计创新型企业,这些企业中有的可以成为极具品牌价值的潮流领导者,而潮流跟随者的生存空间会日益狭小。

6.网络销售稚嫩但朝气蓬勃

虽然家具网络销售存在着消费者无法体验、难以成交、安装困难、运输环节容易造成损坏、售后服务难以保证等困难,但家具网络销售的高速成长却是事实和不可逆转的趋势,以"源氏木语"、"林氏木业"为首的家居企业在短时间内迅速壮大,年销量均在 10 亿元量级,传统实体店销售、定制销售、网络销售将成为中国家具产业未来三股主要的市场力。

二、海安县家具产业发展优势和短板

1.发展优势

(1)起点高、平台大。在产业转型、行业升级、企业调整的关键期,新建园区必须是高起点、高标准。本县发展家具产业的定位是:以全球化的视野、产业化的高度和超大型规模打造华东地区条件最好、平台最大、政策最优、吸引引力最强的家具产业集聚区。海安作为华东长三角地区的交通节点,有"枢纽海安,物流天下"的战略取向,我们从一开始就坚持高起点、高标准规划建设家具工业园区,按照全县一盘棋的思路,谋篇布局,确定了"一区两园"的发展构架。"一区"就是在国家级海安经济技术开发区设立家具核心发展区。建有工厂区、家具市场区、材料市场区、物流园区等板块,已有一百多家品牌生产企业落户,全球家具博览中心也位于该区。"两园"就是滨海新区、曲塘镇两个生产基地。滨海新区家具产业园规划面积5000亩,可容纳百余家企业入驻,建成后将成为国内家具产业园最规范、配套最齐全的现代家具综合园之一。曲塘家具产业园规划面积30 00亩,已入驻规模企业18家,全面投产后可实现年产值10亿元。两大园区为东部家具产业集群发展提供了最为基础和扎实的产业支撑。

(2)**项目聚集迅速。**家具产业对海安而言,几乎是从无到有,海安县始终把招商工作放在首位,紧抓部分地区家具产业转移发展的有利时机,积极"走出去、请进来",从2010年建立基地以来,每年都以50家左右的落户数推进。这些企业都是规模企业、品牌企业、骨干企业。同时,加快上下游配套企业的引进与集聚,开展精准招商、补链招商,加速推进在谈项目顺利签约、在签项目顺利开工、在建项目顺利投产。2017年,本县利用空闲厂房,招引配套性、零部件生产项目落户,有效推动了海安家具产业的做大做强。

(3)**链式发展提高核心竞争力。**全产业链的打造是海安家具产业的出发点、着眼点和落脚点,本县提出"以全产业链促进家具产业集群"的思路,做强做粗制造链、供应链、流通链、服务链,加速上下游配套的引进与集聚,形成"研发有机构、生产有基地、物流有平台、消费有市场、服务有配套"的链式发展态势,推进先进制造业与现代服务业的深度融合、互相促进。2017年,材料市场一期成功开业,板材市场二期开建,落户本县商贸物流园的荣杉木材交易市场成品仓库建成,补上了产业链中重要的供应链环节。

2.发展短板

(1)**产业聚集度还不够。**"没有千家,不成基地",全国家具制造业共有4.6万家左右企业,大多集中在大型市场附近。海安现有家具企业以实木为主,规模企业已经具有一定数量,但整个家具板块数量还不多,快速聚集的任务还很重。

(2)**产业链条还不完整。**对照全产业链的要求,海安县家具产业在生产链、流通链、服务链、供应链、价值链、创新链等环节还有缺链、断链、弱链。生产链中设计环节薄弱,自有设计队伍的自主研发,除了"斯可馨"等几个大一点的企业,绝大多数是没有的,平常只能靠委托、靠模仿,挤在夹缝中求生存;生产链中的人才需求没有系统集成、没有供给渠道、没有培养机制;流通中的物流环节,海安有交通优势和"公铁水"秉赋,但物流产业尚属起步。江西南康是"中国中部家具产业基地",它有配套物流企业263家,线路630多条,基本覆盖了全国县级城市,而海安当前家具成品的物流还大多从蠡口中转,增加了消费者负担;服务链中比较突出的金融服务,因为海安是新基地、工厂是新办厂,所以抵押质和经营业绩都给融资增加了难度;供应链中的原辅材料配套生产厂家还没有跟过来,材料市场未开业使企业采购成本提高,这些链条的不完整使产业发展缺乏动能,必须尽快强链、补链。同时本县家具产业集群还基本处于产业价值链低端的制造环节,缺乏向产业价值链上游的研发、设计环节以及下游的营销、品牌环节的延伸,需要沿着产业价值链的方向加快产业集群升级,不断提高产品附加值。

(3)**龙头企业还不多。**海安县东部家具产业基地的企业有一定的经济实力和创新能力,在3月份的广东家具展上,每年都有十多家企业参展,并能满载而归。但从整体看,本县的家具企业龙头企业不多,知名品牌较少。目前品牌不少,但知名的不多,尚未形成被消费者广泛认可、口口相传的家具品牌,这两项恰恰是一个地区产业的核心竞争力。

(4)**创新能力不强。**在研发投入方面,家具产业低于其他不少行业,家具产业园的企业,由于有的刚新建,有的刚搬厂,这方面还存在"舍不得投"和不重视创新问题,随着消费者对家具要求越来越高,家具企业之间竞争越来越激烈,研发创新必将成为企业的要务。

(5)**市场影响力还不够。**流通市场作为家具行业中重要的一环,承载着连接消费者和厂商、经销商的重要作用,海安家具市场规划起点高,这里规划的未来180万平方米的市场规模在全国是前列的,在华东是第一的,但毕竟刚刚起步,万事开头难,路要一步一步踏实走。家具博览中心A馆2015年10月才开业,材料市场一期2017年刚刚开业,意大利精品馆目前还在招商装修之中,"独木不成林,单一不成势"。目前,虽然产销两旺,特别是原产地批发市场的优势凸显,商场本身很努力,常搞活动,已入驻商家经营情况良好,不单是本地消费者已作为主要采购目的地,周边地区、沪宁一线甚至北京地区也闻讯赶来,但是,毕竟入驻厂家有限,产品单选择性不够,因此形成不了强大的区域影响力和卖场品牌印象。

三、思路与举措

家具是海安县一个全新的发展产业,2018 年,本县将围绕培大扶强,打造特色名片,着重抓好以下几个方面的工作:

一是强化产业招商。推进滨海新区家具产业园项目和核心区家具项目"填平补齐",协助开发区、滨海新区、曲塘家具产业园继续紧抓苏、浙、沪等家具产业转移发展的有利时机,积极"走出去、请进来",在苏、浙、沪等地开展驻点招商,重点招引全国排名前十名的知名企业。积极开展境外招商,重点到意大利开展系列招商推介活动。

二是加强集群建设。支持集群内龙头企业与中小微企业分工协作发展,重点支持集群内企业规模化、品牌化发展,支持中小微企业做专、做精、做强,加强斯可馨、台森等龙头企业和小型企业间的分工协作,形成产业合力。加快集群内公共平台建设,积极谋划设计研发中心、人才培训中心、检测中心、产品展示中心、电子商务中心等公共服务平台建设。完善物流体系、金融体系等配套体系,为企业扩大市场和产业升级提供资源支撑。

三是推动产业链完善。加速上下游配套企业的引进与集聚,重视家居用品生产、成品贸易、创意设计、智能研发、专业会展类优质企业的招引,锁定重点地区开展精准招商、补链招商。抓好供应链拓展和营销链延伸,实施枢纽、物流、产业三大优势转换,降低家具企业的时间成本、仓储成本、物流成本,促进物流园荣杉木材交易市场投入正式运营;着力做强以亚太亿发为平台的运输物流中心;发展壮大家具原辅材料市场,补齐木材、布草、皮革、五金、油漆等采购供应链;推进东部家具板材市场二期开工建设。

四是强化市场培育。推动全球家具博览中心为主体的区域性家具批发市场提档升级,借助中意合作海安生态园平台,对接更多的意大利知名品牌入驻,推动意大利品牌馆和红木艺术馆建设。通过举办家具博览会,不断放大东部家具品牌效应。

五是促进产业业迈向中高端。培大扶强骨干企业,培育行业单打冠军,修订完善企业五年规划和年度细化方案,促进军民融合、军地共建,组织骨干企业与国企、军企进行对接,力争进入国企和军企采购平台、军队物资采购网。策应"一带一路",借助中意海安生态园,重点与意大利家具设计、制造企业开展合作。深入实施品牌战略,推动创建国家、省级品牌,积极培育在全国全省行业知名度高的品牌企业。积极协助豪门名匠、斯可馨等骨干企业建成省、市级智能车间,促进家具业从高能耗向低能耗升级,从低利润率向高附加值优化。

六是提升服务保障。组织企业参加国内外举办的知名家具展销会,促进交流和产业提升;坚持问题导向,帮助协调解决家具业融资难、用地难、招工难问题;充分听取企业意见和诉求,帮助企业解决生产经营中遇到的困难和问题;发挥牵头部门作用,为县委、县政府科学决策当好参谋助手,协助制定更精准的产业扶持政策措施,促进产业快速健康发展。

2018 年 4 月

如皋市医疗器械业发展报告

如皋市医疗器械商会

近年来,如皋市医疗器械行业在市委、市政府的正确领导下,在市工商联、总商会的指导帮助下,围绕做大做强医疗器械这个特色产业为目标,以发扬勇于挑战、敢于创新为举措,以拓展市场、编织营销网络为抓手,在如皋市医疗器械发展过程中,采取新举措,抢抓新机遇,开辟新市场,迎接新挑战,促进了如皋市医疗器械行业稳步发展,不断壮大,使如皋市医疗器械产业逐步成长为一个全国小有名气的医疗器械产业集散地。

一、如皋市医疗器械产业发展的基本情况

本市医疗器械产业主要集中在下原镇,近年来,由于领导重视,政策引领,不断优化生产经营机制,使医疗器械产业有长足的发展。一是营销人员的队伍不断扩大,营销人员达到5 000人;二是营销的网络遍布全国各地;三是生产经营的医疗器械产品从中、低档到高优档应有尽有;四是生产企业的科技含量不断提高,获得国家注册商标的产品就达16个。部分产品成功地打入了国际市场。南通安琪医疗用品有限公司生产的导尿管畅销欧美、亚太,该产品居国际市场销售的前三强。五是经营模式不断优化,经营性企业向生产型转化。近年来,根据全国医疗器械经营的新要求,经营全国各大地区的医疗器械的经营权、招标权,我们组建了集团经营公司,以适应新形势,同时,组织动员经营企业向生产经营转型。近年来,由经营性企业转型新建生产型企业两家。六是生产、经营规模不断扩大。至2017年年底,本市医疗器械生产、经营产值达到32亿元,医疗器械生产稳步发展。

二、如皋市医疗器械产业发展的几点做法

1.针对新情况，采取新措施，着力推进医疗器械产业优化发展

如皋市医疗器械产业通过不断努力，生产和经营都有了稳步的发展，在全国医疗器械行业中有了一席之地。但是，随着全国医疗器械市场不断规范和医疗器械集中采购招标的新情况，如何在新形势下谋求医疗器械的新发展，做大做强这一产业，是摆在我们面前的新课题。近年来，我们从医疗器械产业的实际情况出发，充分发挥商会的组织和服务功能，以新的思路、新的举措、新的模式来助推本市医疗器械产业的发展，为了把市医疗器械产业建设成全国有影响的医疗器械集散地，我们多措并举。一是实施集约发展。采取措施，引导和组织会员单位进行组合和转型。本着自愿组合、共同出资、风险共担、利益共享的原则，先后组建了两个经营集团公司。由商会主导并组织协调，动员了10多家生产、经营企业成立合力、欣圣两家集团经营公司，目前，运转正常。二是推进医疗器械创业孵化基地建设。筑巢引凤，使本市的医疗器械产业跃上一个新台阶。近年来，通过努力，成功将30多家经营企业引入医疗器械孵化基地，成功创建了南通市医疗器械孵化基地。三是加强服务，提升效能。在申办工商营业执照、取得资质、行业许可、申请贷款和融资等方面提供全方位的服务。四是建立市场信息网络，实行信息共享。经营公司的经销人员对了解到的市场信息及时进行通报，使营销渠道进一步拓宽。

2.创新创优，敢为人先，着力创建省级"正版正货"示范行业

为了进一步服务企业，进一步树立依法经营、诚实经营、信誉第一、用户至上的良好形象，本会根据知识产权保护的要求，结合本市医疗器械行业特点，明确工作思路和要求，采取切实可行的措施，利用知识产权保护这个平台，创建省级"正版正货"示范行业，提升为会员单位服务的层次和质量，并取得较好的效果。

首先建立健全知识产权保护和创建工作管理机构，完善制度建设，为创建工作提供组织保证。建立以会长为组长的知识产权保护和创建工作领导小组，具体落实和推进创建工作的开展；明确分工，明确职责。

其次进一步完善各项制度，用制度规范创建工作，为创建保驾护航。

商会围绕创建要求,抓住工作要点,从制度设计、可行性、操作性、规范性和促进工作等方面来完善、充实制度的内容,使之切实可行。

第三创新举措,建立了知识产权保护联盟,为创建工作打好基础。要求会员单位必须参加知识产权保护联盟,对照要求共同遵守相关法律、法规,互相监督,共同遵守。要求会员单位必须与商会签订"正版正货"四不承诺书,并由单位盖章,法定代表人签字呈报商会备案。

由于我们对创建工作高度重视,措施扎实,我们成功申报并获批为省级"正版正货"示范行业,是全省首家申报成功的县(市)级商会,创建工作也极大地促进了本市医疗器械产业的发展。

3.加强培训,强化管理,进一步提高医疗器械行业规范化管理水平

近年来,国家对医疗器械生产、经营企业行业准入和监督管理提出了新要求。如何让全体会员单位学习好、贯彻好、执行好一些新法规、新要求,切实做到依法登记、依法经营、规范管理,我们采取了以下措施:一是组织全体会员单位负责人进行学习培训。今年先后组织两次由全市100多家医疗器械生产、经营企业负责人参加的专题学习培训,学习医疗器械规范管理要求,逐条学习,逐条对照,逐步消化,掌握其精神要领。二是邀请市监督管理局的领导进行案例解析培训,通过案例解剖,使企业懂得是什么问题,违反了什么规定、违规的后果。同时,通过培训,对各自企业逐一对照,查找问题,进行整改,要求各会员单位缺什么补什么,哪方面不足就在哪方面完善,切实做到完全合规。三是修订行业自律规范要求。针对医疗器械行业面临的新情况,我们对行业自律提出了新要求,要求各会员单位必须严格对照新条例依法生产、经营,保证产品质量,依法纳税,靠质量、诚信、服务去拓展、占领市场。

4.组织会员单位参加医疗器械博览会、展销会、订货会,拓展新市场

2018年以来,商会一是积极组织会员单位参加国内外医疗器械博览会、展销会、订货会,带领他们找市场、找客户。2018年年初,商会组织部分生产企业参加了在法国杜舍尔多夫举办的一年一度的国际医疗器械博览会。2017年10月份,商会组织70多家会员单位组团参加在昆明举办的第七十八届世界医疗博览会,宣传推广自己的产品,同时观摩新产品,

寻求新的合作伙伴,拓宽眼界。二是稳市场。随着医疗器械市场竞争的白日化,怎样占领市场、稳定市场是摆在我们面前的最现实的问题。因此,商会积极组织和动员各会员单位要抓机遇、稳市场、抱团取暖。组织经营优势企业组成联合体参加各省、地区的医疗器械招标活动,确保信息畅通、投标准确,拿到部分医疗器械产品的经销权,巩固和稳定市场。三是积极组织校企合作,利用高校研究平台研发新产品,由企业购买研发成果。2018 年以来,商会先后与浙江大学、四川大学、苏州大学和哈尔滨工程大学签订合作协议,通过校企合作研发新产品。四是协调处理生产、经营中遇到的矛盾和问题,充分发挥了商会在发展医疗器械产业中的引领作用。五是组织会员单位互相交流生产、经营经验,相互取长补短,相互借鉴经验,共同提高管理水平。

三、2018 年的主要工作要点

根据全国医疗器械发展态势和要求,进一步推进如皋市医疗器械产业不断发展,把医疗器械产业做大做强。2018 年主要重点抓好几个方面;

1.继续在集约发展上下功夫。从全国医疗器械经营情况来看,组建集团公司是必由之路。要想得到各地区的医疗器械招标权、经营权,必须依托集团公司。我们将从两个方面入手,一方面继续组织协调组建经营联合体,集团经营,本着互利、互补的原则,由多个经营企业组成集团公司,同时,对已经组建的集团公司进行跟踪,确保营运正常。另一方面,寻求与大公司进行合作,挂靠大公司,争取部分地区或部分产品的经营权。

2.进行科技创新、产品创新。通过与高校合作,购买高校研制的成果,研制新产品,开发新产品,拓展新市场。在市场竞争中占领有利位置。通过与国内外企业的联合、合作,开发生产出能够打入国际市场的适销对路产品,提高产品的知名度,为医疗器械产品拓展更大舞台。

3.组织生产、经营企业"走出去"。学习先进地区的先进理念和先进管理模式,练好内功,提高自身的管理水平。同时,组团参加国际、国内的医疗器械博览会、展销会、订货会,开发市场,拓展产品,逐步提高市场占有率,通过我们多方努力,实现本市医疗器械产业的新突破,争取本市医疗器械产值年增长速度稳定在 15%以上,真正将这一产业做大做强。

4.进一步完善服务平台,促进企业更好地发展。组织专业人员对企业的新办领证、到期换证、办理经营许可证等业务进行帮助,提高工作效率,对部分企业需要资金进行临时周转的,协助办理小额贷款,帮助协调借款,解决好企业的临时困难,将一些服务企业的具体工作做实做细。

撰稿人:赵伦钧

2018 年 4 月

如皋市黄酒业发展报告

如皋市黄酒商会

如皋市黄酒商会是由十几家酿酒企业以及相关配套企业组成的商会。黄酒是小酒种,发展缓慢。与其他酒类相比,黄酒具有高营养、低酒精度、低粮耗的特点,随着消费升级和饮食理念的变化,黄酒需求量在稳步增加。"互联网+"发展迅速,而黄酒这样一种传统产业也需要与互联网结合。从目前黄酒行业销售趋势来看,黄酒行业收入绝对额呈逐年增长的趋势。

一、行业现状

2017年如皋黄酒产量达5万吨,实现产值3亿元,与上年同比增长1.25%。整个行业内处于微利状态,大部分企业不同幅度下降。

经历了两三年的市场需求深度调整,我国酿酒产业在深度调整中稳步发展,酿酒总产量出现增长,经济效益整体趋好,产品、渠道、商业模式等创新步伐加快,市场进一步稳定。但黄酒行业由于酒种小,一直处于行业的底层,而且都是传统型企业,大部分产品是低端市场消费,产品结构调整缓慢,流通体系变革不快。

2017年,全国居民消费价格指数同比上涨,而黄酒产品消费价格指数仍然降低。如皋黄酒行业面临着同样的困境,产品价格普遍不高;市场竞争恶劣,无论白酒、啤酒、葡萄酒等其他酒种都在主攻大众消费市场,不断挤压黄酒的生存市场。

因为微利经营,一定程度上制约着企业的再投资。由于相关法律法规的要求,需要黄酒企业不断提升和整改生产环境,以适应新的要求,推动着企业被动投资。

宏观层面,国家政策(税收、技术、环评等方面)在进一步"抓大放小",规模以上企业有利于国家管控、有利于板块发展、有利于产业提升;同时由于号称史上最严的"三大安全"(食品安全、安全生产和环保安全),同样给黄酒企业提出了更高的要求;微观层面,市场效应将进一步淘汰落后产能、低附加值产业,小区域酒企亦在此列,如皋黄酒行业整体都属于小区域酒企,消费市场仅限于南通地区;资本层面,一线名酒、二线省酒在资本的势能下或是步步为营,或是重点蚕食着小酒企的生存空间。

总之,如皋黄酒行业2017年面临的是困难的一年,存在着一些共性困难,主要体现在以下方面:

1.企业销量小、利润微薄、单品贡献率低、品牌影响力小,其原因是小而弱。

2.产品种类多、市场布局复杂、渠道涉足多、产业形态多、老板想法多,其原因是小而多。

3.所有企业缺资金、缺现金流、缺人才、缺文化、缺营销(先进的理念和制度)、缺战略规划,其原因是小而差。

如皋黄酒行业处于不容乐观的现状,2017年艰难度过了,而2018年依然是困难和机遇并存的一年。

二、行业面临的问题分析

近年来,如皋黄酒行业发展基本平稳,尽管增长幅度不大,产业结构正逐步调整,产品结构进一步优化,消费市场趋于理性,正从"阵痛期"向平稳增长过渡。但是,发展过程中积累的政策、市场和创新方面的诸多问题和所面临的困难依然严峻,需要理性对待:

1.长期以来,酒类产业政策约束较大,酒类生产企业在立项、扩能、税收、环评等各环节受到严格的控制。在自由竞争的环境下,市场根据供需关系自身可以产生良性的发展轨迹,但对酿酒产业的一些政策限制了市场自动调节能力。

2.政策调整应强化自主调节,引导企业自律生产经营。食品安全、安全生产和环保安全三大"史上最严"法律的进一步完善,强调充分发挥消费者、行业协会、媒体等的监督作用,形成社会共治格局。涉及检测、流通等方面的标准仍然较少。立法和标准的滞后,黄酒企业对食品安全风险检测项目不知情,造成企业生产过程控制和防范风险的滞后,以致于形成被动局面。应着力强调行业协会和商会的作用,及时引导企业自律生产经营。

3.社会舆论关注提升,预警机制亟待健全。随着人民生活水平的提高,食品质量安全意识不断加强,作为以普通大众为消费对象的黄酒产品,倍受社会各界关注。黄酒产品的质量安全关系到生产企业的命脉,关系到如皋黄酒产业的健康发展。尽快建立健全行业预警机制,有效组织与引导企业开展行业自律,加强消费教育,普及酒文化知识,倡导理性饮酒、强化社会责任意识,树立行业正面形象,努力营造行业的社会美誉度,应该作为全行业的一项重要工作,同样也需要政府相关部门和食品安全标准制订部门给予行业或企业知晓权,以便企业更好地做好预警和防范工作。

4.产能增长过速,市场能力滞后。如皋黄酒在发展时期企业产能大量增加,加剧了酿酒规模的扩张。行业进入深度调整期后,造成库存压力大、销售渠道不畅、消费能力不足、利润空间降低的危机。面对新的市场变化,面对节俭治国的社会环境,一些企业对深度调整的心理落差准备不足,缺乏适应新常态变化的决心,调整发展战略的能力不强,应对市场变化的措施滞后,尤其是对市场的变化、消费者的新需求、销售方式和政策的调整等方面缺乏应变能力。

5.经济效益提升困难,企业发展后劲不足。为应对社会环境与市场环境的变化,大多数企业积极调整产品结构,重新构建价格体系,加大了中低端产品的生产规模,取得了一定的成效,但造成收入稳中有升,利润和税金持续下降的被动局面。产品利润率的降低,削减了企业发展的后劲,制约了行业科技投入,影响如皋黄酒持续健康发展。建立科学的产品结构体系,控制产品成本,主动适应消费需求,稳定产品价格,是创造企业核心竞争力的必然选择。

6.如皋黄酒商会近几年带领行业企业不断了解和引进国内外先进技术装备,通过加大机械化生产,一定程度上提高了生产效率,降低从业人员的劳动强度,但与机械化、自动化、智能化、信息化先进水平差距依然非常大。科学建立行业创新机制,提高自主研发能力,树立传统产业向现代化工业迈进的坚定信心,推动如皋黄酒行业现代化进程,是如皋黄酒商会的重要任务。支持具有一定规模和实力的装备生产企业,培育成为水平较高的龙头骨干企业;支持小企业走专业化、配套生产之路。

另外,如皋黄酒企业大多数仍然延续着传统的家族式的管理模式,与现代化工业管理已经不相适应,无论是生产管理、营销管理以及技术创新等级方面,缺乏激励机制。在现代企业中,人才已经成为决定企业生死的关键要素。无论是技术研发还是生产管理,都要依靠人来完成。一个有战略眼光的企业家,总是把人才看得高于一切。现代企业的竞争,说到底就是人才的竞争,企业从一开始就必须确立尊重知识、以人为本的理念。面对现代纷杂多变的市场,单靠老板单打独斗是远远不能适应的,应当不断引进人才,组建一个管理团队,充分发挥和利用团队的智慧,来应对市场竞争的残酷,不断创新管理经验,不断开拓市场,共同为振兴企业、发展如皋黄酒做出贡献。

三、发展趋势

如皋黄酒在适应市场需求、实现转型升级、探索创新发展的过程中,必须保持清醒的头脑和可观的态度,洞察市场的新特点。

从市场布局结构上看,如皋黄酒生产企业集中在白蒲黄酒圈内外,而产品多集中于南通地区,但是整体上市场结构不合理、占有率低,造成了话语权少。从竞争地位结构上看,如皋黄酒企业仅南通白蒲黄酒有限公司挤进了江苏省黄酒行业前三名,其他企业排在更靠后的名次,甚至一些企业排不上名次。尽管如此,如皋黄酒在南通区域市场并不占有优势;从价格档位结构上看,如皋黄酒由于品牌力和产品力较弱,其核心产品大都在30元/瓶以下,甚至存在0.5元/斤的产品,尽管也有部分产品在80元/瓶~500元/瓶,但销量和存量也是微乎其微,完全可以忽略不计。中高档产品多被外来品牌垄断,对于长远发展来说极为不利,在如皋黄酒发展的根基区域都未能完全占领市场,在今后相当长的时间内,值得如皋黄酒企业共同努力和思考,力争在南通区域内取得无法取代的地位,给企业带来利润、市场、品牌和话语权;从战略结构上看,多年来如皋黄酒企业多以跟随策略为主,跟在大品牌后面是常态,缺少了太多本该属于如皋黄酒在南通区域自己的"制空权、对话权、定价权"。

行业调整的关键在于产业转型,产业转型的关键在于品质和特色。培育品牌、追求产能、扩大规模应该说是如皋黄酒在"十三五"期间的主旋律,酒的社会属性是满足人民精神、文化、交际的嗜好型消费品。随着人们日益增长的精神文化需求、生活品质需求和个性消费需求,在产业产能过剩的背景下,品质、特色一定是黄酒产业发展的方向,尤其是彰显个性需求方面,在全球信息化的工业基础上,规模、品牌效应一定是向品质、个性效益转变。在互联网大发展的前提条件下,品牌一定会被弱化,酿造生态、蕴含文化、个性订制、品质超群的产品,不仅可以实现产品特色文化需求,同时可以实现体验消费需求,又让消费者能感受悠久的如皋黄酒传统文化,还可以实现价值提升和效益增长,无疑是黄酒产业新增长点。

传统密集型酿造可以向机械化、智能化、智慧酿造转变,但品质和个性的实现则需要推动和加大黄酒酿造基础科研研究,尤其是如皋黄酒自身的特色研究,将智能引入黄酒产业,不但能实现黄酒酿造的智能化,更能实现如皋黄酒高品质和个性化,把如皋黄酒酿造技师的技艺蕴含于如皋黄酒的品质之中,是传统酿造基础的升级。

传统消费向健康、理性消费转变。国人传统饮酒的豪饮方式——"干杯文化"正在转变,饮酒是健康、是愉悦,更是增加情感,不能成为一种负担。酒类消费负面影响无不和过量饮酒息息相关,慢饮细酌已成为一种风尚,这正是黄酒饮酒的本来方式,无疑给黄酒行业带来了新福音。因此,黄酒行业要不断呼吁全社会建立理性的饮酒方式,创新和引导消费的新文化,开创常喝酒、喝好酒、喝国酒的理性消费时代,但这对产品的安全性和健康性提出了更高的要求。

重点企业要注重开拓省内外的市场,让具有丰富文化内涵的如皋黄酒走出南通,并把它推向省外市场,让国人能充分了解和认识如皋黄酒,从而带动如皋黄酒行业整体发展。

如皋黄酒传统的经营理念主要是以区域代理、总经销或直销等方式,市场无序竞争激烈,营销手段、营销管理、成本核算、财务管理和人才培养等相对比较落后,流通效率低。随着科技不断进步,移动通信和互联网越来越便利并紧密结合,借助微信、APP、二维码等新的"互联网+"分销方式更具有灵活性、互动性,如皋黄酒行业不能再故步自封,受传统营销模式所束缚,要使"互联网+"和传统营销方式结合,搭建O2O网络,深度进军餐饮业,使消费者可通过网络平台方便、实惠地买酒,依托线下实体店连锁体系、服务体系和仓储体系,将产品直接发到门店,让配送员送给消费者,整合线上线下融合供应链。

四、政策建议

1.提升传统产业文化宣传,推进地方品牌建设。如皋黄酒有着深厚的文化底蕴和内涵,代表着长寿文化。政府应该着力提升传统产业文化宣传,对如皋黄酒进行保护、鼓励和支持,推进品牌建设,加强对提升企业文化、品牌文化、消费文化等方面的引导、开发与探讨。

2.积极引导企业践行社会责任,实现行业可持续发展。行业和企业社会责任现已成为行业健康、可持续性发展的重要推动力,行业商会及业内大多数企业近年越来越重视社会责任的践行。极少数企业不能履行其应有的社会责任,政府部门应对其加大监管力度。

3.推进理性饮酒政策建设,规范行业引导。国家相关法令法规的持续推动,使得理性饮酒推进不断深化。政府应出台地方法规,以便于行业商会引导更加规范、合理、有效,有利于将理性饮酒推广及如皋黄酒知识的普及社会化、透明化,有利于推动如皋黄酒产业健康发展,也有利于科学引导消费者健康消费。

4.调整税收政策,引导行业健康发展。税收政策的调整有利于维护行业竞争环境,避免不公平竞争的市场现象,引导产业健康发展,以推动如皋黄酒的有序、合理、良性竞争,促进如皋黄酒健康发展。

2018年虽然是困难的一年,但是我们不气馁、更不能妄自菲薄,发现现状和困难是为了更好地发展。如皋黄酒从传统走向现代、从手工走向工业化,从落后走向创新,在纷杂的酒类竞争市场中得以延续至今,存在的即是合理的,其实小区减销售的酒企发展史同样是中国经济发展的组成部分,符合市场发展的规律,更是具有着"乡土中国"的诸多特色。2018 年让我们期待着如皋黄酒的万象更新的那一刻。

撰稿人:张斌
2018 年 4 月

如东县新能源及装备业发展报告

如东县发展和改革委员会

近年来,如东县抢抓"长三角一体化"、江苏沿海开发、南通创建陆海统筹发展综合配套改革试验区三大战略叠加新机遇,按照"特色更明、载体更优、配套更全、实力更强"的目标,加大了能源及装备特色产业集群发展的组织推进力度,新能源产业已逐渐成为如东县重要的新兴支柱产业,为全县经济持续健康发展做出了积极贡献。

一、总体概况

如东县能源及装备产业集群主要坐落于如东经济开发区及沿海各镇区,主要由热电联产、风力发电、太阳能光伏发电、生物质发电、垃圾焚烧发电、风电及太阳能光伏装备制造及配套六大板块构成。

2017 年全年,全县新能源及装备集群实现平稳快速运行,实现应税销售 203.12 亿元,同比增长 27.34%,完成年度计划的 119.48%。其中:风电企业实现应税销售 21.72 亿元,同比增长 41.87%,上半年累计上网电量达 33.32 亿千瓦时;风电装备配套企业实现应税销售 152.62 亿元,同比增长 20.47%;其他新能源发电企业实现应税销售 27.78 亿元,同比增长 70.93%。

二、各板块的具体情况

(一) 热电联产

洋口港经济开发区热电联产项目于 2015 年 7 月获得江苏省发改委核准,工程建设规模为 2 台 75t/h、2 台 200t/h 高温高压锅炉和 2 台 9MW、1 台 20MW 抽背式汽轮发电机组及相应配套辅助设施。由江苏威名石化有限公司投资 5.75 亿元建设,占地面积近 350 亩,目前在建的一期项目同步建设 1 间氢气工厂、1 间年产 15 万吨环己酮工厂、1 间年产 10 万吨尼龙 6 切片工厂以及 1 座区域热电厂,氢气、环己酮、尼龙 6 切片等多幢厂房、办公大楼已经基本建成,即将封顶。

洋口环保热电项目于 2012 年 12 月由国家发展改革委核准,工程建设规模为 3×130t/h 高温高压循环硫化床锅炉+2×15MW 背压汽轮发电机组,配套建设热网 70 公里,总投资约 4.8 亿元人民币。热电联产二期工程拟新上 2 台 220t/h 高温高压锅炉、2 台 25MW 抽背式汽轮发电机组及相应辅助配套设施,总投资规模 4.41 亿元,已于 2015 年 9 月获得省发改委核准。第一阶段一炉一机已建成投产。

协鑫环保热电联产项目设计建设规模 4×75t/h 循环流化床锅炉+3×15MW 抽凝式汽轮发电机组,2004 年投产 2×75t/h 次高温次高压循环流化床锅炉、2×15MW 的抽凝式汽轮发电机组,2008 年新增 1 台 75t/h 次高温次高压循环流化床锅炉,2017 年 1# 抽凝式汽轮机全部拆除,改为纯背压式汽轮机。

(二) 风力发电

风力发电是如东县新能源产业中的支柱性产业。全县风力发电规划达 548 万千瓦,占全省规划总装机规模的 30%。其中陆上规划 80 万千瓦,海上规划 468 万千瓦。截至 2017 年年底,如东县已建成并网风电项目总装机容量 180 万千瓦,装机规模全省第一。

1.已建成项目

如东风电一期 10 万千瓦特许权项目:这是如东县首批风电特许权示范项目,由联能风力发电有限公司投资建设。项目位于如东县沿海洋北垦区和环港外滩,项目总投资 9.6 亿元。该项目选用丹麦威斯塔斯公司单机容量 2MW 的变桨距风电机组。工程于 2004 年 8 月 18 日动工,2008 年 6 月底全部建成投产。

如东风电二期 25 万千瓦特许权项目:该项目是如东县第二批风电特许权项目,由江苏龙源风力发电有限公司投资建设,项目总投资 24 亿元。该项目场区分别位于如东凌洋垦区、环港外滩至长沙作业区、东凌外滩,选用美国 GE 单机容量 1.5MW 的风电机组。该项目于 2005 年 10 月 18

日正式开工,2007年年底,首批15万千瓦风电场实现竣工投产。在此基础上,扩建的10万千瓦风电场于2008年9月正式开工建设,并于2009年年底正式投产运营,这标志着如东风电二期25万千瓦风电场特许权项目全面建成。

龙源如东风电项目三期15万千瓦项目:该项目由龙源(如东)风力发电有限公司投资建设,项目选址在如东风电二期25万千瓦特许权项目外侧区域,总投资约15亿元。该项目于2010年下半年开工建设,2011年年底全部竣工投产。

如东风电三期7万千瓦风电场项目:该项目由江苏国信东凌风力发电有限公司投资开发,项目总投资7亿元。项目选址在如东县豫东垦区,选用东方汽轮机厂生产的单机容量1.5MW的风电机组47台。该项目于2008年9月8日正式开工建设,2010年3月正式竣工投产。

国信东凌4.8万千瓦陆上风电扩建项目:本项目由江苏国信东凌风力发电有限公司投资开发,项目选址在已建成的如东风电三期7万千瓦风电场项目外侧区域,总投资约4.5亿元,选用单机容量1.5MW的联合动力的风机,该项目于2011年10月开工,2012年6月正式通过竣工验收。

国信东凌二期3.15万千瓦扩建项目:本项目由江苏国信东凌风力发电有限公司投资开发,项目选址在已建成的国信东凌风电场项目外侧区域,总投资约3亿元,选用明阳1.5MW的风机21台,该项目于2015年5月并网发电。

如东3万千瓦潮间带试验风电场项目:该项目由江苏海上龙源风力发电有限公司投资建设,项目选址在如东县环港潮间带区域,选用华锐、金风、上海电气、明阳、海装等八家国内风机制造厂商(9种机型)生产的风机设备共16台套,总投资约5亿元。该项目于2009年6月正式开工建设,2010年8月实现竣工投产,是全国首个也是唯一一个完全处于潮间带上的风电场。

龙源如东15万千瓦潮间带示范风电项目:本项目由江苏海上龙源风力发电有限公司投资建设,总投资约25.39亿元。项目选址如东县环港外滩潮间带区域。该项目于 2010 年年底获得国家发改委核准批复，并于 2011 年 6 月正式开工建设，首期 10 万千瓦项目选用 21 台单机容量 2.3MW 西门子的风机和和 17 台单机容量 3MW 的华锐风机，已于 2011 年年底并网发电，后续 5 万千瓦工程于 2012 年 6 月开工建设，选用单机容量 2.5MW 金风的风机，2012 年 9 月并网发电。

龙源如东潮间带示范风电场增容项目：该项目是由江苏海上龙源风力发电有限公司在龙源如东 15 万瓦潮间带示范风电场基础上开展的增容项目，项目选址在环港外滩潮间带区域，选用单机容量 2.5 MW 金风的风机 19 台，项目装机容量约 50 MW，投资规模约 7.85 亿元人民币。该项目于 2012 年 6 月获得省能源局核准，2013 年 3 月份并网发电。

龙源如东试验风电场扩建项目：该项目是江苏海上龙源风力发电有限公司在龙源如东 3 万千瓦潮间带试验风电场基础上开展的试验风电场扩建项目，项目选址在如东县环港外滩潮间带区域，项目拟采用 3 MW 以上的大型风电机组，装机容量约 4.92 万千瓦，投资约 7.38 亿元。目前该项目已全部并网。

华能 4.8 万千瓦陆上风电项目：该项目是由华能如东风力发电有限责任公司投资开发，项目选址于如东县掘苴垦区内(外向型开发区)，总投资约 4.5 亿元。选用单机容量 2 MW 的海装的风机 24 台，该项目于 2012 年 3 月获得省发改委核准，2013 年年底并网发电。

华润东安 4.95 万千瓦陆上风电项目：本项目是由华润新能源(南通)风能有限公司投资开发，选址在如东县东凌垦区(大豫镇)，总投资约 4.5 亿元。选用金风 1.5MW 风机 33 台，该项目于 2013 年 1 月获得省发改委核准批复，2014 年并网发电。

中水电 10 万千瓦潮间带风电场示范项目：该项目是由中国水利水电建设集团投资建设，总投资约 13 亿元，选址在如东县凌洋外滩潮间带区域。该项目于 2012 年 12 月获得国家发改委核准批复，2013 年 6 月开工建设，2016 年 1 月已完工。

龙源如东潮间带示范风电场扩建项目：该项目是由江苏海上龙源风力发电有限公司投资开发的，项目拟选址在江苏龙源如东潮间带示范风电场项目以东,黄海大桥铁路桥以西海域,拟选用单机容量 4MW 及以上的大型海上风电机组,项目总装机规模 20 万千瓦,投资规模约 35 亿元,2015 年 1 月开工,2015 年 12 月建成。

中广核如东 15 万千瓦近海风电场示范项目:该项目由中广核如东海上风力发电有限公司投资开发,项目选址在如东县东凌垦区外侧离岸约 10~30 公里、水深 5~15 米的海域,总投资约 28 亿元。该项目已于 2013 年 6 月底获得国家发改委核准批复,2015 年 5 月开工,2016 年 8 月建成。

华能如东海上风电场项目:该项目是由华能国际电力股份有限公司江苏风电分公司投资开发的,项目拟选址在如东县烂沙海域,拟选用单机容量 3 MW 及以上的大型海上风电机组,项目总装机规模 30 万千瓦,投资规模约 53.8 亿元,年上网电量约 7.5 亿千瓦时,2017 年 9 月项目已建成。

2.在建项目

海装如东 300MW 海上风电场工程:项目建设单位为盛东如东海上风力发电有限责任公司,项目选址在江苏如东县省管区东侧的牛角沙,设计安装 60 台单机容量 5.0MW 变桨变速风力发电机组,总装机容量 300MW。风电场配套新建一座 220KV 海上升压站和一座陆上集控中心等,项目总投资规模约 60.5 亿元,年上网电量 7.5 亿千瓦时。

九思蒋家沙 300MW 海上风电项目:项目建设单位为九思海上风力发电如东有限公司,项目选址在江苏省蒋家沙海域,总装机规模 300MW,投资规模约 50 亿元,年上网电量 7.5 亿千瓦时。

3.前期项目

广恒新能源如东 20 万千瓦海上风电项目:该项目是由江苏广恒新能源有限公司投资开发的。项目拟选址在如东县近海风电规划区 H1-1#,项目总装机规模 20 万千瓦,投资规模约 60 亿元人民币。目前正在开展前期工作。

国信 35 万千瓦 H2# 近海风电项目:该项目是由江苏省新能源开发有限公司投资建设,项目拟选址在如东县近海风电规划区 H2#,项目总装机规模 35 万千瓦,投资规模约 65 亿元,目前项目正在开展预可研等前期工作。

(三)太阳能光伏发电

太阳能光伏发电是如东县新能源产业的重要一环。近年来如东县积极响应上级鼓励政策,加大光伏发电产业支持力度,加快普及户用光伏发电项目,重点推进分布式光伏发电项目,因地适宜地发展地面光伏电站。

南通强生光电科技有限公司投资 10 亿元引进美国设备和世界新工艺技术,在如东第一职业教育中心校等 9 个单位的生产用房及非生产用房建筑屋顶上安装太阳能电池组件,建设 20MW 金太阳示范工程项目、15MW 光电建筑一体化示范项目,项目投产后年平均发电量 913 万千瓦时。目前已实现累计上网电量 3 079 万千瓦时。

中天科技如东工厂 9.8MW 光电建筑并网发电项目选址于如东县河口镇中天科技厂区厂房屋顶,总装机容量为 9.8MW。项目采用屋顶平铺与屋面结合的安装方式,项目全部投入运营后,年平均发电量为 1 000 万千瓦时,目前已实现并网发电。

通威如东户用光伏发电四期示范项目已全部并网发电,累计安装完成 1 700 户,总装机规模超过 8MW,户用太阳能的快速发展增加了如东县居民收入,降低了环境污染,起到了良好的示范作用。

(四)生物质发电

生物质发电企业江苏国信 25MW 秸秆发电项目于 2004 年获得国家发改委核准,是国内第一家采用纯秸秆燃烧发电技术的项目。项目总投资 3 亿元,年上网发电量达 1.5 亿千瓦时,年可消耗秸秆约 17.6 万吨。2017年全年上网电量 1.68 亿千瓦时,累计实现上网电量 14.22 亿千瓦时。

(五)垃圾焚烧发电

垃圾焚烧发电在如东县主要是引进了天楹环保垃圾焚烧发电项目,该项目一期、二期总投资 3.5 亿元人民币,总装机容量 16.5MW。项目于 2012 年 12 月底通过竣工验收并实现并网发电,日可处理生活垃圾 1000 吨,已累计实现上网电量超过 3.49 亿千瓦时。项目采用国际先进的日产炉排炉焚烧设备及烟气处理技术,烟气排放达到欧盟Ⅱ号标准;该项目的实施有效缓解了如东当地及周边地区生活垃圾的处置压力,降低了环境污染。垃圾发电项目三期装机容量14MW，日处理垃圾能力800吨，于2014获得核准并实现开工建设，2017年全年上网电量1.88亿千瓦时，累计实现上网电量7.93亿千瓦时。

(六)能源装备制造及配套产业

通过风电场的有序开发建设，积极发展风电装备制造等相关配套产业，不断完善风电产业链条，提升产业发展质态。

江苏海装、江苏明阳等一批行业领先的装备企业，先后落户如东，并建成投产；扶持中天科技、江苏海力等本地设备制造企业创新发展；成功引进重通成飞等风电设备制造项目和能源开发项目，逐步形成布局集中、产业集聚、发展集约的风电产业发展格局，产业规模快速提升，打造了以风电设备产业园为核心的风电设备产业基地。基地具备年产500台套风机整机、800台套塔筒、200台套海上风机导管架和单桩、200台套各型号风机叶片及5万公里海底电缆的生产能力。

扶持江苏中况检测认证有限公司等检验检测机构落户如东，并开展正常业务。

三、能源行业组织建设及营运情况

2015年12月6日，江苏如东县风电产业联盟正式成立。联盟以国家和省市产业政策为导向，着力推动资源整合、产业联合、资本融合，推动如东新风电产业链条做优做长，推动如东风电产业做大做强。

联盟性质：如东县风电产业联盟是根据如东县能源局倡议，由如东县风电装备制造企业、风电发电企业、与风电相关的科研院校、协作单位联合发起，系全国首家风电行业产业联盟组织，也是非营利性创新组织。联盟吸引了中天科技、江苏海力、江苏龙源、江苏海装、华东勘察设计院、中交一航院等涉及风力发电、风电装备制造、风电技术研发、风电勘察设计、风电施工运维等各行业共计31家企业参与。

联盟宗旨：联盟以国家和省市产业政策为导向，通过资源整合、产业联合、资本融合、产学研合作，推动如东风电产业技术创新，促进风电产业相关主要设备本地化生产，做长做优如东新能源产业链条，形成风电场建设、风电装备制造、风电配套产业、风电运营在内的大风电产业协同发展和自律体系,共同推动和维护如东风电产业持续健康快速发展。

联盟目标:瞄准风电产业领域国际先进水平,积极探索联盟会员互动机制,组织风电行业专家与联盟企业,促进风电产业资源合作、股份合作、技术合作、产品合作、招商合作、服务合作、信息合作,引导联盟会员交往沟通、资源互补、产业链完善,实现达成共识、产业商机、协作互助、共赢发展的目标。

主要工作任务:根据国家风电产业发展规划和产业政策、江苏省风力发电装备发展规划纲要、江苏风电产业发展目标等,组织联盟会员宣传解读、分析研判,传递本行业、本领域的有关重大事项并抓好贯彻落实;根据国内外风电产业发展情况,及时传递风电产业发展、产品研发、市场开发等重大信息事项,协助联盟企业自主创新体系的形成;整合各自优质资源,引导联盟会员建立产业合作平台,促进资源共享,实现联盟市场利益最大化;鼓励联盟各会员通过合资、合作等方式结成利益共同体,参与国内外市场的开拓和竞争并取得竞争优势;协助联盟会员申报高新技术产品等科技项目,争取各级政策支持;开展企业诊断、咨询等业务,提升企业核心竞争力;开展风电专业人才培养,造就高素质人才;组织风电产业发展论坛,开展技术创新交流、沟通、联谊等活动。

四、下一步工作建议

贯彻省市"十三五"能源产业规划。《南通市"十三五"海上风电发展规划》正式出台,对"十二五"期间相关工作情况进行回顾,对"十三五"进行统筹安排,如东县将对照相关规划要求,结合如东县实际,进一步推动相关工作的开展。

科学引导新能源产业发展。提升如东风电工程整体技术水平,努力将如东风电场建成江苏"千万千瓦级风电基地"的龙头。结合如东沿海农业种植和渔业养殖,打造特色渔光互补和农光互补项目。结合建筑节能加强光伏发电应用,推进光伏建筑一体化工程。严格落实秸秆禁烧禁抛政策和垃圾无害化处置政策,提升全县秸秆、垃圾等能源综合利用水平。加强海洋能、地热能和其它生物质能源的清洁高效利用研究。

做大做强新能源产业链。下一步,如东县将重点围绕电机、叶片、防腐材料、风场运营维护等加大产业招商力度,打造集风力发电、装备制造、风电场建设和运营维护、风电技术研发等在内的风电产业全生态体系,并着力推进产业合作共赢,提高资源开发效率,进一步做大、做强风电装备产业。

2018 年 4 月

如东县轻工食品业发展报告

如东县发展和改革委员会

一、发展历程

如东地区大集镇形成过程中,陆续有商家开办酱坊、酱园、醋坊,制作酱菜、酱油、麻油、虾油和醋等。20世纪初期之前,如东县的食品工业以手工作坊式为主,60年代初至70年代末,县内主要集镇的酱制品、豆乳制品、茶食糖果类等副食品加工业和酿酒业普遍得到发展。"十一五"期间,如东食品行业发展较快,形成以农副产品加工业和食品制造业为主的发展体系,主要有饲料生产、粮油加工、海产品加工、蔬菜加工、豆乳制品,罐头、调味品,发酵食品、保健食品、糕点、糖果、方便食品、食品添加剂、酿酒、饮料等产品大类,拥有宝宝、正大、巴大等一批国家和省知名品牌和商标,拥有国家级农业产业化龙头企业1家,省级农业产业化龙头企业2家,市级龙头企业8家。如东地区早在1 000多年前就有红木雕刻工匠为建造雕梁画栋的国清寺献艺,明末清初出现了雕板印刷的书籍和神像纸,如东现代轻工业正是由这些个体手工业发展起来的。20世纪50年代,以手工作坊式生产铁、木、竹农机具等支农产品,分布在全县各乡镇。在个体手工业者社会主义改造运动中,各乡镇铁、木、竹生产合作企业全面建立。这些农具制造企业为如东工业经济发展做出一定贡献,被称为"如东工业之母"。1983年起步的健身器材生产,经过20多年的发展,已发展成为省、市级特色产业基地。2010年,全县造纸、印刷、木质家具制造及木材加工、日用五金、健身器材、工艺品等以轻工为主的其他工业不断壮大。产品结构不断适应消费结构升级的需要,产品朝着多层次,且更加节能、环保、健康、安全的绿色化方向加速发展。2017年,全县共有轻工食品业1 089

家企业,占全县工业企业数的 25.7%,实现工业应税销售 221.96 亿元,同比增长 52.05%,占全县工业总量的 18.25%。

二、发展现状

(一)基本情况

1.总量

2017 年,如东县轻工食品业规模工业企业总数 176 家,占全规模工业企业总数的 25.58%,实现主营业务收入 395.37 亿元,同比增长 11.91%,总量占全县规模以上工业的 19.23%(见表 1)。

表 1　2017 年轻工食品业主要指标情况

指标名称	规上企业单位数(个)		资产合计(亿元)		主营业务收入(亿元)		利润总额(亿元)		现价工业总产值(亿元)	
	累计	增长	累计	增长	累计	增长	累计	增长	累计	增长
合计	176	–	95.58	–	395.37	11.91	22.41	2.14	405.17	12.50

2.结构

从行业细分情况看,轻工食品业主要涉及到家具制造业共 29 家,机械设备修理业 26 家,酒、饮料和精制茶制造业 6 家,木材加工和木、竹、藤、棕、草制品业加工业 78 家,农副食品加工业 290 家,皮革、毛皮、羽毛及其制品和制鞋业 24 家,食品制造业 55 家,文教、工美、体育和娱乐用品制造业(健身器材)236 家,橡胶和塑料制品业 167 家,印刷和记录媒介复制业 50 家,造纸和纸制品业 125 家。

从企业规模情况看,轻工食品业中应税销售 5 000 万元以上企业 97 家,占行业总数的 8.9%,应税销售总额 174.72 亿元,占行业总量的 78.71%,其中应税销售 1 亿元以上企业 61 家,实现应税销售 146.97 亿元,占行业总量的 66.21%。主要以金太阳粮油、南通正大、巴大饲料、英联动物营养等为主的农副食品加工业,以凯爱瑞食品、香地生物、盛泰食品为主的食品制造业,以亚振家居为代表的家具制造业,以及以爱德士鞋业为代表的皮革、毛皮、羽毛及其制品和制鞋业的单体规模较大。其余虽企业数较多,但企业规模仍然较小,有的甚至是家庭作坊式企业。

(二)创新品牌

截至 2017 年年底,行业建有技术创新战略联盟 1 个(2010 年海达水产品牵头成立首个江苏省紫菜产业技术创新战略联盟),行业共有 5 家省级企业工程技术研究中心、16 家市级企业工程技术研究中心、9 家县级企业工程技术研究中心、2 家省企业研究生工作站、3 家省级企业技术中心、2 家市级企业技术中心。有中国名牌产品 1 个(海达紫菜具有世界先进水平的日本全自动紫菜一次加工机组 6 条,二次加工生产线 8 条,年生产紫菜系列产品 15 万多箱,共有通光、美御、海达屋 3 大系列 40 多个产品)。

(三)行业地位

海达水产品是全球同行业中唯一通过美国NOP 有机认证和欧盟 IFS 国际食品标准认证及 BRC 欧盟权威食品认证的企业。在饲料领域有世界 500 强英联农业在如投资,有亚洲最大的水产饲料企业——四川通威在如控股;在家具领域有"海派艺术"风格的典型企业。

(四)重点企业

食品及饲料行业中的金太阳粮油股份有限公司、南通正大有限公司、南通巴大饲料有限公司、英联动物营养(南通)有限公司、江苏晨希米业限公司、凯爱瑞食品(南通)有限公司等 7 家食品企业进入全县应税销售 100 强,其中,金太阳粮油股份有限公司、南通巴大饲料有限公司、南通正大有限公司一直居全县工业企业 50 强之列。从 2017 年龙头企业运行数据来看,总体呈增长趋势,金太阳粮油股份有限公司全年实现应税销售 14.96 亿元,同比增长 17.46%;南通正大有限公司全年实现应税销售 5.3 亿元,同比增长 0.21%;南通巴大饲料有限公司全年实现应税销售 3.32 亿元,同比增长 26.7%;凯爱瑞食品(南通)有限公司全年实现应税销售 2.43 亿元,同比增长 80.73%;英联动物营养(南通)有限公司全年实现应税销售 2.19 万元,同比下降 5.56%;江苏晨希米业限公司全年实现应税销售 1.74 亿元,同比增长 20.19%。

家具制造经过 30 多年的发展,结构发生了很大变化,初步形成了以亚振家居股份有限公司、江苏祥盛倍得满家具有限公司为代表的,具有鲜明地方特色,集产销研为一体的产业格局。

健身器材经过 30 多年的发展,产品经历了功能由单一到多样,结构由简单到复杂,科技含量由低到高的过程,并且发展的速度随着信息技术日新月异的变化而越来越快。产品种类从过去的健身哑铃、健身杠铃发展到现在涉及家用健身器材、商用健身器材、竞技健身器材等几大类 2 000 多种规格。塑料、生铁、不锈钢、PU 及电镀、包胶、喷塑、烘烤等材质和工艺的产品,呈现出规模不断扩大、品种不断增加、企业素质不断提升的势态,产品俏销美国、德国、日本、韩国等国家。

三、存在问题

轻工食品业作为如东县的传统主导产业,企业在生产智能化升级、质量品牌创新等方面转型仍然不快,在国际国内形势不好的情况仍实现增长,但是发展速度不快,骨干龙头企业少、精深加工能力弱、产品附加值低,特色产业的集聚效应未能彰显。

(一)龙头企业数量少

如东县轻工食品工业总体规模偏小,1 089 家企业中(占全县工业企业的 25.81%),仅有规模企业 176 家,仅占全县规模企业的 25.58%,单体规模较小,在全县应税销售 30 强企业中仅有金太阳粮油股份有限公司和南通正大有限公司两家。

(二)企业财税贡献少

2017 年,轻工食品业实现入库税金 3.52 亿元,同比增长 1.29%,仅占全县工业总量的 8.51%,入库税金超 1 000 万元以上企业仅有 4 家。

(三)经济总量占比小

2017 年,全县轻工食品业实现应税销售 221.97 亿元,占全县的工业总量 18.25%,实现入库税金 3.52 亿元,占全县的工业总量的 8.51%,除了应税销售总量占比提升 3.82 个百分点外,入库税金占比同比下降了 1.60 个百分点。

四、发展方向

轻工食品业直接关乎民生,随着新一代信息技术时代的来临以及商业模式创新步伐的加快,在消费需求多样化、个性化、绿色化的形势下,更需要策应供给侧结构性改革要求,围绕"三品"战略,加快企业创新,提升质量品牌,创优商业模式,不断推动产业转型。

1.坚持创新驱动,提升产业发展能力。创新是引领发展的第一动力,是建设现代化经济体系的战略支撑。轻工食品业要实现持续健康发展应避免低技术含量、低产品附加值、低产品档次的老路,走依靠技术创新、产品创新、营销创新、管理创新的自主创新之路,以寻求更大的发展空间。搭建产学研平台,加强校企合作,加快技术成果转化。加强专业人才培养,举办各类技术培训,提升从业人员技能,增强企业创新发展能力。政府牵头、企业为主,建立各类技术创新联盟,提升公共服务平台的服务能力。

2.推进"三品"战略,推动产业结构升级。关注潜力领域,培育核心产品,细分消费市场,充分发挥如东轻工食品业特色优势,在做好大众产品的同时,更加关注小众市场,促进产品设计人性化、绿色化、智能化、时尚化,满足不同层次消费者群体对不同品种的需求;实施质量品牌提升工程,加快"供给侧结构"更新,梳理建立轻工食品行业品牌培育库,制定年度品牌战略实施目标,举办各类品牌宣传推广活动,形成一批具有国际、国内影响力的如东本土知名品牌;鼓励企业参与国家标准和行业标准制定,实施标准领航质量提升工程,制定领先于国家标准、行业标准的"领航"标准,增加如东企业在行业内的话语权。

3.加快两化融合,促进产业智能发展。针对用工成本的持续上升,把握生产智能化这个大趋势,深入实施工业互联网创新发展战略,加快两化深度融合,推动传统制造业向数字化、网络化、智能化转型,提高效率、降低成本,提升产品质量;紧跟消费潮流,创新营销模式,提升互联网营销水平,积极打造家具、健身器材、绿色食品等体验式门店,提升线下体验服务水平,拓展新的销售渠道。

4.整合要素资源,加快产业集聚进程。把集中集约集聚发展作为提高产业核心竞争力的有效途径,着力解决企业发展不联合、规模优势不突出、配套能力不够强的问题。细分轻工食品各行业,以具有一定规模的重点镇区为主体,编制专项产业发展规划,统一高标准建设,适应产业发展需要,形成专业分工明确、技术标准统一、全产业链的产业集聚区。根据企业所处的特定的历史阶段及行业中承担的角色,整合要素资源、聚焦重点行业和重点产业,分批实施培育计划,培育发展壮大一批拥有自主知识产权、核心竞争力强、企业影响力大的龙头企业,充分发挥龙头企业技术、品牌、市场等优势,提高产业影响力和竞争力。

2018 年 4 月

如东县建材业发展报告

如东县发展和改革委员会

建材是土木工程和建筑工程中使用材料的统称,可分为结构材料、装饰材料和某些专用材料,结构材料包括木材、石材、水泥、混凝土、金属、砖瓦、陶瓷、玻璃、工程塑料、复合材料等;装饰材料包括各种涂料、油漆、各色瓷砖、具有特殊效果的玻璃等;专用材料指用于防水、防潮、防腐、防火、阻燃、隔音、隔热、保温等材料。按照目前的工业部门分工,如东县建材行业主要包括水泥制造、水泥制品、砖瓦、玻璃纤维制品、陶瓷制品、金属结构、涂料等,前期对如东县建材行业 2017 年度运行情况开展了专题调研,形成报告如下。

一、如东县建材行业发展情况

1.建材规模企业发展历程及现状

2010 年,全县建材工业规模企业 58 家,按行业分:水泥、石灰、石膏制造 4 家,水泥及石膏制品制造 10 家,砖瓦类 12 家,玻璃及玻璃制品制造 6 家,陶瓷制品制造 3 家,结构性金属制品制造 18 家,金属门窗制造 5 家。2010 年全县 58 家建材工业规模企业实现产值 35.07 亿元,占全县工业比重 8.68%;利税 5.07 亿元。

截至 2017 年年底,全县建材工业规模企业 29 家,按行业分:水泥制造企业 3 家,水泥制品制造企业 8 家,粘土砖瓦及建筑砌块制造企业 1家,金属结构制造企业 5 家,金属门窗制造企业 3 家,玻璃纤维及制品制造企业 3 家,玻璃纤维增强塑料制品制造企业 1 家,陶瓷制品制造企业 2家,油漆涂料企业 3 家。29 家建材行业规模企业 2017 年度实现应税销售38.88 亿元,同比增长 10.6%,占全县规模工业应税销售总量的 5.32%,占比与去年同期相比下降 0.03 个百分点；入库税金 0.76 亿元，同比增长 12.03%，占全县规模工业入库税金总量的 2.18%，占比与去年同期相比下降 0.18 个百分点。

从如东县建材企业发展情况来看，建材规模企业实现的应税销售占全县规模工业应税销售的比重逐年下降，在工业经济中贡献份额也越来越低，全县建材企业发展呈下滑趋势，建材行业总体经济效益逐渐下降。

2. 建材规模企业运行情况分析

2017 年，29 家建材规模企业中，玻璃纤维及制品制造、油漆涂料 2 类企业应税销售同期相比呈下降趋势，水泥制造、水泥制品制造、陶瓷制品制造、粘土砖瓦及建筑砌块制造、金属结构制造、金属门窗制造、玻璃纤维增强塑料制品制造 7 类企业应税销售同期相比呈上升趋势。

其中：

水泥制造规模企业 3 家，2017 年实现应税销售 3.98 亿元，同比上升 27.64%；入库税金 1 039.23 万元，同比上升 12.58%。

水泥制品制造规模企业 8 家，2017 年实现应税销售 3.55 亿元，同比上升 6.41%；入库税金 1 415.1 万元，同比下降 30.54%。

粘土砖瓦及建筑砌块制造规模企业 1 家（江苏亿鼎新型建材有限公司），2017 年实现应税销售 8 893.82 万元，同比上升 33.39%；入库税金 177.73 万元，同比上升 104.14%。

金属结构制造规模企业 5 家，2017 年实现应税销售 25.73 亿元，同比上升 9.49%；入库税金 2 087.03 万元，同比上升 69.57%。

金属门窗制造规模企业 3 家，2017 年实现应税销售 0.85 亿元，同比上升 57.06%；入库税金 770.1 万元，同比上升 158.16%。

玻璃纤维及制品制造规模企业 3 家，2017 年实现应税销售 1.94 亿元，同比下降 0.46%；入库税金 1 068.89 万元，同比上升 9.68%。

玻璃纤维增强塑料制品制造规模企业 1 家，2017 年实现应税销售 0.52 亿元，同比上升 6.82%；入库税金 184.71 万元，同比上升 7.95%。

陶瓷制品制造规模企业 2 家，2017 年实现应税销售 0.22 亿元，同比上升 2.84%；入库税金 196.89 万元，同比上升 25.54%。

　　油漆涂料规模企业 3 家,2017 年实现应税销售 1.23 亿元,同比下降 10.31%;入库税金 624.11 万元,同比下降 28.48%(以上情况详见表 1)。

表 1　2017 年建材行业规模企业基本情况

行业分类	企业名称	应税销售(万元、%)			入库税金(万元、%)		
		本期	同期	增幅	本期	同期	增幅
水泥制造	南通海天建材有限公司	95.67	5 146.32	-98.14	0	114.73	-100
	南通万豪建材科技有限公司	22 722.38	15 395.19	47.59	517.41	430.82	20.10
	南通海鑫建材有限公司	16 958.87	10 623.07	59.64	521.82	377.55	38.21
水泥制品制造	南通滩口建材有限公司	5 267.78	5 193.88	1.42	217.45	235.07	-7.5
	江苏戴园建材集团有限公司	148.37	6 053.52	-97.55	10.10	704.57	-98.57
	南通欣港建材有限公司	47.31	92.87	-49.06	0	0.02	-100
	南通鼎宏建筑材料有限公司	11 062.72	7 624.91	45.09	489.32	350.51	39.60
	南通万洋混凝土有限公司	14 346.02	10 479.75	36.89	542.24	581.79	-6.8
	南通润洋商品混凝土有限公司	1 402.75	486.13	188.56	43.62	20.38	114.05
	南通史东混凝土有限公司	3 199.17	2 888.04	10.77	112.36	122.60	-8.34
	津豪(南通)混凝土有限公司	0	517.31	-100	0.01	22.21	-99.94
粘土砖瓦及建筑砌块制造	江苏亿鼎新型建材有限公司	8 893.82	6 667.40	33.39	177.73	87.06	104.14
金属结构制造	南通辉煌彩色钢板有限公司	10 9091.07	101 109.54	7.89	930	802.83	15.84
	南通亿能彩钢板有限公司	69 872.52	70 492.02	-0.88	836.81	87.39	857.55
	如东县新城彩钢有限公司	713.03	575.58	23.88	29.3	25.63	14.31
	江苏东泰薄板科技有限公司	74 385.87	60 734.27	22.48	146.90	170.73	-13.96
	南通润友金属制品有限公司	3 209.28	2 064.24	55.47	144.02	144.17	-0.1

（续表）

行业分类	企业名称	应税销售(万元、%)			入库税金(万元、%)		
		本期	同期	增幅	本期	同期	增幅
金属门窗制造	江苏振通门业有限公司	7 255.24	4 672.27	55.28	733.65	253.34	189.58
	南通九天装璜有限公司	856.58	603.43	41.95	12.34	35.71	−65.46
	南渔凤蝶门窗有限公司	405.17	146.89	175.83	24.11	9.25	160.51
玻璃纤维及制品制造	如东元亨特种纱线有限公司	4 303.26	2 944.71	46.14	134.04	81.06	65.35
	如东天燕玻璃纤维有限公司	6 595.07	6 481.87	1.75	551.41	452.15	21.95
	南通东力特种玻璃有限公司	8 480.91	10 041.31	−15.54	383.44	441.32	−13.11
玻璃纤维增强塑料制品制造	江苏固特复合材料有限公司	5 177.94	4 847.36	6.82	184.71	171.10	7.95
特种陶瓷制品制造	南通博创精细陶瓷有限公司	1 459.96	1 437.25	1.58	153.83	109.23	40.84
	南通玉蝶电子陶瓷有限公司	617.93	583.20	5.95	43.06	47.60	−9.53
油漆涂料	南通振新颜料有限公司	4 301.46	6 300.63	−31.73	91.64	240.52	−61.9
	南通雄鹰涂料有限公司	5 747	5 273.55	8.98	452.68	514.85	−12.08
	南通万邦采涂料有限公司	2 204.5	2 087.77	5.59	79.79	117.32	−31.99
合 计		388 821.65	351 564.28	10.6	7 563.79	6 751.51	12.03

通过分类统计如东县建材行业2017年实现应税销售情况可以看出，如东县传统建材规模企业应税销售呈下降趋势，新型建材规模企业应税销售呈上升趋势；建材行业生产企业资源消耗高，生产效率低。

3.建材行业运行情况分析

全县工业企业按10个主要行业划分，如东县建材企业应税销售占整个工业企业的占比逐年下降，入库税金占比逐年减少；从单位用电应税销售情况看，全县10个主要行业中有4个行业同比下降，建材业下降2个百分点。通过分析可以看出，如东县建材企业规模偏小，企业财政贡献偏低,传统建材产品占据主导地位,多数产品技术含量低,企业能耗高等结构性矛盾突出,难以适应国家经济建设和现代化社会发展的要求。

(1)传统建材行业:水泥、油漆涂料等制造行业

如东县传统建材行业包括水泥及水泥制品制造、砖瓦制造、油漆涂料等。水泥生产方面,如东县水泥生产企业规模都不大,而且主要是以熟料加工为主,2017年万豪建材科技有限公司生产水泥85万吨,海鑫建材生产水泥65万吨,海天建材生产水泥15万吨;水泥制品制造企业,2017年万洋混凝土有限公司生产混凝土45万方,鼎宏建筑材料有限公司生产混凝土30万方,史东混凝土有限公司生产混凝土15万方;海鑫建材公司从2016年开始实现矿粉、水泥、混凝土、干粉砂浆产业链的生产经营格局,通过技术改革、工艺创新,提高企业的生产经营效益。

墙体建材方面,以前都是以红砖为主,空心砖为辅,生产粘土实心砖,既浪费耕地又增加建筑重量,降低抗震能力。全县原有砖瓦企业55家,通过整治,江苏亿鼎新型建材有限公司以空心砖替代粘土实心砖,大大提升了企业生产效益,并且从2016年开始技术改造,目前有4条混凝土制砖生产线,年生产能力将达2.5亿质标砖;南通佳德新型材料公司从事新型环保建材装饰材料的生产和销售,通过技术改造新上5 000万生产能力的混凝土制砖生产线,年生产能力将达1.2亿质标砖,生产的混凝土砖,混凝土多孔砖,不但符合国家墙改政策,而且节约资源,减少环境污染,提高墙体的热绝缘作用,具有较强的耐久性、稳定性,推进节能建筑具有重要意义,事实证明技改后企业应税销售、社会贡献份额明显加大。

(2)新型建材行业:玻璃纤维及玻纤制品

随着城市化发展的深入,与之相配套的新型建材具备了较大的增长空间,如东县新型建材行业主要是由玻璃纤维及玻纤制品制造企业构成。

从世界范围看,玻璃纤维工业是一门保持增长活力的朝阳工业。在美国、欧洲等发达国家,玻纤工业的增长率一直高于GDP增长率,而如东县玻纤行业过去十年的平均同比增长率达到25%左右。玻璃纤维工业发展的动力来自于下游产品市场的需求,基础设施市场(桥梁、高速公路、港口建筑等大规模翻修或改建,玻璃纤维增强的玻璃钢杆代替钢筋用于混凝

土)与建筑是玻纤传统的主要需求市场,而环保、节能及新能源市场(风能发电叶片)、交通工具市场(火车、城市轻轨系统及汽车用基材)都是玻纤产品未来的巨大发展空间。玻纤在替代钢材、木材、水泥等传统材料方面作用日益明显。

目前,如东县玻璃纤维工业规模较小,生产玻璃纤维及玻纤制品的企业少,主要原因有:一是如东县建材市场由传统建材产品(水泥、砖瓦等)占主导地位,新型建材产品占当前市场份额较小;二是如东县缺少交通工具市场,缺少可以带动玻纤工业快速发展的行业。然而,如东县拥有亚洲目前建设规模最大的风电基地,在新能源市场的带动下,玻纤工业的发展前景也是不可小觑的。

二、建材产业发展中存在的问题

1.建材企业规模偏小

目前,如东县建材行业尚以传统建材企业为主体,且大多数生产规模小、工艺装备落后、技术含量和附加值低、市场竞争能力不强、发展后劲不足。

2.建材产品缺乏核心竞争力

一是如东县建材行业仍属资源型初级加工业,产品单一,大多数企业缺乏核心技术,没有高品位、高档次、高附加值产品,产业链短,行业竞争力弱,制约了如东县整个建材行业的发展。二是行业产业链短,现有建材行业规模小、技术水平低、科技含量低,加工制品业发展缓慢。2017年,全县建材行业规模企业应税销售超亿元的企业仅有万豪、海鑫、鼎宏、万洋、辉煌彩钢、亿能彩钢、东泰薄板科技7家企业。

3.建材制造业专业人才短缺

中小企业人才缺乏,技术力量薄弱,队伍素质偏低,不论队伍的技术文化,还是技术人员的数量,与发展所需的要求存在很大的差距,影响企业工艺装备的更新,行业产业链的延伸。

4.新型建材尚未形成产业优势

如东县新型建材以玻纤工业为主体,2017年如东县规模以上新型建材生产企业只有4家,数量少,规模不大,且与其上下游配套的中小企业基本空白,难以形成产业配套齐全的产业链。

三、加快如东县建材产业发展的建议

1. 加强政策引导,提振企业发展信心

建材工业是经济发展的基础性产业,对如东县城市化进程、民生项目建设等起到了积极作用。行业发展过程中国家相关部门出台了一系列产业政策来指导、推动建材工业的发展,按照国家产业政策和技术发展方向,引导企业推进技术改造和创新。深入企业了解企业发展当前存在的瓶颈难题,对资金、土地、用工等生产要素进行协调,积极为企业争取相关政策扶持,增强企业发展信心。加大科研开发的力度,提高技术装备水平,以新型墙体材料为重点,瞄准有市场前景的新产品、新技术,在引进、消化、吸收先进技术装备的基础上,研究开发适合如东县发展的新工艺、新技术和新装备。

2. 注重科技创新,发展新型建材

大力引进和培养科技人才,加强与各大院校、科研院所的合作,把开发研究和引进、消化、吸收相结合。加快技术创新力度,有效配置政府资源,鼓励企业多形式组建高新技术研发中心、产品检验中心、科技信息网络中心,加速高新技术成果转化,鼓励企业向高新技术领域渗透,注重产品组合策略,积极研制开发高附加值的产品。

3. 调整产品结构,整合传统建材中小企业

强化政策引导和行政推动,促进现有企业增资扩能,做大产业规模。同时,鼓励企业通过联合兼并、收购重组等方式,实行"强强联合""强弱联合",培育企业做大做强,组建大型建材企业集团。大力发展节土、节能等保护环境和改善建筑功能的新型建筑材料,加大淘汰落后设备和工艺力度,不断降低资源消耗水平,借助生产工艺、生产设备的技术升级和技术创新,实现低碳建材业的健康发展。鼓励企业由量扩张转向提高产品质量,增加产品附加值的发展方向,淘汰落后小产能企业。促进企业转型升级,鼓励预拌混凝土、预拌砂浆生产企业、传统建材企业向预制构件和住宅部品部件生产企业转型。

4.大力招商引资,做大做优建材产业

新型建材具有广泛的应用和广阔的市场前景,目前如东县新型建材门类少,品种单一,为了丰富如东县建材产品的品种,做大建材产业,优化产业结构,打造建材制造业基地,把招商引资作为做大做优建材制造业的主要抓手,不断吸引外来资金推动建材产业的发展。推动重点企业实施多元扩张战略,不断向下游产品和相关产业延伸,主动进入一些前景好、回报高的新领域。以重点企业的产业链为基础,吸引其上、下游企业相互靠拢,推动产业链或价值链企业的纵向集聚。以推广应用新型建材,推进如东县新型建材企业发展,促进外地大企业前来投资兴办新型建材企业,促进建材制造业健康发展。

撰稿人:卞许林

2018 年 4 月

启东市电动工具业发展报告

启东市工商业联合会
启东市电动工具业商会

电动工具产业是启东市起步较早、发展潜力较大、集聚优势较高、市场竞争力较强的特色产业。自 20 世纪 70 年代末开始,本市电动工具产业经过上门维修、坐店零售、批发经销、生产经营、品牌培育、产业集聚等发展阶段,逐步呈现出加速发展、加快转型的发展态势。1997 年,江苏天汾电动工具产业园建立,以电动工具及其配套产品为发展特色,总规划面积 8.5 平方公里。园区自建成以来,先后获得了"中国电动工具产业基地"、"中国电动工具第一城"、"江苏省电动工具出口基地"、"江苏省产业集群品牌培育基地"、江苏省第一批"中小企业产业集聚示范区"、江苏省重点培育"小企业创业示范基地"、"江苏省电动工具出口产业集聚检验检疫监管示范区"、"江苏省服务业集聚示范区"等荣誉称号。

一、启东市电动工具产业基本情况

2017 年,江苏天汾电动工具产业园拥有电动工具整机及零配件加工企业 533 家,其中规模企业 99 家;天汾电动工具产业实现产值 310.4 亿元,较上年增长 10.5%,规模电动工具企业实现应税销售 62.7 亿元,较上年增长 43.5%;实现工业税收 2.3 亿元,较上年增长 26.2%。自营出口电动工具企业 34 家,出口达 1.9 亿美元,同比增长 10.82%。江苏东成工具有限公司在 2017 年中国电动工具十大品牌中列第四名,东成品牌在国内电动工具市场的占有率位居第一。江苏东成、江苏国强、江苏龙腾鹏达等一批龙头企业脱颖而出,东成公司 2017 年全年预计实现应税销售 41.8 亿元,工业税收 1.8 亿元,园内拥有销售超 30 亿元企业 1 家、销售超亿元企业

40家。

二、启东市电动工具产业发展特点

1.**产业集聚效应强。**电动工具产业发展初期，主要生产用于维修的转子、定子等配件，产业相对分散，集中度不高。经过多年的发展，目前全区电动工具规模企业可生产电锤、电钻、电刨、电锯、磨光机等25类200多个品种，且从传统产品向清洗机、喷涂机、磁座钻、振动棒等新产品拓展，可满足工业、农业、建筑装修、园林、家用(DIY)等领域的需要。同时整机生产规模不断扩大，进一步带动了塑料、印刷、包装、橡胶、铝制品、碳刷等相关配套企业的发展，目前电动工具产业2 000多种配件在本地基本都能完成生产配套，形成了较为完整的电动工具产业链条，产业集聚效应明显。

2.**产品品牌效应好。**从曾经的贴牌与仿冒盛行到如今积极自主创牌，企业的品牌意识正在不断加强。目前，电动工具产业共有注册商标709件，其中中国驰名商标2件、省著名商标9件、南通市知名商标14件，共有南通市名牌产品32件，省名牌产品5件，东成、国强等企业的系列产品被认定为国家免检产品。商标品牌国际化建设成效显著。"东成""国强""凯利达""嘉德龙""圣德里"等216件商标在112个国家和地区进行了国际注册，东成、国强公司的产品还获评"江苏省出口名牌产品"。天汾电动工具远销欧美、非洲、中东、东南亚、俄罗斯等国家和地区，国际市场份额日趋扩大，品牌知名度日益提升。

3.**市场占有份额大。**目前，全镇在外经销电动工具人员达多5万人，覆盖全国各大中小城市，年经销电动工具及相关五金工具总额占全国市场总量的60%以上。自营出口电动工具企业50多家。

4.**市场交易影响广。**以每年"中国启东天汾科技五金交易会"为载体，促进电动工具市场繁荣。2006年，建成占地面积1.2万平方米的电动工具会展中心。2013年扩建了展馆二期工程，配套建设了涵桥等基础设施，进一步提升了办会硬件条件和会展组织水平。截至目前，一年一度的启东天汾春季科技五金交易会已成功举办了十九届；2018年交易会共设室内展位650个，外围门店400多个，临时地铺200多个，参观人次突破6万人，达成意向交易额 60 多亿元。天汾科技五金易会已成为全国电动工具行业的盛会，在国际国内具有越来越高的知名度和影响力，有力地带动了启东地区乃至全国电动工具市场的发展。

5.平台建设亮点多。2007 年 2 月，"中国电动工具生产力促进中心江苏中心"在天汾电动工具产业园正式挂牌，这是中国电器工业协会电动工具分会在地方设立的首家非营利性技术服务中介分中心。该中心为本市及周边地区电动工具企业提供信息咨询、科研检测、新品研发、科技成果转化、技术推广、质量认证、知识产权保护、专业会展、融资、人才培训等多项服务。2015 年为满足电动工具产业转型升级的要求，投资建设电动工具公共服务中心大楼，新增建筑面积 3 700 平方米，内设电动工具检测中心、电动工具产业展示馆、电动工具众创空间等，为区内电动工具企业提供更全面的综合服务。

三、启东市电动工具产业发展遇到的问题

1.土地瓶颈问题突出。近年来，电动工具产业发展较快，随着企业的规模化发展，较多企业面临着用地瓶颈的制约。原先部分企业依靠租用农村土地，盘活旧厂房等存量资产进行扩建，但近两年，由于国家土地政策收紧，拆违控违形势严峻，有一些企业缺少进一步发展空间，有部分企业外流到邻近的海门和苏北一些有土地或是优惠地价政策的地区。

2.科技创新能力不足。目前，启东电动工具产业以传统低端产品生产为主，在自主研发能力和投入方面，落后于国际一流企业和国内的大企业。根据江苏省专利信息服务中心《启东市电动工具行业专利战略研究与预警分析报告》显示，日本、德国、美国为电动工具专利强国，中国电动工具方面的专利数量不少，但质量不高，尤其是发明专利和实用新型的申请量较低。而本市专利申请起步较晚，目前发明专利和实用新型共有 296件，与产业的规模不匹配。即使是东成、国强等龙头企业产品升级速度也较慢，与国际领先企业相比，产品高端化程度和技术含量存在一定差距；跟国内企业相比，如南京的泉峰集团，研发中心拥有 300 多位来自中、美、日等世界各地的精英从事电动工具产品的研究与开发。在生产过程中，本地企业自动化水平有所提高，但信息化、智能化生产管理还比较落后。

3.公共服务投入不足。有效的产业服务平台是产业发展强有力的助推引擎。天汾电动工具公共服务中心为本市及周边地区电动工具企业提供信息咨询、科技成果转化、技术推广、质量认证、知识产权保护、专业会展、融资、人才培训等多项服务,发挥了积极的作用。南通发改委曾积极推荐申报国家级中小企业公共服务平台,但受平台硬件水平和投入不足等因素影响,未能成功申报。经过多年努力,2015年天汾电动工具公共服务中心大楼建设启动,目前建成投入使用,但在平台硬件和服务能力建设上尚需市政府加大资金投入和支持。如检测中心建设,已规划在电动工具公共服务中心内一并建设,但受质监部门取消垂直管理、划归地方政府管理的影响,原计划向省质监局申请的中心实验室建设扶持资金没有及时落实到位。

4.区域品牌知名度还不够高。品牌是企业或产业综合竞争实力的标志。实践证明,品牌优势较强、产品品质较好的企业抗风险能力要比一般企业强得多。近两年以来,电动工具产业竞争形势更加严峻,但东成公司还能保持增长,就得益于其品牌影响力。目前,电动工具产业已经培育了一批驰名商标,也获得了"中国电动工具产业基地"和"中国电动工具第一城"这两块国字头的牌子,但品牌的含金量还有待提升,产业和区域的知名度还不够响。下一步,将加快实施天汾电动工具叫响全国、走向世界的品牌发展战略,通过举办节会、组织论坛、建设产业展厅、制作区域品牌宣传片、启东市内建立标志性广告牌、组团参加国际国内展会、媒体投放广告等多种方式,宣传推介、提升启东电动工具产业形象。

5.会展经济潜力还未充分发掘。启东天汾科技五金交易会从2000年春节举办第一届开始,已经成功举办了十九届,从一开始的地摊式订货会,发展到现在颇具规模、在国内有较高知名度的专业展会,为区域经济,特别是电动工具产业板块的快速发展提供了良好的经贸平台,由此带动的会展经济也十分可观。天汾科技五金交易会是启东市政府培育成功的一个品牌,一个巨大的无形资产。但目前,会展组织中存在场馆规模远远不能适应举办大型会展和日益增长的市场需求;场馆设施简陋,为展会正常举办带来隐患。办好展会不仅是带动会展经济的问题,更是提升区域品牌，显示产业、地区实力的标志，启东电动工具产业要在国际国内行业有影响力、有话语权，办好展会是一个最好的抓手和载体。早在四五年前，时任中国电器工业协会电动工具分会秘书长的刘世昌一行应邀来启考察，设想将"全国电动工具配套会议"承接地放在启东，但通过详细考察后，认为"从展馆硬件设施、周边服务配套等几方面综合来看，启东尚不具备举办全国性会议的条件"，使启东与这个中国电动工具行业历史最悠久、最具权威、行业唯一的官方会议失之交臂，而后会议举办地最终选择落户浙江武义。当前投资一个国际化的专业展馆迫在眉睫，"以会兴业"还大有文章可做。

6.产业金融生态存在不良现象。近年来，银行业贷款政策收紧，对电动工具企业抽贷、停贷现象时有发生。同时，由于中小企业的信誉度普遍不高，原料采购和零配件供应过程中普遍被要求现金结算，企业资金链压力较重。而民间融资非常活跃，有些风险意识不强的企业容易受到高利贷等不良业务的诱惑，企业间拆借、共同担保情况较多，一旦一家企业发生金融风险会直接导致其他企业出现多米诺骨牌效应，影响较大。

三、启东市电动工具产业发展措施

1.进一步发挥电动工具产业领导小组的组织领导作用。前几年，启东市专门成立了电动工具产业发展领导小组，但该机构未能发挥预期中的作用。建议领导组真正发挥作用，统筹产业发展方向和大事，健全例会制度，经常研究工作和政策，及时协调解决产业发展中存在的问题，将产业规划通过项目化落到实处。

2.加大对特色产业发展的各项政策保障。除了普惠制的政策，要参考"一企一策"的做法，根据实际需要，做到"一业一策"。如针对电动工具产业发展用地指标偏紧的瓶颈要想办法破解。

3.做好区域品牌推广。目前我们正积极开展鼓励企业"走出去"工作，帮助企业向上争取各类会展补贴，在此基础上镇一级财政也加大企业"走出去"扶持力度，鼓励企业参加国内国际会展，打响电动工具产业基地的名号。

4.加大对上沟通和政策项目争取。建议市级层面加强与中国电动工具行业协会等组织沟通、加强与上海电动工具研究所等重要的科研机构及院校的沟通合作、加强与重点部门的沟通，争取更多的资源支持产业发展。结合"十三五"规划，争取更多的项目进上面的盘子，推进产业转型升级加速。

5.针对不良金融生态。一方面联合监管部门加大违法违规借贷行为的查处力度，另一方面多与银行业沟通争取推出适合本地产业需求的金融融资产品，解决融资难题。

2018 年 4 月

启东市建筑业发展报告

启东市工商业联合会

2017年是启东市建筑业发展史上浓墨重彩的一年。启东市建筑业紧紧围绕"提质增效"发展主题,始终坚持"质效并举、主副共赢"的发展思路,实现经济效益和社会效益的双丰收,建筑业再次呈现出量增质优、稳中有进的良好态势。

一、发展情况

全年完成建筑业总产值超800亿元,第六次实现"鲁班奖""国优工程奖""詹天佑奖"三项国家级优质工程奖大满贯,再次刷新年度创国家级优质工程数量的新纪录。二建集团第13次荣获中国企业500强称号(第296位),连续七次进入中国建筑业竞争力百强企业(第13位);建筑集团连续多年保持"江苏省建筑业百强企业"称号;启安集团连续八年蝉联省"建筑业百强企业"建筑安装类第1位。启东建筑业在全省乃至全国的市场影响力和社会美誉度持续提升,"建筑之乡"品牌不断擦亮。

二、发展特点

1.产业规模稳步提升。全年共实现建筑业总产值816.7亿元,同比增长6.41%,承建施工面积7845万平方米;新签合同额806亿元,同比增长19%。其中,二建集团突破500亿元大关,完成产值538亿元,同比增长15.5%;建筑集团完成产值92.3亿元,同比增长26.7%;启安集团完成75.8亿元,同比增长7%;银洲集团完成12.16亿元,同比增长50%。

2.市场扩张优势明显。启东建筑铁军在东北、天津、上海、南京、苏州等市场牢牢占据外地企业第一方阵。东北市场积极打造"城市群经营"模式,完成产值77.7亿元,新签合同额100亿元,同比分别增长8.9%、

42.5%,成为第一个百亿区域市场。天津市场积极拓展阵地,形成津、冀、豫及湘、鄂、青"一主二副三辅"的市场新格局,完成产值70亿元,新签合同额76.3亿元,同比分别增长7.8%、28.7%。上海市场不断放大区域效应,完成产值52.1亿元,新签合同额55.4亿元。苏州市场整合内外资源抱团取胜,完成产值68.9亿元,新签合同额69亿元,同比分别增长5%、17.6%,继续保持小区域大市场的良好态势。南京市场强化市场主体意识,科学制定竞争策略,完成产值56.6亿元,新签合同额65.9亿元。西北、西南等市场集群扩张,发展节奏进一步加快。海外市场开拓能力显著增强,二建集团成功获得以色列建筑总承包G5资质,成为该国首家拥有此资质的外国企业;柬埔寨3亿美元住宅项目开工建设,阿尔及利亚1.5亿元住宅项目积极推进;老挝、印尼、科威特等海外市场加快布局。

3.品牌效应不断彰显。名牌企业享誉国内。二建集团、建筑集团、启安集团蝉联全国优秀施工企业,二建集团获"中国承包商80强"(第13位)荣誉称号,建筑集团、启安集团获评中国工程建设企业社会信用评价"AAA级企业",启安集团获江苏省安装行业"最佳企业"称号。名优工程全面丰收。全市各建筑企业共获得"鲁班奖"2项、"国优工程奖"2项、"詹天佑奖"1项、其他国家级优质工程奖7项、省级优质工程奖47项,再创历史新高。

名人形象熠熠生辉。杨晓东、陈向阳、殷炜东获江苏省优秀企业家称号;朱慧慧、顾爱忠获全国优秀项目经理称号;王忠、陈建国、卞汉新获全国创建鲁班奖工程先进个人;葛存裕获全国建筑业先进工作者称号;陈卫东获南通市劳动模范光荣称号,等等。

4.结构调整多点开花。发展模式整合优化。二建集团积极尝试PPP项目,与中国黄金集团建设有限公司共同出资组成联合体中标6.7亿元乌海市城市棚改项目;主动抓住混改契机,与天津外贸集团达成混合改制战略合作,以增资形式持有天津市贸易房地产开发公司70%的股权,实际掌握承揽项目的主动权;尝试"开发+建筑"模式,通过独资或参股形式,既开发又施工,拓展盈利空间,有效掌控经营风险。积极拓展经营领域。不断提升地下综合管廊、光伏产业等专业项目施工能力,二建集团成功中标2.4

亿元新疆乌鲁木齐市东进场高架路综合管廊 2 标段工程和 1.2 亿元苏州太湖新城吴中片区综合管廊 2 期工程;自行开发 50 兆瓦新疆北塔山光伏项目及 100 兆瓦北京西花园光伏项目,总投资达 12 亿元。转型步伐不断加大。建筑集团顺应装配式建筑产业发展趋势,与远大住工集团、启东城投公司合资成立本市首家装配式建筑企业,总投资 10 亿元,目前已进入厂房建设阶段。骅东公司加强资本运作,放大投资理财功能,盘活存量资产,在房地产开发、租赁、商贸服务等方面取得长足进步。

5.创新创优成果丰硕。科技创新蓬勃开展。全年共获得国家级 QC 成果 12 项、部省级工法 12 项、发明专利 3 项、实用新型专利 18 项、省级新技术应用示范工程 12 项。新兴技术普遍运用。二建集团以"互联网+"为核心的"智慧工地"建设,实现项目管理智能化;BIM 技术在投标施工模拟、可视化交底、节点分析、管线碰撞中得到普遍运用,启安集团的 BIM 技术获 2 项国家级大奖。技术标准推陈出新。二建集团参与编写的《建筑施工企业 BIM 技术应用实施指南》已由中国建筑工业出版社公开发行。

三、存在问题

启东市建筑业发展不平衡不充分的问题仍然明显:产业规模相对偏小,发展后劲不足,与海门、通州等兄弟县市超千亿的规模相比差距较大;经营方式单一,技术创新和运用尚显不足,转型升级步伐需要进一步加快;建筑业企业的人才需求不断加大,特殊岗位、特殊工种的人才奇缺;二建、建筑、启安三家公司占全市建筑业总产值的 86.3%,其余 200 多家企业占 13.7%,企业发展两极分化严重。上述问题在一定程度制约了本市建筑业发展,对此,我们一定高度重视,采取有效措施,认真加以解决。

四、发展目标和措施

2018 年全市建筑业预期发展目标是:确保完成建筑业总产值 900 亿元,同比增长 10%;实现建筑业增加值、承建施工面积、新开工面积同比增长 12%;争创"鲁班奖"或国优工程 5 项,创省级以上优质工程 60 项;杜绝重大安全生产事故发生。

2018 年全市建筑业发展措施：

1.优化产业结构，着力实现转型升级新提升

坚持改革和完善组织架构，提升资质品质，提高市场议价能力。一要抢抓市场做大做强。紧紧把握国家大力推进基础设施建设的机遇，全面提升在铁路、港口、轨道交通、水利、市政等领域的市场份额。积极引导企业由单纯的建筑项目承建产业向建筑承建和生产产业等高端领域延伸，形成产、供、销、建一体的产业链。二要优化企业资质结构。提高特级、一级资质企业的发展数量和水平，推进二、三级企业的资质升级和产值增加，不断提升自我发展的层次和水平。三要转变企业经营方式。加快施工企业经营承包方式的升级，全面增强盈利能力。进一步推广二建集团项目公司化管理模式，以点带面、全面铺开。有条件的企业要适度扩大资本在企业运营中的比重，积极参与 BT、BOT、PPP 等项目建设。

2.优化市场布局，着力实现发展空间新提升

要坚持科学规划、合理布局，战略聚焦、集群发展。一要合力抢占潜力市场。在继续巩固和拓展长三角、环渤海、东北等传统主力市场的基础上，巩固形成以上海、天津、沈阳、苏州、南京等为主中心的建筑都市群；集中优势兵力、集聚优势资源抢攻陕甘宁、两湖、两广、川贵等西北、西南市场，努力形成以西安、长沙、成都等为次中心的新兴建筑都市群；以内联外合方式，纵向拉伸产业链条，横向拓宽专业领域，努力形成房建、公建、市政、机电安装、化工等门类齐全、领域宽广的发展格局。二要合力跻身高端市场。积极借助于联合体投标方式参与轨道交通、桥梁隧道、综合管廊、海绵城市等重大基础设施建设，努力承接一批"高大上、精尖难"项目，延长产业链、提升价值链、提高竞争力。三要全面开发合作空间。鼓励优质企业与央企、房产巨头结成战略合作伙伴，放大竞争优势。寻求信誉好、资金足、项目实的合作伙伴，建立长期合作关系；寻求与合作伙伴企业文化的契合点，靠诚信合作赢得信任；寻求与合作伙伴管理理念的契合点，靠项目品质赢得认可。以合作增强企业在市场经济中的抗压能力，以合作为企业在复杂形势下赢得竞争先机。

3.坚持创新创优,着力实现品牌效应新提升

创新是第一生产力,是发展的源泉和动力。一要强化自主创新。要按照省政府《关于促进建筑业改革发展的意见》中发展"智慧建筑""装配式建筑"的总体要求,积极探索和实践建筑"智能化""工厂化"的发展模式,找到适合自身发展的创新之路。全面推进装配式建筑,在大力发展装配式混凝土建筑的同时,积极探索和推广装配式钢结构建筑和装配式木结构建筑,鼓励和推广装配式示范基地和项目建设。要全面实施"绿色建筑+"工程,推动绿色建筑品质提升和高星级绿色建筑规模化发展。二要加快人才建设。要优化职业技能培训机制,大力弘扬工匠精神,不断提升职业能力和素质,拓宽职业技能多元化评价方式,建立健全人才培养、优化、考核等人力资源管理制度,为优秀人才脱颖而出提供平台。要加强劳务队伍管理,改革建筑用工制度,加强与劳务主要输出地区的沟通,建立稳定的劳务基地,重视劳务队伍的综合技能培训,为企业发展提供稳定长效的人力支撑。三要放大品牌效应。启东建筑业品牌,已经得到了业内外的高度认可。要积极争创优质精品工程,以品牌树信誉、以品牌赢市场。对于社会影响面大的重、特大工程,要严格落实创优责任,努力打造样板工程。要广泛宣传推介,借助各种媒介推广自身优势,主动放大品牌效应。对在当地市场有一定影响力的标志性项目,都要争创省级以上优质工程,并力争再创"鲁班奖"或国优工程 5 项、省级以上优质工程 60 项、省文明工地 70 项。

4.坚持科学管理,着力实现风险防控新提升

行之有效的管控,是企业良好发展的基本保障。一要全面推进精细化建设。按照省住建厅《江苏制造 2025 行动纲要》中提出的"精益建造"要求,各企业要在管理制度、人员配置、现场管理、过程控制等方面深入研究,让精细化渗透到项目管理的每个"节点"。全面推行项目策划管理,针对项目施工实际,从人员、材料、机械等一系列环节进行开工前的策划、预演和评估,提高抗风险能力,推动质量安全管理水平再上新台阶。二要全面推广 BIM 技术的应用水平。强化 BIM 技术在施工过程中后台指导前台的作用,使建筑施工在相对预知的可控范围内操作,达到既显著提高效率又减少大量风险的目的,以高质量、高效率、低成本、低风险实现经济效益

和社会效益的最大化。三要全方位加强风险防控。要积极应对市场和政策调整策略,把控政策方向,调控发展规模和速度,防范合同履约风险,加强内部管控,严把支付和成本关,对资金运行情况及时梳理、专门监控。要针对项目经营管理中出现的农民工上访、恶意讨薪、拖欠工程款等问题,建立必要的应急处置机制,落实专人专项负责,将影响和风险控制在最小范围内。要进一步加强文明工地创建工作,强化责任意识,加大创优力度,以文明工地创优活动推动项目质量安全全面提升。

5.坚持监管优化,着力实现监管质量新提升

监管优化是促转型、创辉煌的保证。一要规范市场竞争行为。必须深化企业的诚信体系建设,以诚信经济支撑企业的规模经济和品牌经济。要切实加强对企业在资质申报、承揽工程、合同履行等方面的管理力度,加大对合同欺诈、恶意压价、失信违约等行为的惩治。要建立完善监督检查机制,通过策划、备案、监控、督查的防控体系建设,有效解决管理中出现的问题。要综合运用信息化手段,考核工程项目部主要管理人员到岗履职情况,并将考核结果作为施工企业招投标信用评分的重要依据。建立农民工网络考核系统,通过网络实名制实时管控,切实维护建筑业企业和从业人员的合法权益。二要加强安全生产监管。要保持对安全生产监管的高压态势,继续开展以深基坑、高支模、脚手架和起重机械等为重点的专项整治工作,确保安全生产"零风险"。要突出监管重点,加强对危险性较大工程的常态化安全监管。要突出抓好安全生产技术方案审批制度的落实、大型机械设备的准入、检查维修保养和安全生产的动态管理,真正实现安全生产形势的持续稳定好转。

2018 年 4 月

海门市装备制造业发展报告

海门市工商业联合会

　　装备制造业是为国民经济各行业提供技术装备的战略性产业，产业关联度高、吸纳就业能力强、技术资金密集，是各行业产业升级、技术进步的重要保障和国家综合实力的集中体现。近年来，海门市装备制造业在工业经济中的比重逐年提高，在新型工业化发展中的引领支撑作用日益凸显。

　　一、海门市装备制造产业发展现状

　　海门市装备制造业的发展，已呈现产业规模较大、产品门类较全、技术含量较高的发展格局，涉及金属制品、通用设备、专用设备及零部件等近30多个产品类别。主要呈现五大特点：

　　(一)产业基础形成规模

　　近年来，海门市装备制造业已形成一定的产业规模。2017年，规模以上装备制造企业达255家，实现应税销售238亿元，入库税金14.4亿元，分别占全市总量39.4%、52.3%和53.9%。

　　金属制品业有规模以上企业90家。产品以结构性金属制品为主，包括金属钢结构制品、建筑用金属制品、金属表面处理及热处理加工、金属丝绳及其制品、锻件等。

　　通用设备制造业有规模以上企业57家。产品包括泵及真空设备、液压和气动力机械及元件及风机、电动工具、紧固件、铸件等。

　　专用设备制造业有规模以上企业32家。产品有矿山机械、海工平台、纺织机械、电子和电工机械、医疗仪器设备及器械、环保设备机械和橡塑加工设备等。

交通运输设备制造业有规模以上企业 11 家。产品包括汽车零部件及配件、铁路专用设备及器材和配件、船用配套设备、摩托车零部件及配件、自行车及配件等。

电气机械及器材制造业有规模以上企业 43 家。产品有输配电及控制设备、电线和电缆制造、光纤和光缆、电容器及其配套设备、照明器具等。

通信设备、计算机及其他电子制造业有规模以上企业 17 家。产品有通信系统设备、电子元件及组件、印刷电路板等。

仪器仪表及文化、办公用机械制造业有规模以上企业 5 家,主要生产实验器材,涵盖显微镜载玻片和盖玻片、病理学组织学耗材、微生物样本采集传递系统等。

(二)产业集聚初具雏形

近年来,海门市装备制造业已初步形成具有一定特色和竞争力的六大产业板块。

1.海工重装产业板块。主要由两大模块组成,一是以海门开发区的招商局重工(江苏)公司、江苏海隆重机有限公司、亚洲新能源(中国)有限公司、冠达尔钢结构(江苏)有限公司等为龙头的海洋工程、港口机械、金属钢结构等产业板块。二是以燕达(海门)重型装备制造有限公司、明圣化工机械(南通)有限公司等为龙头的模块化装备、矿山机械等产业板块。

2.能源装备产业板块。由两个部分组成,一是以三厂工业园区的中兴能源装备股份有限公司为依托,形成了石化、核电用等大口径不锈钢、合金钢系列管、配件的研发、生产基地;二是以四甲镇的南通爱尔思轻合金精密成型有限公司、江苏中兴精密机械有限公司、江苏中兴创元高压电气有限公司等重点企业为龙头,形成了高压、超高压输变电设备及零部件产业板块。

3.交通零部件产业板块。分两个集中区域,一是以海门开发区南通市冠东车灯有限公司、康奈可(海门)车用空调压缩机有限公司等重点企业的车灯、压缩机等汽车零部件制造产业集中区;二是以正余镇及周边乡镇为主,主要有南通龙洲汽配有限公司、南通海林汽车橡塑制品有限公司、海门亿双精密仪器有限公司等 10 多家企业,形成了发动机零部件、车灯及车灯密封件、汽车天窗等制造产业集中区。

4.机泵类产业板块。位于海门高新区和三厂工业园区等地的南通市恒荣机泵厂有限公司、海门市海真真空设备有限公司、南通市威士真空设备有限公司等10家规模企业,形成了生产三叶型罗茨鼓风机系列产品和往复式、水环式、旋片式等系列真空泵类产业板块。

5.紧固件产业板块。位于海门高新区及周边的海门市正大电子有限公司、南通威尔精密螺丝有限公司、海门市飞达标准件厂等12家规模企业,形成了螺钉、螺栓、螺母、自攻钉等系列产业板块。

6.通风设备产业板块。位于通吕河两侧及周边的南通市升昊暖通设备有限公司、南通市净海暖通设备有限公司、南通克莱克空气处理设备有限公司等10家规模企业,形成了屋顶通风设备及系列产品产业板块。

(三)创新能力显著增强

全市装备制造业,在品牌建设、创新能力和产学研合作等方面都有一定的优势,拥有高新技术企业47家、新兴产业企业80家,分别占全市的51.1%和58.8%。

1.品牌建设取得突破。目前,光纤、光缆制造、金属表面处理、纺织专用设备制造等行业有22家企业拥有省以上名牌产品15件,驰名商标、著名商标18件,分别占全市总量的30.6%和28.6%。其中江苏通光信息有限公司的通光牌电子线缆、通信光缆和中兴能源装备股份有限公司的AST牌无缝不锈钢管为中国名牌产品。海门市森达装饰材料有限公司的SDZS、南通爱尔思轻合金精密成型有限公司的NLS、江苏铁锚工具有限公司的铁锚和中兴能源装备有限公司的AST已被认定为中国驰名商标。

2.研发能力有效提升。目前,全市装备制造企业拥有省以上工程技术研究中心19家、省以上企业技术中心7家,拥有省级博士后工作站2家(中兴能源装备股份有限公司、通光集团有限公司)、省以上院士工作站1家(中兴能源装备股份有限公司),企业的创新能力显著提升,拥有发明专利近300件。南通振康焊接机电有限公司研发的工业机器人RV减速机,技术填补国内空白,达国际先进水平,可以满足国内对RV减速机的迫切需求,推进机器人产业的快速发展。

3.产学研合作成效显著。本市产学研合作成果丰硕,有近80%的装备制造企业先后开展产学研合作。一是搭建产学研合作创新平台,与北京大学、厦门大学20多所高校签订了校地全面合作协议或共建技术转移海门分中心。二是推进产学研合作项目。通过产学研合作和交流,共签约装备产业科技合作项目300多项,其中重点产学研合作实施项目120多项。三是产学研合作推进了科技成果创造应用。全市产学研合作创新共获得各类科技成果200多项,其中获省级以上科技成果奖6项。

(四)行业地位有效提升

近年来,海门市装备制造水平不断提高,产品市场占有率、行业地位日益突出。

1.参与各类产品标准制修订。有15家装备制造业企业参与了5项国际标准、6项国家标准和17项行业标准的制修订,其中江苏通光电子线缆有限公司参与了5个同轴通信电缆国际标准的主导制定工作。中兴能源装备股份有限公司是国内唯一的能源装备用不锈钢无缝管标准工作组单位。南通市恒荣机泵厂有限公司是国家标准化委员会三叶罗茨分技术委员会会员单位及技术标准主要起草单位。

2.产品具有一定的市场占有率。随着本市装备企业研发能力的提升,产品质量的提高,部分优势产品的市场份额不断提升。有电力光缆、电容器、西马特机床、探伤机30多个产品的市场占有率在50%以上,其中通光牌电子线缆、通信光缆、AST牌无缝不锈钢管和泰格牌汽油发电机组等产品市场占有率达80%以上。此外,举升机、港口机械、标准紧固件、鼓风机等近20种产品的市场占有率达30%以上。

3.核心技术领先优势不断增强。本市装备制造企业十分重视技术开发和技术创新,部分企业的核心技术优势明显,有的已成为行业重点龙头企业和核心技术拥有企业。金轮科创股份有限公司被中国纺织机械器材工业协会评定为行业内唯一"针布产品研发中心",已成为全球梳理行业最大的研发基地和生产制造基地。中兴电工集团生产高压超高压输变电(110至550千伏)核心设备,远销日本、德国、瑞士等多个国家,开发的五轴联动数控高速机床设备已达世界顶级加工水平。海门市油威力液压工业有限责任公司拥有国内最大的装配车间,生产的液压阀、液压缸及成套液压系统,已通过英国国家质量保证中心的ISO9001质量体系认证,并获得NQA标志和证书,取得了进入欧美市场的通行证。江苏大岛机械集团有限公司自主研发的多系列绣花、绗缝为一体的多头电脑绗绣机为国内首创。

(五)发展后劲明显增强

近年来,海门市优越的投资环境,正吸引一大批制造业企业前来投资。特别是重点产业园、重点集聚区和骨干企业的投资规模不断扩大,企业发展后劲进一步增强。据初步统计,目前,全市装备制造业在建项目共156个,计划总投资200亿元,今年上半年已完成投资额48亿元,项目全部达产后,预计新增销售300亿元。

开发区已形成了以招商局重工(江苏)公司海工平台、瑞塔科股份有限公司自升式石油平台、江苏宝钢精密钢丝有限公司、南通中远重工有限公司等为重点的总投资达100亿元的装备制造项目群。

海门港新区已形成了燕达(海门)重型装备制造有限公司的化工成套设备、江苏通光海洋光电科技有限公司、明圣化工机械(南通)有限公司的风电塔吊及机械压力容器为重点的总投资超40亿元的海工、能源装备项目群。

智能电子产业园已形成了江苏新天下电子科技有限公司、江苏斯德雷特通光光纤有限公司、海门市三鑫电子有限责任公司等为龙头的总投资超15亿元的笔记本电脑、光纤、电容器制造项目群。

汽车零部件产业园已形成了以南通斌奥汽配有限公司、南通龙洲汽配有限公司、海门东辰照明科技有限公司、海门三协铝业有限公司等为重点的总投资8亿元汽车零部件项目群。

高压输变电产业园已形成了江苏中兴精密机械有限公司、南通圣亿精密机械有限公司、海门市沪海有色铸造有限公司为龙头总投资超3亿元的高压输变电及精密机械加工项目群。

二、海门市装备制造产业面临的主要问题

虽然海门市装备制造产业发展具备了一定基础,取得了一定成效,但

仍然面临着一些瓶颈和制约因素。主要表现为：

(一)产业层次不够高

一是企业规模不大。全市装备制造业 255 家规模企业，平均销售额只有 9 336 万元；应税销售超亿元企业只有 47 家，占装备制造业总数的 18.4%，企业应税销售超 10 亿元的仅两家。二是龙头型企业少。特别是代表行业水平、具有国内竞争力的大型企业集团更少，全行业只有一家上市公司——江苏通光线缆股份有限公司，缺乏大企业、大基地、大项目带动。三是产业发展层次不高。现有企业中普通机械加工占比较大，高端装备比重小；海工装备还没有形成生产规模，航空装备在规划起步阶段。四是整机产品数量不多。据初步统计，全市整机生产企业 20 多家，仅占装备制造业总数的 10%。成套设备生产企业更少。

(二)发展能力不够强

海门市装备制造产业没有摆脱粗放式、外延式的发展模式。一是产业配套相对薄弱。如本市标准件生产企业近 500 家，目前电镀质量稳定、电镀环境优良的企业很少，部分企业甚至到广东珠海等地进行电镀加工，由于热处理、电镀等基础工艺水平偏低，直接影响产品质量，有的甚至造成索赔。二是市场空间提升有限。绝大多数企业科技开发基本处于对引进技术的消化和应用阶段，附加值低，竞争能力弱。市场占有率高的产品，大多数集中在市场容量低的子行业中，市场空间有限。三是行业自律性有待提高。由于本市装备制造细分行业分会还未成立或未正常运行，一些企业缺乏自律性。在标准件、真空泵、通风机械、风机等生产企业间尤为明显，同行业间价格恶性竞争时有发生，直接影响本市相关产业的健康发展。

(三)发展环境不够优

本市不断创优发展环境，推进工业经济健康快速发展，但还存在以下问题：一是生活服务环境不完善。没有专门供引进人才入住的高级公寓，没有交通便利、配套完善的外来职工宿舍区。如康奈可(海门)车用空调压缩机有限公司等一些高管人才工作在海门，食宿在南通。二是金融服务机构不够全。全市只有 1 家融资性担保公司，没有设立创投基金，与其他县市相比，数量少，规模小，难以满足日益壮大的企业融资需求。三是企业技术人才短缺，熟练工人缺乏。全行业技术研发人员仅占职工总数 4%左右，从职业学校毕业直接在海门工作的人员比较少，高等级职业工人回海门就业更少。四是发展意识不够强。现代企业管理理念相对滞后，一些企业主存在"小富则安"的心理，创业激情锐减，品牌意识淡薄，不愿倚大联强，强强合作，怕债权债务纠纷；不愿他人参投、入股，怕市场风险变化，习惯于依靠自身积累慢步发展。

三、海门装备制造产业发展总体思路和对策建议

(一)发展思路

深入贯彻落实科学发展观，坚持以市场为导向，以转型升级为主线，积极推进装备产业结构调整和优化，按照"提升装备水平，主攻高端创新；配套重点产业，做大产业规模；扶持优势企业，培育产业龙头；产业适度集中，打造特色园区"的思路，着力抓好产业空间布局、培育优势企业、发展高端产品、完善政策措施、提高招商水平、加大项目投入，努力推进海门装备制造产业集聚发展、创新发展、跨越发展。

(二)主要目标

未来目标是至 2020 年，全市装备制造业应税销售达 350 亿元，年应税销售超亿元企业 70 家，其中超 70 亿元企业 1 家，超 20 亿元企业 3 家，超 10 亿元企业 6 家，在现有品牌产品基础上，新增中国驰名商标 1 个、省级名牌 6 个，新增省著名商标 9 个，新增高新技术企业 7 家，新增省级技术中心、省工程技术研究中心 4 家。到 2025 年应税销售达 700 亿元，单体规模超百亿企业 1 家。

(三)发展重点方向

根据海门市装备制造业的发展现状和基础，以及我国装备制造业的发展趋势，应做大做强交通零部件、金属制品、高压输变电设备、通用设备及配件等 10 大基础产业和 10 大优势产品；重点发展海工装备、智能装备、航空装备、节能环保等 4 大高端装备(新兴)产业，加快打造 6 大产业园、重点培育 20 家龙头企业，实现全市装备产业"由小到大""由粗到精""由弱到强"的转变。

重点发展四大高端装备(新兴)产业。

一是海工装备产业。充分发挥江海岸线和土地资源优势,围绕"高技术、高附加值、高配套率和大集群"的目标,以招商局重工(江苏)公司、南通中远重工有限公司开发成套海工装备为龙头,积极拓展包括基础零部件、船用机械配件、电子信息装备等海工船舶配套产业,加快产业集聚。

二是智能装备产业。重点围绕机器人 RV 减速器、五轴联动机床、光纤光缆、物联网电子标签、电容器及电子元器件、笔记本电脑及其配套制造,培育和发展电子元器件与集成电路、消费类电子和新一代电子信息三大领域,开发智能基础机械制造,提高制造过程的数字化和柔性化及系统集成水平,加快信息化综合集成、协同应用和模式创新。

三是航空装备及配套产业。充分发挥临近上海的区位优势,积极配套上海大飞机项目,大力引进国内外大型飞机制造及零部件配套企业,积极发展电子设备元器件、紧固件、内装饰等机体结构零部件;重点发展航空座椅、电源系统、照明系统、液压系统等机载系统设备。

四是节能环保产业。发挥现有基础产业的优势,引进国内外著名节能和环保装备制造企业,大力发展高效节能、先进环保和资源循环利用装备产业,重点发展高效节能电动机、通风机、水泵、空压机等电机拖动设备和高效节能电器、照明等产品。

加快打造六大产业园

——海工及重(型)装(备)产业园。分两个区域,海门开发区沿江,以招商局重工(江苏)公司、南通中远重工有限公司等大项目为龙头,积极拓展包括基础零部件、船用机械配件、电子信息装备等高端海工装备配套产业;海门港新区以燕达(海门)重型装备制造有限公司、江苏中博重工机械有限公司、明圣化工机械(南通)有限公司重点项目为基础,大力发展海工模块化装备制造产业。到 2015 年,实现应税销售 80 亿元。

——金属材料产业园。位于海门开发区沿江工业城,以海宝工业园为依托,以冠达尔钢结构(江苏)有限公司、亚洲新能源(中国)有限公司等重点项目为基础,重点发展高层建筑钢结构、大型复合构件制造;以江苏宝钢精密钢丝有限公司、江苏佳铝实业有限公司等项目为基础,重点发展高强度功能性金属深加工材料,积极拓展铝、铜等有色金属深加工及金属复合材料。到 2015 年,实现应税销售 60 亿元。

——交通零部件产业园。以海门开发区沿江工业城中部的海门市冠东车灯有限公司、康奈可(海门)车用空调压缩机有限公司及江苏亨通金天电子线缆有限公司等企业为龙头,依托正余镇及周边的南通三鑫车灯配件有限公司、海门锦星汽车线束有限公司、海门亿双精密仪器有限公司等重点企业,加快打造提升现有零部件配套水平;以高精尖和规模化为发展方向,招引著名的汽车零部件企业,大力发展发动机配件、制冷系配件、传动系配件、转向系配件、行走系配件、电器仪表系配件等关键零部件。到 2015 年,实现应税销售 40 亿元。

——智能装备及配套产业园。主要位于海门高新区神舟科技创业园。以江苏新天下电子科技有限公司的计算机生产基地和江苏通光光缆有限公司、江苏斯德雷特通光光纤有限公司为重点的通讯光缆生产基地及以海门市英内电子标签公司的电子标签生产项目为突破口,积极引进国内外大型电子信息企业及相关配套企业,突破关键智能技术,开发智能基础制造装备及配套产业。2015 年,实现应税销售 60 亿元。

——高压输变电设备产业园。位于四甲镇及周边地区,以南通爱尔思轻合金精密成型有限公司、江苏中兴精密机械有限公司、江苏中兴创元高压电气有限公司等重点企业为依托,打造中高压、超高压、特高压电气用铝合金铸件、GIS/GCB 零组件系列、六氟化硫高压绝缘体开关、高低压电气控制盘、操作机构等完整的高压电气产业链。到 2015 年,实现应税销售 10 亿元。

——航空装备及配套产业园。位于海门港新区临港工业区。以介入大飞机产业链,建设航空装备及配套产业集群为目标,大力引进航空产业关联项目,关注和培育通用航空相关产业,重点发展大飞机机体结构零部件、机载设备系统和高端线缆等产业。到 2015 年,力争实现应税销售达 10 亿元。

2018 年 5 月

海门市服务外包业发展报告

海门市工商业联合会

服务外包就是指企业为了将有限资源专注于其核心竞争力，以信息技术为依托，利用外部专业服务商的知识劳动力来完成原来由企业内部完成的工作，从而降低成本，提高效率，提升企业对市场环境的迅速应变能力并优化企业核心竞争力的一种服务模式。根据业务范围分类，服务外包分为三类：信息技术外包 ITO、业务流程外包 BPO 和知识流程外包 KPO。

一、海门服务外包产业发展现状

海门市服务外包产业处于起步发展阶段。规划建设的外包载体平台初露端倪，但尚未成形，主要有海门经济技术开发区的滨江新城商务区、省级科技研发外包产业园、睿公湖软件园、复旦复华科技产业园、海门工业园的家纺创意研发基地、临江新区的省级生物医药科创园和海门高新区的神舟科技产业园、都市科技创业园，目前还没有形成以发展服务外包产业为主体的载体平台。海门市现有经南通认定的服务外包企业4家，按业务范围分主要有从事医药研发的技术性知识流程外包(KPO)和开展电子商务的技术性业务流程外包服务(BPO)，企业主要分布在开发区、海门高新区和临江新区。去年1~6月份，海门市实现离岸服务外包合同额1 320万美元，执行额1 940万美元；实现在岸服务外包合同额959万元人民币，执行额959万元人民币。

二、海门服务外包产业的发展基础

一是长期发展趋势看好

产业化分工的不断细化、科技竞争力作用的愈加显现、信息技术进步带来的服务模式创新以及来自企业内部的成本压力，使服务外包成为后危机时代拉动经济复苏的重要增长点，并将会得到政府部门的高度重视，从而为产业发展赢得更加有利的政策支持，从而使服务外包长期发展趋势更加不可逆转。

二是产业基础优势突出

海门市重点打造的十二大产业集群规模大、配套强，产业特色鲜明，在区域范围内具有很强的比较优势，特别是医药化工和家纺行业向研发、设计、电子信息和软件研发等产业高端发展的趋势更加明显。医药化工产业以临江生物医药科创园为主阵地，占地面积500亩，总规划建筑面积32万平方米，预计产出将达到100亿元规模，集科技研发、企业孵化、产品中试、GMP工厂为一体，打造具有自主知识产权的生物医药研发转化基地，成为国内生物医药领域研发机构最集中、创新实力最强、新药创制成果最突出的基地。家纺产业以叠石桥国际家纺城为依托，目前已集聚了二千多家各类家纺企业，年产值近500亿元。家纺产业的集群发展释放出大量以家纺面料、花型设计为主的外包需求。据不完全统计，目前叠石桥家纺城拥有家纺产品专业研发设计机构200多家，专业设计研发技术人员三千余人，这为调高调优家纺产业结构提供了强大的动力。

三是龙头企业加快集聚

巴塞利亚是国内最早由外商投资成立的生物医药科技公司之一，致力于复杂分子的化学合成、分析开发和化学合成工艺流程领域的研究，为第三方提供化学合成和分析领域内的合同研究服务。慧聚药业是通过GMP认证的特色原料药研发生产企业及合约研发制造型服务公司，在业内具有很高的知名度。本市最新引进的上海医工院现代制药海门项目具有很强的医药研发能力，复旦大学下属的海门复旦复华项目主要从事医药研发和软件开发。海门工业园的灵杰设计、卓泰研发具有雄厚的家纺面料、花型设计研发能力和规模团队。

四是发展环境日趋成熟

政策支持环境不断加强。市委市政府高度重视服务外包产业发展，成立了服务外包发展领导小组，出台了服务外包发展工作意见和扶持政策，交通区位环境优势凸显。海门市位于长江黄金水道和沿海黄金海岸两大开放带的"T"字交汇点,临近上海、苏州和南通三大城市,接受三大城市的辐射,同时拥有江海岸线,具备实现江海联动开发的资源优势,这对一个县级市来说是不多的。商业居住环境日渐完善。加快推进的城市战略,进一步增强了新城配套功能,公交、环卫、通讯、电力等设施不断完善,为吸聚更多的服务外包人才奠定了坚实基础。

三、存在问题

一是对发展服务外包产业的认识有待进一步提高。把服务外包作为本市新兴产业来定位和培养的目标已明确,但还没形成广泛共识,各职能部门联动,市镇区互动机制尚未完善,政府推进服务外包发展力度还不够。二是具有海门比较优势的服务外包产业特点不明显。三是能实现服务外包产业集聚发展的有效载体有待形成。目前服务外包各地自行发展,缺乏统一规划,产业特色不突出,外包企业较为分散,全市确立发展的服务外包产业集聚园区一家也没有。

四、我市服务外包产业的发展构想

1.指导思想

围绕建设产业高地、创新高地和人才高地目标,抢抓新一轮国际产业转移的历史机遇,坚持离岸外包与在岸外包相结合,载体建设与产业集聚相结合,人才资源与创业资本相结合,鼓励创新发展、特色发展、联动发展、差异化发展,积极培育自主知识产权和自主品牌,增强企业自主创新能力,全力打造"中国家纺创意城"和"海门药谷",创建省级服务外包示范区。

2.产业定位

产业定位原则注重"三个结合",一是与国家的产业政策相结合,二是与本市经济整体发展战略相结合,三是与发挥现有优势相结合。重点发展医药研发、创意设计、软件研发等三大主导产业。

3.发展目标

服务外包产业总量。2019年年末,全市实现离岸服务外包执行额2.5亿美元,在岸服务外包执行额5.2亿元。

服务外包产业集聚园区。至 2019 年年末，全市建成服务外包产业集聚园区不少于 3 个，创建省级服务外包示范区 1 个。

服务外包企业数。至 2019 年年末，全市注册资本 300 万元人民币以上的服务外包企业家数达到 120 家。

服务外包产业人才数。至 2019 年年末，全市服务外包从业人员 3 000 人，建成南通市级以上服务外包人才培训基地 1 个。

4.发展重点

重点推进以新药开发、临床测试等为主体的医药研发外包和以组织设计、图案设计、款式设计为主体的家纺研发设计外包的发展；积极推进以软件开发、"云"计算等为主体的信息技术外包和以电子商务、动漫制作、呼叫中心、港口物流、金融数据处理等为主体的业务流程外包的发展。巩固拓展离岸外包业务，着力开辟国内外包业务。利用各类教育资源加快建立辐射苏中苏北的服务外包人才培训基地。

5.空间布局

按照"集聚发展、错位竞争"的思路，形成全市服务外包齐头并进的发展格局。

开发区睿公湖科技城。科技城将以发展现代新兴服务业为重点，全力打造以科技创业、云计算、创新创意、软件研发、人才培训为主的滨江商务区。将睿公湖软件园打造成国内一流的软件企业孵化园区、软件出口基地和软件人才培训基地。

临江生物科技创业园、海门科技创业园、海门高新区神舟科技创业园。临江生物科技创业园重点发展生物制药、生化制药、中药制药和生物医学工程领域的技术创新、研发外包，引进集聚行业内高水平的研发机构和创业人才，提供公共服务平台，满足创业外包需求，培育园区生物医药产业新亮点。海门科技创业园和神舟科技创业园要把科技创新与服务外包有机结合，重点发展电子商务、呼叫中心、动漫制作和金融数据等服务外包产业，要加强规划引导，完善功能配套，健全组织保障，快速推进，努力成为服务外包示范园区新亮点。

海门工业园的中国家纺设计研发中心。海门工业园要推进骨干家纺企业实行生产销售和设计研发主辅分离，培育支持家纺设计研发产业发展，科学定位，高点规划，加快建设中国家纺设计研发中心。要重点引进以面料开发、花型设计为主的科研院校和龙头企业，引导设计研发企业集聚发展，完善公共服务平台建设，制定知识产权保护政策，立足国内、面向世界，迅速占领高端家纺产业新高地。

五、工作举措

1.推动服务外包载体规划建设

要以创建"省级国际服务外包示范区"和"省级服务外包基地城市"为目标，以开发区、海门工业园区、临江新区和海门高新区为重点区域，注重科技创新载体与服务外包载体的有机结合，明确服务外包产业发展的重点领域，积极引进规划设计战略合作伙伴、开发建设战略合作伙伴、管理经营战略合作伙伴，高起点规划、高水平建设服务外包产业示范集聚园区。要强化载体建设的组织领导，提升市级运作层面，加强各部门协调联动，确立"一把手"负责制，按照阶段性目标任务予以推进。要重点推进公共服务平台和产业基础设施配套建设，完善人才公寓、商业设施及国际通讯、双回路电力等配套，促进服务外包产业要素集聚。

2.完善服务外包产业扶持政策

要切实把服务外包作为战略性新兴产业重点培育，加大市级财政资金的引导扶持力度，扩大服务外包专项基金总盘子。重点用于支持服务外包产业示范集聚园区建设；支持构建服务外包技术平台和公共服务平台；支持服务外包企业开展人才培训服务、企业资质认证、海外市场拓展等；支持服务外包企业开展技术研发与自身建设；支持入驻服务外包示范集聚园区的国内外著名服务业企业总部、研发中心、培训机构等购买或租赁自用办公用房，支持服务外包专项招商工作。广泛开展政策宣传，鼓励企业积极争取，用足用好国家和省相关扶持政策。

3.开展服务外包产业专题招商

要加强服务外包专业招商队伍建设，建立科学的招商策略管理体系、组建完整的招商组织架构、制定完善的招商工作流程和设计合理的考核制度，围绕本市服务外包产业发展重点，按照系统化、精准化和市场化的要求,瞄准全球100强、国内外包领军企业和100强成长型外包企业,市镇区联动,开展一系列专题招商活动,储备产业发展后劲。要鼓励支持本市有条件的骨干企业实行主辅分离,大力发展中小服务外包企业,形成服务外包产业和企业集群。要集中优势资源,加大城市整体形象的策划包装与宣传,扩大海门在国内外的影响力,尽快打响海门服务外包品牌。

4.突出服务外包人才队伍建设

要善于发挥比较优势,实现错位竞争,以良好的生活环境、较低的生活成本、充满潜力的发展空间吸引海内外服务外包领军人才和创业人才来海门兴办服务外包企业。要加强与高等院校联系,以"520名校揽才"工程为政策保障,以巴塞利亚、慧聚药业、复旦复华和现代制药等重点企业为载体,加大引进符合海门服务外包产业需求的服务外包人才。要依托南通纺院海门校区、南通职大海门校区和海门中专等专业院校和职业学校,加快培养适合海门乃至整个泛长三角地区发展的新型外包人才,逐步建成泛长三角地区的服务外包人才培训和输出基地。

5.加强服务外包知识产权保护

要在本市服务外包产业集聚园区内设立保护知识产权举报投诉服务机构,集中受理对服务外包知识产权侵权的举报投诉,为服务外包企业提供方便、快捷、专业的知识产权创造、保护、管理和运用的信息咨询服务。要抓紧出台保护服务外包知识产权的相关法规、意见和措施,加大服务外包知识产权执法力度,严惩服务外包知识产权违法违规行为,维护服务外包市场秩序。

6.建立服务外包产业考评体系

要充实本市促进服务外包发展领导小组办公室人员,加强对全市服务外包产业发展的指导和协调。要建立服务外包产业统计调查制度,为全面、准确、及时反映海门市的服务外包产业发展现状提供客观、真实的统计数据。要建立服务外包发展科学考核制度,加强检查考评,公平兑现各类扶持政策,促进服务外包产业健康有序发展。

2018年5月

通州区智能装备制造业发展报告

通州区机械商会

近年来,通州大力培育和发展智能高端装备制造业,着力建设了一批智能车间和智能工厂,提升了企业智造化水平,促进了通州产业提档升级。目前,通州已建成省市级示范智能车间 16 家,其中省级 5 家[江苏恒科新材料有限公司聚酯长丝产品智能生产车间、宜家环保木业制造(南通)有限公司轻型家具组装板智能生产车间、雄邦压铸(南通)有限公司精密机械智能生产车间、新世嘉纺织品(南通)有限公司家纺全流程智能生产车间、德尔福连接器系统(南通)有限公司汽车线束连接器智能生产车间],市级 11 家,总量位于全市前列。

一、发展现状

经过多年发展,通州智能装备制造业已形成产业基础较为扎实、特色优势较为明显、集聚程度较高的局面,为智能化高端装备制造业的发展奠定了基础。

产业基础较为扎实。2017 年,通州共有规模以上装备制造企业 84 家,占全区规模以上工业企业数的 11.3%;实现工业总产值 320.3 亿元,占规模以上工业总产值的 14.5%;销售、利税占规模以上工业销售、利税的比例均有所提高。

特色优势较为明显。近年来,通过不断推进装备制造业向高端化、特色化发展,形成了一批产业特色明显、配套较为完备的装备制造基地,发展了一批具有国际竞争优势的高端产品、重点企业和优势行业。冷冻设备、印涂设备、环保装备等已为国内重大工程配套或替代进口。纺织装备、轻工装备、基础零部件等优势行业具有较强竞争力。同时,装备制造业加快与信息技术融合,促进了传统机械装备产品向数字化、智能化、绿色化、服务化和精准化发展,涌现出一批在行业中具有明显竞争优势的龙头企业和"专精特"装备小巨人。

集聚集约程度较高。通州装备制造业区域集中度较高,初步形成以石港、刘桥、兴仁为主体的铸造工业和以金沙为主体的内燃机配件工业及以兴仁为主体的通用机械工业的格局。今后一个时期将加快推进以南通高新区为中心,以金通公路、平海公路为延伸的"一心两带"的格局。其中,"两带"的智能装备产业以现有骨干企业为核心,以改造提升、适度延伸配套为主;同时,引进和培育智能装备新门类,集中布局到南通高新区。

目前,智能高端装备制造业正成为通州经济增长的中坚力量,但仍然存在较多问题,如企业发展规模和结构不合理,供需不平衡,基础配件供应不配套,创新能力薄弱,核心技术和核心关键部件受制于人,生产性服务业发展缓慢,原材料成本持续上升等。

二、战略选择

智能高端装备制造业是以高新技术为引领,处于价值链高端和产业链核心环节,决定着整个产业链综合竞争力的战略性新兴产业,是现代产业体系的脊梁,是推动工业转型升级的引擎。

一是从智能化的特性来看,智能化的特性决定了智能制造是现代经济高效增长的先导,智能制造在经济和社会发展中的作用越来越明显,已成为当今最先进的生产力和现代科技的核心。目前通州制造业面临重大科技成果转换爆发出巨大能量、国家产业布局动态调整带来的战略机遇和发达国家高端回流、其他发展中国家和地区低端吸纳的双重挤压,必须以全新的视角和超前的思维,加强统筹谋划和前瞻布局,在推进智能制造业发展中赢得主动、抢占先机。

二是从当今所处的时代来看,随着新一代信息技术广泛渗透,推动关键领域技术的持续突破、不断融合和加速应用,正在引发制造业发展理念、技术体系、制造模式和价值链的重大变革,发达国家和地区纷纷做出战略部署,抢占智能高端装备制造业发展制高点。德国提出"工业4.0"计划、美国实施"再工业化"战略,全球制造业格局将面临深度调整,我国高端制造业面临新的挑战。只有加强前瞻部署,才能化挑战为机遇,利用"后发优势",发挥"既有优势",抢占新一轮竞争制高点。

三是从装备制造业自身发展的要求来看,通州装备制造业发展仍面临着低端加工比重偏大、劳动生产效率较低、技术创新水平不高、资源环境约束等问题。"十二五"以来,通州装备制造业产值年均增速由"十一五"时期的 1.4% 下降到 0.8%,中低端装备产品占比较大。必须尽快摒弃过去粗放式发展模式,实施创新驱动战略,突破关键核心技术,培育发展新业态,促进产业向中、高端智能化迈进,实现通州装备制造做大做强的跨越。

"十三五"期间,基本建成国内有重要影响的智能制造基地。到 2020 年,两化融合发展水平总指数达到 98%,数字化研发设计工具普及率达 75%,关键工序制造设备数控化率达到 55%,产供销财管理集成覆盖率超过 45%,优势行业、重点企业 40% 的装备达到国际先进水平。

三、主攻方向

围绕"机器换人"的市场需求,突出智能装备"高端化、集聚化、特色化"的发展方向,加强技术突破、项目引进、企业培强,从根本上提升通州制造业的核心竞争力。重点发展新型电力装备、冷链装备、智能速冻装备、生态环保装备装箱、高端印涂装备、大型工程机械、高端机床、电梯装备、轧不锈钢制造装备、自动化控制系统等,推进智能电器自动化装配生产线、激光自动化焊接生产线等领域机器人的示范应用,总结推广典型应用案例,加快流程制造关键工序智能化、关键岗位机器人替代步伐。

1.工业机器人及关键部件。以总装及核心零部件为标志,重点发展机器人及工业机器人成套系统,包括水下潜器、机器人以及伺服电机、精密减速器、伺服驱动器、末端执行器、传感器等机器人核心部件。发展智能焊接设备,激光焊接和切割、电子束焊接等高能束流焊割设备及电子加速器等。

2.智能可穿戴设备。加速智能可穿戴设备与生命健康、移动互联网技术的融合,提升可穿戴设备低功耗设计和研发水平。结合电子信息、移动互联网、云计算等产业的优势,围绕医疗健康、运动健身等应用领域,研发具有规模商业应用的可穿戴产品,积极开发军用及其他特种用途智能可穿戴产品。

3.高性能工业自动化控制系统。发展高压、超高压、特高压交直流大型高效节能变压器、断路器、全封闭组合开关和输变电成套设备等智能电网装备制造及应用产业链以及电子直线加速器和输变电设备状态智能检测/诊断仪器或系统及安检设备与智能化监测系统等。加快建设智能电网可控制系统、继电保护、电网安全稳定控制和高压直流控制保护等技术领域创新升级研究。

4.高档数控机床。重点发展自动化专用数控生产线、大型数控成形冲压设备及清洁高效铸、锻造设备和新型焊接设备与自动化生产设备。积极引进大型、精密、高效（速）、高性能数控金属切削与成型机床、多轴联动加工中心和柔性制造单元及系统等高档数控机床与基础制造装备。

5.高性能检测设备。重点发展高精度、高可靠性的自动化控制系统和关键精密测试测量、分析仪器，以及高性能传感器、各种在线检测、数据采集和远程终端控制系统、智能机器人、增材制造设备（3D打印）、智能化仪表、精密监测和计量仪器。

6.智能成套装备电子。重点发展大型精密型腔模具、精密冲压模具、高精复杂刀具、高档精密磨料磨具、高精度轴承、保险柜、风电铸件等加工辅具及关键零部件及智能纺织装备电子控制系统、纺织机械嵌入式控制系统、智能化印刷装备电子、用于光伏发电装备等。

7.工程机械装备。重点发展大型轮载机、高速电梯、矿山机械、港口机械、智能速冻装备、高端印涂装备、ATM机等。以卡特彼勒、新兴机械为依托，推进卡特彼勒产业园建设。

8.加速发展工业节能环保、照明节能、治污设备等。每年培育3~5个智能车间。争取到2020年创建10家智慧工厂、30个智能车间，新增工业机器人200台，重点行业机器人密度达到国内先进水平，初步形成500亿级产业集群。到2025年力争形成千亿级规模集群，成为长三角重要的高端智能装备制造基地。

四、建议措施

1.充分认识智能化在国民经济中的重要性。面对日益加快的经济全球化步伐，智能化已成为当今世界经济竞争的焦点和前沿，要有超前的预见性与决策的长远性，从战略高度充分认识智能装备制造业在国民经济持续稳定发展中的重要作用，进一步提高全社会对智能化引领高端装备制造业重要性的认识，增强紧迫和责任感，加快企业智能化建设的速度，力争在未来的国际竞争中占据优势。

2.提升制造业的核心竞争力。 围绕高端装备的感知、决策、执行三个关键环节，加强技术突破、项目引进、企业培强，从根本上提升通州制造业的核心竞争力；着力提升关键基础零部件、基础工艺、基础材料、基础制造装备研发和系统集成水平，加强铸、锻、焊、热处理和表面处理等基础工艺研究，加强工艺装备及检测能力建设，提升关键零部件质量水平；重点支持基础条件好、应用面广、带动作用强的关键智能技术、智能测控装置和智能制造成套装备发展。一是提高智能装备产品水平。在产品中嵌入传感器、数控装置及控制系统，推动信息技术与产品的渗透融合，丰富产品功能，提升产品性能。二是实施智能车间建设工程。研究制定智能车间标准体系，加快智能车间认定，总结推广典型经验，推动生产车间智能化改造。三是培育智能制造示范企业。以恒科新材料、雄邦压铸、甬金科技、德尔福、派得羽绒等企业为重点，培育一批智能制造车间、智能制造示范企业。

3.优化智能化产业发展环境。 培育智能高端装备制造业发展多层次人才体系，强化创新型科技人才、急需紧缺专业人才和高技能人才队伍建设，加大高层次人才和智力引进工作力度。充分发挥企业、科研院所、高校、职业院校和其他培训机构的平台作用，创新人才培养模式，完善人才评价体系，健全激励与分配机制，营造良好的人才发展环境；金融部门要加大对智能化引领高端装备制造业项目的信贷支持力度，建立支持智能高端装备制造业发展的多渠道、多元化的投融资机制。鼓励金融机构创新金融产品品种，支持智能高端装备制造企业融资、规模化发展；建立民间资本与智能高端装备制造业项目对接机制，支持股权投资基金、产业投资基金等参与智能高端制造业项目，向企业提供融资支持。要借鉴兄弟县(市区)的经验，集中必要的财力对企业智能化引领高端装备制造业项目加以扶持，建立"企业智能化项目专项基金"，专项用于扶持、引导企业智能化发展，形成由企业投入为主，政府引导，金融单位支持企业智能化的投入机制。

4.引进智能高端装备制造产业链。针对国家智能装备重点发展方向和长三角地区产业发展对智能装备的需求,一是通过产学研合作、技术升级改造和引进重大项目,大力发展与通州主导产业配套的核心技术及装备;二是通过大项目引进带动产业群跟进的方式,引进新的智能装备产业链;三是通过科技先驱大项目引进带动产业群跟进的方式,引进新的高端装备制造产业链。四是大力推进智能制造装备企业在工程承包、维修改造、备品备件供应、设备租赁、再制造等方面开展增值服务,积极参与相关领域智能装备的标准制定和应用平台建设。

5.加快高端装备制造产业链转型升级。对技术、资本、劳动等战略资源以及能力进行优化配置,增强自主创新能力,加大技术改造力度,加强产业基础能力建设,大力发展智能高端装备所需的关键基础部件,同时注重关键技术和前沿技术产品的研发;各种资源在部门内部和企业间进行优化配置,实现规模扩大、成本降低,尽快形成具有世界先进水平的智能绿色制造体系,发展一批具有自主知识产权的产品,提高品牌知名度;建立集"产、学、研、用"为一体的智能高端装备产业联盟,引导制造业相对集中发展,加强智能高端装备制造业示范基地建设,建设优势特色产业链,促进形成设计、制造、集成、关键系统及部件配套、维护检修、技术服务等能力。

6.营造加快智能化发展的氛围。推进智能化引领高端装备制造业,有很多工作要做,强化引导是关键。一是宣传应用智能化引领高端装备制造业的发展观;宣传应用智能化引领高端装备制造业的成功经验,发挥典型的导向示范作用;宣传企业智能化方面的政策,使企业掌握并自觉运用政策,促进企业产业升级。二是组织召开各种研讨会、举办培训、推广成果展览等活动,引导企业管理者转变观念,增强应用智能化引领高端装备制造业的信心。三是创造企业智能化发展的良好平台。培育一批提供智能制造整体解决方案的咨询服务机构,支持一批智能制造装备重点骨干企业,鼓励企业智能装备制造企业创新经营新模式,支持有条件的大型装备制造企业向具有系统总集成、设备总成套、工程总承包能力的解决方案提供商转型。

撰稿人:季小平

2018 年 4 月

通州区建筑业发展报告

通州区建筑工程管理局

2017年,在通州区委、区政府的坚强领导下,通州建筑业以转型升级为主线,以市场开拓为根本,以资质升级和产业现代化为引领,积极投身招商引资、项目建设等中心工作,抓重点,攻难点,争亮点,较好地完成了年度各项工作任务,使全区建筑业继续保持了平稳、健康发展。

一、发展情况

1.综合实力再上新台阶。紧紧围绕打造全省一流、全国领先的建筑强区目标,扎实抓好行业发展,加强行业面上指导,当前主要经济指标继续高位增长并保持全省领先。2017年,全区建筑企业完成施工总产值1 755.36亿元,同比增长6.85%;在建施工面积16 402.6万平方米,同比增长6.51%;本年新开工5 254 .6万平方米;完成竣工面积4 493.76万平方米,同比增长10.86%;建筑企业年末从业人员39.85万人,同比增长3.29%。境外完成施工产值2 412万美元,南通四建等6家企业勇于开拓海外建筑市场,主要集中在安哥拉、吉布提、越南等多个国家和地区。

2.转型步伐明显加快。鼓励企业创新发展,加快建筑产业现代化发展步伐。南通四建、通州建总、南通新华、通州四建等区内4家龙头企业组成联合体建设装配式生产基地,投资总额近10亿元,共分三期建设,目前一期已开工建设,预计2018年完成主体施工并投产,年可生产10万立方米混凝土构件。南通长城在刘桥镇投资亿元建成装配式预制构件生产基地,目前基地建设已完成,进入产品试生产阶段。南通四建、通州建总、南通新华、通州四建、南通长城等5家企业入选首批江苏省装配式建筑施工企业名录。高度重视BIM技术的应用推广,成功举办了"建筑产业现代化企业高管培训班"，全区二级以上企业 120 多人参加了培训。推进"互联网+"在建筑业的应用，由南通四建、南通新华、江苏瀚天投资等企业共同组建的"筑材网"成为国内首家基于信用交易的建筑行业 B2B 电子商务平台，至今已入驻供应商 1 万余家、遍布全国 26 个地区，累计签约总额超过 170亿元。提高企业资本运作水平，江苏瀚天智能科技股份有限公司成功在新三版挂牌上市，实现了产业经营和资本经营的双轮驱动，经营效益显著提升。

3.产业结构稳步调优。 实施企业资质提档升级工程，通州四建、南通长城 2 家企业晋升建筑工程施工总承包特级资质，新增一级企业 6 家，二级企业 7 家。目前全区共有建筑企业 250 家，特级企业 5 家，一级企业 35家，二级企业 81 家，三级企业 71 家，不分等级企业 58 家，全区建筑企业整体资质呈现高、精、专的特点。鼓励企业整合发展模式、拓宽经营领域，南通四建积极尝试 PPP 项目，与江海公路联合中标新疆温泉县地方道路PPP 项目，项目合作期 12 年，投资总额 5.07 亿元，实现了区内建筑企业PPP 项目"零突破"；力促企业向高附加值领域拓展，通州建总与中铁十七局合作，成功进军南通轨道交通一号线工程。

4.市场开拓卓有成效。 在巩固以往传统市场的基础上，瞄准中西部建筑市场需求，把握投资重点，细化市场定位，实施小分队推介，外埠市场开拓取得了较好成效。省外市场完成施工产值 866.05 亿元，同比增长21.61%，占总产值的 49.34%，外向度实现了新突破。新兴市场发展势头良好，江西、贵州、广西、云南等市场施工产值、施工面积呈现倍增态势，开始承接较大规模的工程项目，一改过去低位徘徊的格局。深度融入上海建筑市场，主动与上海建筑行业主管部门及大型房地产企业建立合作平台，进一步扩大通州建筑企业在上海建筑市场占有份额，上海市场完成施工产值 97.8 亿元，同比增长 25%，增长率明显高于其他市场。

5.品牌打造成效显著。 高资质龙头骨干企业产值规模不断扩大，一批品牌企业优势不断放大。南通四建、通州建总 2 家企业跻身"中国企业500 强"，5 家企业进入"2016 年度中国建筑业竞争力双 200 强企业榜单"，9 家企业获评"2016 年度江苏省建筑业百强企业"。鼓励企业争先创优,着力打造精品工程,荣获鲁班奖 2 项、国优奖 3 项,中国钢结构金奖等国家级专业奖项 3 项,"扬子杯""长城杯""白玉兰杯"等省级优质工程 30 余项。鼓励企业科技创新、技术创新,积极组织科技攻关,大力推广应用"四新"成果,创国家级 QC 成果 30 项、省级 QC 成果 80 项、省级工法 33 项,发明 9 项,实用新型专利 32 项,新技术应用示范工程 4 项。

6.安全监管持续强化。牢固树立"安全第一"的理念,全面落实企业安全生产主体责任。扎实开展"安全生产月"、安全生产大排查大整治、"安全生产大宣讲进工地"和"三防两治一提升"等活动。强化安全生产抽查和督查,狠抓隐患排查治理,今年以来区内安全生产形势平稳,达到了省下达的"双降一控制一杜绝"安全生产目标。强化建筑工地扬尘管控,深入推进标准化工地创建活动,创南通市文明工地 18 个,省标准化文明示范工地 7 个,国家级 AAA 工地 3 个。

7.行业服务不断优化。充分发挥行业主管部门在建筑业发展中的积极作用,努力营造全区建筑业发展良好环境。开展送服务到企业系列活动,将近两年新升级企业作为重点,了解企业经营情况和发展思路,为企业开拓新市场提供优质服务。继续开展"流动党校"系列活动,广大党员干部受到了良好教育。认真做好农民工工资清欠工作,今年以来处理各类欠薪 41 批次,涉及金额 2 135.2 万元。认真做好信访工作,强化应急机制,妥善处理突发性和群体性事件, 处理信访件 14 件、"12345 市民服务热线" 21 件、市长信箱 2 件,回复率、诉求人满意率达 100%。

二、存在的问题和主要目标、对策

虽然本区建筑业发展取得了一定成绩,但是我们也清醒地认识到了自身发展存在的问题:一是建筑产业发展速度放缓,部分市场新开工面积呈现下降趋势,增长后劲不足,海外市场有待进一步拓展;二是建筑产业现代化起步晚,发展慢,虽已在石港镇筹划装配式建筑生产基地,但受规划调整土地指标等因素影响,装配式生产基地建设进程缓慢;三是产业结构不够合理,本区建筑业仍以房建为主体,市政、路桥、隧道等专业施工领域所占份额仍然偏小等。这些问题在一定程度上制约了本区建筑产业的持续健康发展,必须引起高度重视并切实加以解决。

2018 年是"十三五"规划实施的关键之年，预期目标是：总量规模稳步增长，力争全区建筑业完成总产值 1 800 亿元，继续保持全省领先；转型升级深入推进，企业持续发展能力不断增强，新增一、二级资质企业 3~5 家；工程质量持续提升，争创"鲁班奖""国优奖"等国家级奖项 2~3 项；安全生产保障有力，无较大等级以上安全生产责任事故。全区建筑业将着力抓好以下六方面工作。

1.加大市场开拓力度。 实施"走出去"发展战略，在巩固传统市场的基础上，引导企业进一步加大中西部地区市场开拓力度。鼓励企业采取"抱团合作""强强联合"等方式，以安徽、江西、贵州、四川等市场为重点，以合肥、南昌、贵阳、成都等中心城市为依托，由点到面，抢占市场，努力打造区域市场新亮点。加大对近两年新晋级企业扶持力度，组织企业赴中西部重点市场考察，宣传推介通州建筑品牌，促进企业与当地政府、行业主管部门及大型建设单位交流合作，提高市场占有率。

2.持续优化产业结构。 加快产业结构调整，引导企业主动适应国家投资重点向能源、交通、水利等基础设施和新兴产业转移的趋势，通过收购、兼并、控股、参股等多种方式，积极向轨道交通、水利水电、设备安装、市政路桥等高附加值领域拓展，努力承接 PPP、地下综合管廊、"海绵城市"、"智慧城市"建设项目，力争 2018 年年底全区建筑企业专业领域市场份额达到 20%。继续培育高资质企业，拟定全区建筑企业资质升级培育计划，统筹安排，协调推进，力争晋升一级资质企业 2 家、二级资质企业 3 家，着力推进南通四建等高资质企业向市政公用等专业特级进军，做好通州二建申报特级资质的跟踪服务工作。

3.大力发展装配式建筑。 继续做好南通现代建设产业基地的指导服务工作，加强沟通协调，加快项目推进，力争 2018 年 6 月底前完成一期主体施工并投产。加大装配式建筑推广力度，做好万科大都会、德庆名邸、上悦城、新都花园等装配式建筑项目的服务保障工作，打造本区装配式建筑示范项目。发挥龙头骨干企业的试点示范作用，引导区内高资质建筑企业进一步加大 BIM 技术的推广应用，力求扩大到一、二级建筑企业，加快实现工程建设项目全生命期数据共享和信息化管理。加强对工程现场管理人员和一线建筑工人的继续教育和培训，计划举办4场建筑产业现代化业务技能培训会。

4.加强建筑工地扬尘防控。 加大建筑工地扬尘管控力度，制定全区建筑工地施工扬尘污染防治工作方案，定期组织开展扬尘防控拉网式检查，强化督查整改，全面落实"硬质围挡、裸土覆盖、路面硬化、道路洒水、车辆冲洗、场地绿化"六个100%防控标准，推进绿色文明施工，争创南通市建筑施工标准化文明示范工地8个，省标准化文明示范工地3个。

5.强化安全生产监管。 全面落实建筑企业安全生产主体责任，以建筑施工起重机械、深基坑、高支模等为重点，深入开展建筑施工安全专项整治。抓好危险性较大的分部分项工程管理和建筑施工消防安全管理，提高应急处理水平，积极预防和减少一般性安全生产事故，杜绝较大及以上安全生产事故发生。结合"安全生产月"、安全生产大宣讲"六进"活动，抓好"三类人员"继续教育培训，提高从业人员安全素质。推进企业安全生产诚信体系建设，探索实施分类监管、差别化监管模式，突出对重点工程、民生工程、装配式项目及安全管理薄弱企业的监管，强化安全信用惩戒，提高企业安全诚信水平。

6.实施品牌经营战略。 全力支持企业"创优夺杯"，实施品牌经营战略，以在建规模项目和承建地标性工程为载体，争创鲁班奖1~2项、国优奖1~2项，进一步提高通州建筑品牌影响力。大力推行精益建造、绿色建造、数字建造等新型建造方式，积极宣传和普及先进理念与模式，加强技术指导，提高建筑企业项目管理水平，打造通州建造品牌。

2018年4月

崇川区工业设计业发展报告

崇川区民营经济发展办公室

随着经济的转型发展,高质量发展的内涵越来越突出,工业设计行业也愈来愈受到各级政府和产业界的高度重视,并作为科学发展的战略之一贯彻到经济活动的相关层面。工业设计作为高知识、高技术、高文化性的"智慧产业",是制造业价值链中最具增值潜力的重要环节,也是构成现代制造业核心竞争力的重要源泉。"十一五"以来,崇川工业设计行业已悄然兴起,并成为了快速发展的一个行业。

一、崇川区工业设计产业发展现状

近年来,崇川经济社会发展实现了质的飞跃,已成为长三角北翼重要的先进制造业基地。2017年,全区实现规模以上工业总产值325.26亿元,同比增长10.7%。已形成船舶海工、轻工食品、电子信息、机械制造及纺织服装五大支柱产业,其中船舶海工、轻工食品两大产业产值超百亿。工业经济的迅速崛起和发展壮大,为崇川工业设计产业的发展提供了坚实的基础。经过多年发展,崇川区已具备一定的工业设计基础,在工业设计方面具有了一定的技术实力。

1.产业形态初具规模。目前,全区共有工业设计企业约100余家,已初步形成具有地方特色的工业设计产业体系,涵盖规划设计、船舶设计、建筑设计、广告设计、服装设计、家纺花型设计等多个行业领域,从业人员约2 000余人,其中设计师约1 000人。2017年,崇川工业设计产业直接创造产值10多亿元,占崇川区产值总量的3.2%左右。

2.产业平台加速构建。早在2009年,崇川区抢抓发展先机,依托本地区产业特色,在崇川科技园专门划出2.5万平方米的载体招引工业设计企业，创建了南通市首家以工业设计为主题的专业园区——南通崇川工业设计园。经过几年的发展，目前已经形成了以上海斯达瑞船舶为代表的船舶设计业；以博思纺织为代表的服装设计业；以蒲公英工业设计、爱德视觉为代表的机械设计业；以天一视觉、欣舜广告为代表的广告设计业；以南通市规划设计院有限公司为代表的规划设计业；以辉腾建筑、同建强华为代表的建筑设计业。崇川工业设计园现有企业48余家，2017年完成销售收入3.5亿元，实现税收约2 000万元，从业人员1 300余人。

3.产业氛围日益浓厚。 近年来，区内高校相继设立工业设计专业，通过十多年的积累，已经为崇川培养和储备了一大批工业设计人才。区内工业企业出于市场竞争的需要，逐步把竞争的重点从"制造"转向"创造"。区内规模企业逐步设立了独立的工业设计部门，中小企业设置了专门从事工业设计的岗位，专业工业设计机构(或设计工作室)也逐步建立，从业人员的数量也在逐年增长。南通市工业设计协会、崇川区创投母基金、科技小贷公司、服务外包培训基地、知识产权公共服务平台等专业性服务机构的成立，为工业设计企业和人士提供了交流、合作、融资、培训、知识产权保护等方面的服务。区内企业、高校先后成功参与各类工业设计大赛，吸引了国内外一大批工业设计创意企业和人士来崇川考察、洽谈，加强了产业间、企业间的合作与交流。

二、工业设计行业发展存在的问题

崇川工业设计产业虽然有了一定程度的发展，但工业设计产业的总体发展水平与深圳、上海等发达城市相比，差距相当明显，即使和同类型、同档次的苏南城市主城区相比，仍然有较大的差距，也存在着不少挑战和困难，主要表现在：

1.船舶海工设计产业处于低迷。 南通欣通船舶海工设计、南通斯达瑞船舶设计等企业为崇川区有代表性的船舶海工设计民营企业。欣通船舶与海洋工程设计公司是新加坡独资的高新技术企业，从事多种船型设计及结构设计，钻井平台、风电平台等海工平台设计，拥有实用性专利14件，发明专利24件，在申报专利8家，目前设计师13名。由于当前船舶海工产业总体低迷，2016年营收约300万元，营收能力下降70%。斯达瑞船舶设计公司是上海斯达瑞船舶海洋工程服务有限公司分公司，目前公司人员已从80人缩减至20余人。2017仅有2项设计订单，合同额约600万元，仅为2015年订单额的十分之一。同时，在调研中了解到，设计项目的支付方式（即预付款5%，船舶交付后付款25%，船舶使用3年后付清尾款），也是造成船舶海工设计产业低迷的又一因素。

2.家纺服装设计面临转型发展。南通第五街家纺、博思纺织、新纺科技等企业为崇川纺织服装设计代表性企业，主要从事家纺面料、印花图案、服装设计等领域，在南通纺织生产行业支撑下，企业发展较为平稳。第五街家纺研发公司，2017年营收约500万元，员工80余人，净利润5%左右。博思纺织科技，主要从事品牌针织时装的研发、设计、生产，与ONLY、JACK&JANES、C&A、摩高、圣弗莱、骆驼等国内外众多知名品牌服装形成战略合作关系，2017年营收约3000万元，员工约30人，净利润4%左右。新纺科技发展公司是国有公司，2017年营业收约入100万元，员工约15人，净利润4%左右。不少企业表示，纺织服装设计行业正处于转型发展期，只有朝着与知名和高端品牌合作及私人定制方向发展，才能提升设计企业知名度、竞争力和利润率。

3.高端设计业态发展速度缓慢。崇川的设计行业仍以传统产业为主，包装装潢设计、广告设计等领域取得了较快发展，而工业产品设计、电脑动画设计领域却发展缓慢。据初步统计，全区以广告设计、CI策划设计、包装装潢设计为主的专业广告设计公司和平面设计公司已有50余家，从业人员达500多人。而专业化的工业产品设计、时尚产品设计却只有不到20家，从业人员仅有200余人。

4.行业规模品牌发展效应不强。产业组织散乱、产业规模小、数量少、服务能力弱的问题依然存在，不少企业由于自身能力不足以及生存压力，纷纷扎堆于低端市场的竞争，业内公司之间的恶意竞价，导致整个行业处于各自为战的分散状态。不少工业设计公司规模较小，其主营业务是以比较单一的造型设计服务为主，结构工程以及生产制造的配套服务能力较弱，一般以新创公司或者小型制造型企业作为服务对象，给出的合同价格非常低，行业利润普遍较低。

5.**行业设计高端人才比较缺乏。**目前,全区工业设计的从业人员与日俱增,可是真正有较高水平的设计师相当匮乏,有相当多的年轻设计师只是掌握产品设计的基本理论,缺乏对市场的敏锐洞察力和对材料加工的相关知识,缺乏应用新技术的技巧和知识,致使在设计中缺少项目执行经验,设计成果产业化程度不高。目前本区缺乏这方面的培训机制和机构,部分设计师只是长期停留在浅层,不能深入地进行真正的设计,致使本区的工业设计在市场竞争中处于劣势。另外,受企业规模限制,对资深设计师的招聘难度较大,"招不到也养不起"成为各工业设计企业发展面临的主要问题。

三、主要对策与措施

工业设计是制造业发展的先导行业,是经济顺利转型的助推器。当前,崇川区正处于工业化中期向后期过渡的关键时期,在工业经济转型升级过程中,工业设计产业面临着难得的发展机遇和广阔的发展空间。崇川工业设计产业的发展应借鉴国内外工业设计产业发展经验模式,结合崇川实际资源现实,紧贴崇川产业结构特征,选择适合自己的发展对策。

1.**科学规划,构造"大设计"产业格局。**工业设计是设计产业的下位概念,隶属于文化创意产业。工业设计产业的发展也必须置身于文化创意产业的大氛围。提倡"大设计"概念,让设计行业进行跨界合作,以更好地交流设计理念,促进产业的发展。打造"大设计"概念就是进一步扩大工业设计的外延,拉伸设计的产业链,形成以"产品设计"为核心、关联行业联动,上下游产业协调发展的良好格局。工业设计产业从横向联系上看,与艺术品设计、平面设计、装饰设计、景观设计、室内设计、会展设计、动漫设计、服装设计、舞台设计甚至建筑设计、规划设计密切相关。工业设计产业从纵向产业链上讲,往上游延伸可扩展至产品规划、产品调研,往下游延伸可拓展至印刷、包装、模型手板、模具等方面。通过打造"大设计"的概念,培养和培育工业设计健康发展的土壤。

2.**搭建平台,夯实"全方位"发展根基。**加强政策平台研究。以政府为主导,出台鼓励工业设计产业发展的各项政策和措施,出台工业设计产业发展纲要。加快建立相对完善的工业设计统计指标体系,加强对工业设计产业发展的监测和分析,及时、准确反映工业设计产业发展动态。注重引导创新要素向工业设计机构集中,鼓励企业加大设计研发投入和专业人才储备。进一步引导工业设计部门从工业企业中分离出来,成立专门的设计机构,提升企业的工业设计能力和水平。将工业设计投入作为企业技术中心评定的重要指标和技术创新项目申报标准之一。设立工业设计产业发展专项资金,采取贷款贴息、减免税收、项目补贴、政府重点采购和后期奖励等方式,对符合政府重点支持方向的工业设计产品、服务和项目予以扶持。支持产学研合作,鼓励企业以及工业设计公司和高等院校科研院所进行工业设计项目合作。加强产业对接和交易平台建设。以网络信息平台、创意产业园、展览会等为主要载体,以设计研究、创新工业产品设计及设计竞赛作品等为重点内容,大力开展设计成果的发布与交易活动,形成设计专利,并鼓励这些设计成果的拥有者,以知识产权、无形资产、技术要素等作为股份参与交易企业的利润分配。鼓励引入有产业化前景的设计成果,通过政府和行业协会牵线,与广大相关企业合作,依靠集体力量,对设计成果实行区域化布局、专业化生产、一体化经营、社会化服务和企业化管理,形成贸工一体化、产销一条龙的经营方式和产业组织形式,加速设计成果的产业化进程。建立知识产权保护平台。依托崇川工业设计产业园,完善工业设计知识产权服务站,形成工业设计企业与相关知识产权业务部门之间的绿色通道,为全区工业设计企业提供知识产权的申请、培训、法律咨询和援助服务。加大对工业设计知识产权保护力度,强化工业设计知识产权保护意识,严厉打击各种侵犯工业设计知识产权的行为。鼓励和支持工业设计产品申请专利权登记,促进工业产品自主知识产权品种的开发和注册。帮助企业建立知识产权保护机制,形成贯穿于工业产品设计创作、生产和流通全过程的知识产权保护体系。完善工业设计投融资平台。探索建设投融资服务体系,以工业设计产业为重点投资方向,建立专业的工业设计产业投融资体系,积极拓宽工业设计产业企业投融资渠道,建立多元化投融资机制。利用政府资金引导、银行贷款支持、民间资本投资、风险基金投入等多种途径,搭建多元化投资平台。

　　3.建设队伍,构建"高水平"核心能力。建立以工业设计产业人才培训的人才培育平台,结合区内各大高校以及国内外资源联合办学,定向为企业培养专业性工业设计产业人才,形成人才梯队,发展领军人物。健全工业设计人才培养体系。进一步加强工业设计人才的教育培养,发挥崇川高校工业设计学科优势,引导院校与工业企业、工业设计企业、园区共建人才培训基地,鼓励社会培训机构建立工业设计培训机构,培养有实战能力的专业人才,建立学校培养、基地初训、产学研一体化的专业人才培养体系,促进学校教学和设计实践的有机结合。积极引进一批既具有工程设计基础又具有艺术设计能力的复合型高端工业设计人才。培养一批富有创意、敢于创新、有较大影响力的工业设计领军人才。充分利用崇川的发展机会和独特的区域优势,大力开发利用国际国内两个人才市场、两种人才资源,完善服务功能和激励保障机制。

2018 年 4 月

海安县民营经济发展报告

海安县民营经济发展办公室
海安县工商业联合会

  海安县认真贯彻落实南通市十二届四次全委会、南通市民营经济工作会议精神，围绕县委县政府提出的"产业高地、幸福之城"奋斗目标，着力推进民资招商、科技创新、军民融合、板块培育等重点工作，全面促进民营经济转型升级，保障民营经济健康、可持续发展。

  一、总体情况

  2017 年以来，海安县咬定目标、主动作为，民营经济发展继续保持稳中有进、量质双提的良好态势。全年实现民营企业应税销售 1 350 亿元，增幅 17.5%，总量全市第一、增幅第四；实现工业增加值 565 亿元，增幅 8.9%；总量全市第二，增幅第二。全年新增规模民营企业 81 家，净增 40 家，规模企业总数达到 914 家，新增数、净增数、保有量均居全市第一；亿元民企达 218 家，比去年末净增 20 家；22 家民企达 10 亿元；全县民营企业完成工业设备投入 55 亿元，增幅 30%；其中技改设备投入 25 亿元，技改设备投入超千万元的民企 50 家，较去年净增 12 家。

  二、主要工作举措

  1.坚持项目发力，精准创新发展。一是靶向定位精准招商，紧扣智慧招商思路以及枢纽·物流·产业三大优势转换行动计划，全县组织召开大型投资环境说明会 30 场次，开展小规模、点对点招商活动 200 多次，成功引进金属新材料、汽车零部件、节能环保等项目，全年新开工亿元以上工业项目 129 个，完成投资额 122.35 亿元，其中 10 亿元以上项目 17 个，新竣工工业项目 61 个，竣工率 70.9%。二是积极开展"服务企业科技行"，全年实施产学研合作项目 220 项,引进成果转化项目 60 项,支付合作经费 1.1 亿元。成功举办第四届"创新创业在海安"和"中科院专家走进海安"科技成果发布活动。江苏鹏飞集团获批国家级企业技术中心,本县国家级企业技术中心增至 3 家。三是突出培育行业单打冠军,鹏飞集团荣膺第二批国家制造业行业单项冠军示范企业,通润汽车、联发纺织、铁锚玻璃 3 家企业入围江苏省制造业单项冠军企业。铁锚、鹰球等企业先后被省经信委评为小巨人企业,天楹、亚太等企业产品被评为省专精特新产品,占比均居全市前列。

2.**坚持资源借力,强化融合发展。**一是积极推动军民融合,全年组织精准对接活动 65 场次,培训活动 6 场次,专家指导 15 场次,编制《海安县"民参军"企业目录》;与中国和平利用军工技术协会、上海科学技术交流中心签订合作协议。全县已建立 100 家企业后备库,重点培育 20 家企业。19 家企业获得军工资质、25 家企业加入"军队采购网"等平台。商贸物流园获省经动办批复同意建立省大宗物资物流动员中心。二是主动向国企央企"借东风"。2017 年本县抢抓混合所有制改革机遇,全面对接国企央企,举办第三届海安(北京)创新驱动、军民融合、央地共建投资环境说明会。在时尚锦纶、高端装备、新材料、机器人、新能源及节能环保等产业中,培育一批基础雄厚、主营业务突出、市场竞争力强的优势企业。中国恒天、南京特银与鑫缘丝绸股权合作;上海电气收购国海环保科技公司。三是二、三产融合优势凸显,制造业向服务端延伸,制造和服务趋向一体化。以鹏飞集团为代表的机械制造民企开始从机械制造延伸到机械服务、一体化设计等领域。以乐百年小镇、了凡庄园为代表的现代服务业企业用创意设计创新旅游产品,融合了现代农业、度假养生、生态养老、文化民俗体验。深度开发制造型服务业已经成了海安民营企业家共识,成为海安经济发展的一支新锐力量。

3.**坚持政策给力,引导民企发展。**一是强化政策支撑,全面调优工业经济激励政策,在促进做大做强、有效投入、创新创优、军民融合、上市挂牌、要素保障等方面给予企业全力支持;"3+3"重点培育产业项目明显增多,企业推进上市挂牌意识逐步增强,发展智能制造、服务型制造、绿色制造成为企业家共识，"走出去"开拓市场主动性明显。二是推动民企掘金"一带一路"，组织纺织、丝绸、锦纶类企业赴欧洲、美国、巴基斯坦、越南等国家地区境外参展、拓展市场；组织新能源企业赴日本、柬埔寨对接前沿科技考察东南亚市场。亚威变压器、瑞恩电气、临海电气等分别在老挝、柬埔寨、印尼、越南等国家中标电力设备及施工工程。苏中集团承建巴基斯坦核电配套用房项目，华新集团承建哈萨克斯坦公路改造工程。三是大力推进公共服务平台建设，2017 年以来，本县坚持政府引导，企业主导，重点推进建材、化纤、电工电气、锻压等行业国家级、省级检验检测中心建设。3 月份海安县综合检验检测中心被省经委评为"江苏省中小企业公共服务示范平台"。国家级建材机械质检验中心海安分中心验收挂牌。沈变海安技术中心已经通过中国合格评定认可委员会（CNAS）认证。

4. 坚持服务助力，创造优质环境。一是扎实开展"进企业、促发展"走帮服活动，实现全县 450 家重点企业、895 家规上企业以及 2 500 多家小微企业三个层面的全覆盖，协调处理了 288 家企业反映的 368 个问题，问题解决率达 87%。开展"电力超市"进区镇活动，降低用电成本 1 200 多万元。落实 263 专项行动减煤减化整治、淘汰落后产能等活动，助推企业提质增效。二是打造"海安政企通"服务平台，开通"一网一号一群"，实时收集问题、发布信息、跟踪服务，确保问题反馈不留死角。实时反馈解决中丽锦纶等企业反映的问题 40 余条，协调市场监管、国土、环保等部门解决问题 20 余条。三是产业培育特色服务，产业集群部门坚持联络员每月赴企，分管负责人每两月赴企，主要负责人每季赴企服务工作制，采取会议、座谈等多种形式宣传解读政策，提供"点对点""个性化""订单式"服务。重点引导企业参与银政企对接会、专场招聘会，帮助企业降成本、渡难关、招人才，全力化解企业融资难题。

三、2018 年工作思路

深入贯彻落实县十三届四次全委会精神，优化重点产业集群培育壮大计划，积极抢抓军民融合、"一带一路"、人工智能等发展机遇，围绕产业招商、产学研合作、功能平台、集聚发展、质量强县等重点工作，全力打造长三角北翼产业高地、全省创新驱动发展示范地区、宜居宜业幸福之城。

1.加强政策引导,进一步优化民营经济发展环境。研究制定相关的产业政策,建设产业相配套、各具特色的专业园区。灵活运用出让、征用、租用、流转等方式,切实解决用地困难问题。推行更加积极的资金扶持和金融政策,鼓励、引导金融部门加大资金支持力度。

2.突出项目招引,进一步壮大民营经济发展规模。编制产业招商目录,积极开展系列专题招商活动,把招商引资的重点放到引进大项目、引进国内500强企业上;以新能源、机械装备、电子信息、机器人等重点产业为依托,重点引进体量大、带动力强的项目。

3.强化科技创新,进一步增强民营经济发展后劲。强化创新驱动,坚持终端高端引领,在新能源、机器人等领域推进一批重点技术创新,集中力量建设若干产业化重大项目。继续引导企业加大科研投入,加大开展产学研合作,不断提高拥有自主知识产权的产品比重。

4.聚焦智能制造,进一步促进民营经济转型升级。推进智能车间建设。放大威尔曼、东材科技等省级示范智能车间的引领效应。重点推动机器人产业发展,完成从单机自动化设备到无人流水线的升级转型。打造一批国内有竞争力的智能终端产品和智能型企业。

5.加快产业合作,进一步提高民营经济发展质量。进一步发挥新能源智能清扫车工程技术中心、数控卷板机工程技术研究中心、锻压装备与机器人成套技术工程技术研究中心等的作用,积极为行业企业开展技术服务。加快推进军民融合发展,实现民参军项目新突破。

6.策应"一带一路",进一步拓展民营经济发展空间。策应"一带一路",在建材成套设备、建筑总承包、丝绸纺织等领域,加强与中西部地区及中亚、南亚、非洲等地区商贸和产能合作,力争在"一带一路"沿线国家和地区建立1~2个立足点。

7.推进质量强县,进一步提升民营经济发展层次。积极推动领军骨干企业参与行业标准、国家标准和国际标准的制定。积极开展自主品牌经营,打造更多具有自主知识产权和国际竞争力的名牌产品。鼓励民营企业争创中国名牌产品、中国驰名商标、国家免检产品。

8.加快资本对接,进一步加强民营经济发展实力。充分利用主板、中小板、创业板、"新三板"及区域性股权交易市场，引导科技含量高、市场有规模、发展有空间的企业多渠道挂牌上市。

9.强化公共服务，进一步完善民营经济发展保障。全面加强公共服务平台建设，重点打造技术研发、信息共享、检验检测、物流配送、电子商务、原料和能源集中供应、排污处理等公共服务平台，建立完善民营经济发展的支撑体系。

2018 年 1 月

如皋市民营经济发展报告

如皋市民营经济发展办公室

如皋市工商业联合会

2017年,在南通市委市政府的正确领导下,如皋上下认真贯彻落实南通制造业大会暨民营经济工作会议部署,积极响应十九大报告精神,不断改革创新、积极攻坚克难,创业创新和高质量发展有机统一,圆满完成民营经济发展各项目标任务,全市民营经济呈现稳中有进的发展态势。

一、2017年如皋市民营经济基本情况

1. 总量规模稳步增长,主体地位持续凸显。总量发展上,全市个体工商户、私营企业分别新增17 072户、4 250户,分别占南通下达目标任务的170.7%、106.3%;民营小规模纳税人、一般纳税人分别新增9498户、2 117户;新引进注册超千万元以上市外民资项目381个,实现民营经济入库税金74.52亿元,占全部税收比重79.69%,各项指标全部位列南通第一。质量提升上,全市新增规上民营工业企业88家、新增民营高新技术企业58家;荣威娱乐成功上市,皋液重工在新三板挂牌。

2. 运行质态稳健向好,民营工业增势明显。1—12月份,如皋市完成规模以上民营工业增加值414.98亿元(南通第二),同比增幅8.8%;实现规模以上民营工业产值1 889.97亿元(南通第二),同比增幅9.7%;完成工业用电量36.03亿千瓦时,同比增长5.39%;净增规模企业57家,亿元企业40家。新能源及新能源汽车、船舶海工及配套、新材料、高端纺织、智能装备、电子信息六大产业主要数据指标增长较快,部分产业增长迅速,支撑作用进一步增强。如高高压、万达轴承获评省科技小巨人,力星钢球获评国家级制造业单项冠军。

3. 创新转型不断加速,发展动力显著提升。创新驱动能力增强。2017

年高新技术产业、新兴产业产值分别增长22.7%、24%。全市研发投入占GDP的比重达2.63%;214家高新技术产业企业完成高新产值1 107.69亿元,高新产值占比49.03%。新增有效发明专利599件,万人发明专利拥有量20.5件, 新增PCT国际专利74个、省级各类企业技术创新平台8个。新增国家"千人计划"10人、自主培养1人。梦百合获省专利项目金奖。神马电力获国家科技进步特等奖,汤臣汽配获南通科技进步一等奖。星球石墨、百川化工、包装食品机械等企业主导制定并发布国家标准2个、行业标准3个,成立全国滚动轴承标委会滚动体分委会。获批国家火炬新能源汽车特色产业基地、省特高压输变电装备科技产业园、省纺织服装产业基地。如皋港现代综合物流园获评省级示范物流园区,软件园获批省级生产性服务业集聚示范区。

4.**民资投入力度加大,项目建设取得突破。**2017年完成固定资产民间投资469.7亿元,同比增幅8.4%;全市完成规模工业投入315.23亿元,同比增长7.7%;技改投入216亿元、增长7.5%,占规模工业投入68.5%;完成固定资产抵扣税6.6亿元,同比增长92.6%;完成新增装机容量28.68万千伏安,同比增加40.18%,新增装机容量增量、增幅均位居南通六县(市)区第一名。经南通确认新开工亿元以上产业项目186个,计划总投资723.04亿元,核查认定完成投资188.44亿元,其中10亿元以上项目19个,省级重大项目、南通"双百工程"分别完成投资41亿元、147亿元。

二、推进民营经济发展主要举措

1.**以高质量顶层设计引领高质量发展方向。**如皋市充分认识到民营经济的主体地位,从组织推进、政策引领、目标考核等多个方面着手,确保民营经济各项任务指标圆满完成。强化组织推进,2018年年初召开全市经济工作大会,总结点评2017年度经济指标完成情况,部署本年度经济发展重点工作;强化政策引领,结合本市民营经济发展基础,先后出台了《如皋市"十三五"新型工业化发展规划》《如皋市2017年新型工业化发展意见》《关于加快特色产业培育的意见》《关于2017年经济稳增长调结构促转型上台阶的激励意见》等一系列激励和引导政策,支持实体民营经济发展。强化目标考核,将小规模纳税人、一般纳税人、亿元以上市外民资项目等纳入重点经济指标进行考核,组织体系明确,责任落实到位,全市上下全面形成聚焦民营经济的良好氛围。

2.以高质量项目建设夯实高质量发展基石。精准开展招商引资。精心打造"招商云"管理平台,创新组建京津冀、长三角、珠三角三大产业招商协同中心,通过整合全市资源推动专职招商人员"走出去""全覆盖"。全市在外驻点招商人员常年保持150人以上,累计培训专职招商人员1 100多人次。全年在外开展各类专题招商活动91次,对接拜访客商2 400余次。全力猛攻项目建设。研究出台了《2017年如皋市重大产业项目建设综合考评办法》,落实领导挂钩服务、部门全程服务和属地保姆服务制度,实行项目跟踪负责制,优化动态管理、"三容"服务机制,实施挂图作战、定期会办、督查推进,定期开展项目督查,组织项目集中开工、现场观摩等活动,一着不让推进项目建设。

3.以高质量转型升级提升高质量发展效益。在全市范围内加快构建以企业为主体、产业为板块、市场为导向、产学研结合的技术创新体系,鼓励企业转型升级,重点支持和引导创新要素向企业集聚。一是提升企业家管理新理念。企业家素质提升是企业发展的决定性因素,如皋市积极组织优质企业参与省市组织的各类专题培训班,致力于培育一批懂经济、会管理、善创新的企业管理精英。全年累计培训企业家400多人次。二是搭建产学研新平台。推动龙头骨干企业建设高水平的企业技术中心、工程(技术)研究中心、重点实验室等研发机构。推进龙头企业与高校及科研院所成立产业研究机构,筹建东华大学大纤维研究院、中铝-江苏大学汽车轻量化技术研究院、海迪科-复旦大学积成电子信息技术研究院。三是培育先进制造业新生军。推进制造业企业"专精特新"发展,列出80家制造业"隐形冠军"培育目标,4家企业被列为省级制造业单项冠军培育企业,2家企业获批"省科技小巨人企业",2家企业产品被认定省首台(套)重大装备,3家企业获批省级示范智能车间,新增"省技术创新示范企业""省优秀高成长中小企业"各1家。

4.以高质量资源服务营造高质量发展环境。积极缓解企业融资压力。大力培育招引创投机构,研究设立政府产业基金,宣传推介南通创业融资平台,提高对创投机构和引进创投资金企业的奖励标准,借助专业机构的管理模式和退出机制,倒逼企业上市;提升放大担保公司融资功能,对内强化管理，研究优股增资的可行性方案，对外加强合作，积极开展担保借贷业务，市科技担保公司 2017 年为 65 家企业提供担保 102 笔，实现融资 4.7 亿元；持续开展银企对接工作，精选部分银行开展重点区域走访、个性化主题宣传，结合"千企百亿银企携手行动"促成 19 家金融机构与 50 家企业签约合作，为破解企业融资瓶颈提供服务。积极保障企业用地需求。强化项目联合预审和联合竣工验收，促进新落项目提高用地效率；组织召开了 30 次新增建设用地亿元项目联合预审会，联合预审项目 114 个，其中通过审查项目 106 个；持续推进高标准厂房建设，强化土地使用绩效评估结果运用，引导企业集约节约用地，引导企业集聚集群。通过内部挖潜清理低效闲置用地，盘活存量建设用地释放空间；土地集约节约利用和闲置土地处置工作被国务院、省国土厅通报表彰，获计划指标奖励 1 500 亩。积极优化企业服务环境。"放管服"改革持续深化，在全省率先设立开办企业通办窗口，整合企业开办全流程各环节，一窗发放证、照、公章和发票，"一站式"审批，"一条龙"服务，实现企业设立当天办结，全程开办 2 个工作日完成。此外，通过开发运行综合审批服务平台和移动审批 APP，实现企业登记"全天候"网上预约服务、网上受理办理，60% 的审批服务事项可"网上办""不见面"，审批结果"快递送"。

三、2018 年目标和举措

根据南通市政府下达民营经济指标任务，2018 年设立如下目标：新增小规模纳税人 7 000 户、新增一般纳税人 1 800 户、新增个体工商户 11 000 户、新增私营企业 4 000 个；新增高新技术企业 33 个、新增上市公司 1 个；引进投资超亿元市外民资项目 21 个；新增融资担保额 8.5 亿元；新增规模以上民营工业企业 41 个；组织开展培训 800 人次。按照上述指标要求，年度重点抓好以下几个方面工作：

1. 全力以赴狠抓项目建设，致力推动民营经济行稳致远。狠抓民资招引。树立特色产业"全市一盘棋"发展的鲜明导向，注重产业链、供应链、资本链、创新链、人才链"五链招商"，力争在军民融合、生命健康、智能装备等新兴领域取得突破。突出以商引商、联动招商，加强与重点园区及央企、国企开展合作，构建"区镇-园区""区镇-大集团"招商对接新模式。注重发挥自身优势资源禀赋，主动承接上海外溢的先进产业、高端要素，推动产业发展和重大项目取得突破。力争引进超 10 亿元项目 25 个以上。聚焦项目建设。围绕"新开工 10 亿元以上项目 20 个、项目竣工率 80% 以上、转化率 60% 以上"的要求,开展重大项目增效年活动,突出项目投资强度、亩均产出效益、科技核心竞争力等关键指标,引导重大项目建设由注重规模向效益引领转变。建立动态跟踪、分级管理的技改前期项目储备制度,抓好技改项目的申报评审。力争实现重点技改项目 100 个,规模企业技改面达 60% 以上。强化要素保障。开展"千企百亿"银企对接活动,发挥信保基金作用,打造"皋易贷"中小微企业融资服务平台,新增贷款 100 亿元,制造业贷款占比提高 2 个百分点。筹建"土地指标银行",推进低效用地再开发。完成占补平衡 3 500 亩、增减挂钩 3 000 亩。加强劳动力供需衔接,提高职校毕业生本地就业率,劳动力回(外)引 6 000 人。强化错峰管理,促进科学、节约、有序用电。

2.坚定不移突出科技创新,致力增强民营经济发展内在动力。培育壮大创新主体。大力实施创新型企业培育工程,建立高新技术企业培育库,培育一批创新能力强、市场影响力大的创新型领军企业和成长速度快、发展前景好的科技瞪羚企业、独角兽企业,力争新认定高新技术企业 15 家。实施科技政策落实促进行动计划,激发企业创新活力,支持企业建设高水平研发机构,努力提高研发投入占主营业务收入的比重。搭建创新创业平台。加快科技创新中心建设,推进与大院大所合作,建成产业研究院 2 家,新增省级研发机构 3 家、众创空间 1 家,规模以上高企研发机构覆盖率 90% 以上。推进全国基层标准化改革创新先行区、国家知识产权强县工程示范市建设。引进集聚创新人才。发挥科技镇长团作用,实施"雉水英才""1222"人才引进计划,推进"148"本土人才培育工程,新增"千人计划"等国家级人才 10 名,以"双创计划"为代表的省级项目 20 个,高技能实用人才 6500 名。加大金融支持力度。组建市场化、专业化、资本化运作的科技引导基金,大力引进优质天使基金、创投基金和股权投资基金等金融机构,破解创新创业资金难题。完善科技金融奖补政策,创新科技风险化解、分担、补偿机制,用好直接投资、信用担保、风险补偿、科技保险等金融工具,大力发展科技服务和科技金融,新增"苏科贷""如科贷" 6 800 万元。

3.凝心聚力发展实体经济,致力推动产业集聚发展。加快产业转型升级。大力培育新兴产业,鼓励新能源汽车、智能装备、电子信息、氢能产业,加大自主研发力度,积极研发新产品,放大产能,形成全产业链竞争优势;不断做强支柱产业,支持船舶海工、新材料、高端纺织产业走创新、品牌之路,向个性化定制、互联网消费等模式转型;深化供给侧结构性改革,结合"散乱污"、化工企业"四个一批"等专项整治行动,综合利用重组、出让、破产等手段,积极稳妥推进"僵尸企业"有序推出,加快化工、印染、化工等落后产能出清。促进企业提质增效。抓紧制定工业大企业培育计划,在政策兑现、项目建设、并购重组、品牌建设等方面强化支持。引导成长型、科技型中小企业走"专精特新"发展之路,打造更多行业"小巨人"和单打冠军。实施"标准化+"行动,支持龙头企业主导或参与国际国内标准制订。继续开展"两化融合百企行"活动,推动企业生产模式、产品模式、管理模式、商业模式互联网化。加强对企业上市的指导和服务,积极招引培育创投股投机构,拓宽融资渠道,参与推动企业上市。推动产业集聚发展。紧扣"一特三提升"要求,按照"集中连片、规模适当、设施配套、特色鲜明"理念,在发展形态和功能开发上全力突破,推动园区产业集聚创新发展,务求做大总量、做强产业、做出特色。深化产业布局研究,坚持"抓上游、连下游""抓主业、带配套",发挥产业基金、科技人才等政策叠加效应,在新能源及新能源汽车、软件及电子信息、现代物流等产业上集中力量、强化攻势,努力打造千亿级新能源汽车、现代物流产业基地和百亿级软件信息、智能电网等产业基地。

2018 年 4 月

如东县民营经济发展报告

如东县民营经济发展办公室
如东县工商业联合会

一、2017 年民营经济主要指标完成情况

1.全民创业发展有力。 2017 年 1~12 月如东县新发展个体工商户 8 500 户,完成市下任务的 131%。1~12 月新增应税销售收入 500 万元以上企业 400 户,完成全年任务的 145%。完成新注册商标 102 件,完成全年任务的 102%。完成网络创业户 104 户,完成全年任务的 104%。

2. 发展质量得到提升。 2017 年 1~12 月全县新增一般纳税人 1 000 户,比去年同期 930 户增长 7.5%,完成全年任务的 119%。新增入库税款超 100 万元以上企业 42 户,比去年同期 37 户增长 13.5%。

3.引进市外民资项目有序推进。 2017 年 1~12 月全县上报南通创亿达新材料股份有限公司、如东恒远智能设备有限公司、南通亿畅石化储运有限公司、南通诚弘接插件技术有限公司、江苏翼扬食品有限公司等市外民资亿元项目预计 26 个,比 2016 年同期 22 个增长 18%,完成市下全年任务的 130%,完成县定全年任务的 100%。1~12 月份民间投资完成 417 亿元,占固定资产投资 72%,比去年同期增长 21%,比县定目标增幅 14%高7 个百分点。

4.转型升级有了新突破。 优嘉植物保护、中天电力光缆、精华制药、常佑药业等 4 家企业被认定为省级企业技术中心;晟力捷、金太阳、香地生物、锦尼玛等 4 家企业申报了省著名商标,亚振门业等 6 家企业申报了市知名商标;18 家企业申报省名牌产品,40 家企业申报了市名牌产品;亚振家具被认定为省级融合创新示范企业;江东科技获得省级融合创新试点企业,必康制药、如通机械、宇迪光学、泰禾化工等5家企业申报了市级融合创新示范企业;新认定44家企业为高新技术企业;三一帕尔菲格的"智能化安全型随车起重机研发及产业化"、常佑药业"大品种强效抗HCV药物索非布韦的研发与产业化"等2个项目申报了省重大成果转化资金项目;申报了省级高新技术产品43个、省民营科技企业45个。

二、2017年民营经济发展主要工作情况

1.加强组织领导,优化发展氛围。一是及时健全机构。对各镇区人员变化进行跟踪,建立健全工作网,充实服务人员,增强了服务力量。二是加强民营经济发展的部署,召开了民营经济"开门红"推进会,分解落实全年目标任务。三是先后组织15家骨干民营企业负责人参加全市制造业大会暨民营经济工作大会和组织15家民营企业参加2017中国江海国际博览会暨首届通商大会,增强民营经济发展主体的发展意识和担当意识。四是组织镇区利用春节期间能人返乡进行全民创业宣传,进一步营造大众创业,万众创新的发展氛围。

2.加强调查研究,抬高发展目标。一是对2017年全县民营经济发展工作思路、目标、考核办法进行调研,形成了全年民营经济发展工作意见,以东政办发[2017]53号印发到基层。二是调研形成《2017年如东县跨江融合对接服务上海工作实施意见》,本县按照"实施六个对接、实现三个突破"总体要求,大力推进规划政策、基础设施、园区平台、人才科技、产业融合、公共服务六大对接工程,重点在园区平台共建、产业融合发展、人才科技招引三方面取得突破。三是组织对全县规模以上企业基本情况、民营企业融资需求,行业单打冠军企业、科技型、成长型企业培育对象等8项调查,调整更新了相对应的有关数据库。

3.加强招商引资,突出接轨上海。提高民资项目服务门槛,抓大放小。2017年把市外民资项目考核口径调整为5 000万元和   亿元,并分别下达了各引进26个的目标。突出接轨上海工作,专门出台《关于成立如东县跨江融合对接服务上海工作协调委员会的通知》《如东县跨江融合对接服务上海工作实施意见》,即东发〔2017〕9号、东发〔2017〕10号文件。在此基础上,又以两办名义下发《2017年如东县跨江融合对接服务上海工作实施方案》(东办发〔2017〕39号)。根据文件精神,如东县成立跨江融合对接服务上海工作协调委员会,县委书记潘建华为第一主任,县委副书记、县长沈峻峰为主任,县四套班子领导为副主任,相关单位主要负责人为成员。协调委员会下设跨江融合对接服务上海工作组,由县人大常委会主任陈昌龙任组长,副组长分别为县委常委、组织部部长曹雁卉、县人大常委会副主任徐鸿斌、副县长许金标。工作组下设一办三组,分别为"办公室、人才科技对接组、园区平台对接组、产业融合对接组",办公室设在发改委,抽调专门人员集中办公,具体负责统筹全县跨江融合对接服务上海协调、推进工作。在上海举办招商引资大会,共邀请了218名嘉宾,包括有关领导、驻沪世界500强企业、央企、外企负责人;知名创投公司负责人;知名民企、相关行业商会负责人;上海知名大学、重点科研院所、大学科技园负责人;如东在沪企业家、成功人士等。现场签约2个项目。召开如东农产品(上海)展示展销暨农业项目推介会,本县的在水一方生态园、如东县绿野富硒玉米专业合作社、江苏鸿轩生态农业有限公司、南通北渔人和水产有限公司、如东喜丰农业合作社、江苏鲜之源水产食品有限公司等24家企业,共计150多种优质农产品及加工品参展印象南通、生态果蔬、特色畜禽、江海河鲜、优质粮油、精制农品六大板块。参展期间,四天共计销售50多万元,达成订单94万元,很多有意向的单位和个人正在洽谈中。与上海农业经贸合方面,如东县签约4个项目,分别是:江苏省洋口港经济开发区管委会和上海春广农业科技发展有限公司的秸秆生产节能环保型高强代木板材项目;南通海达水产食品有限公司和上海美御水产食品有限公司的烤海苔和调味海苔销售合作项目;南通昌华水产食品有限公司和上海畅享贸易有限公司的产品经销、来料代加工项目;南通凌洋米业有限公司同北大荒米业集团上海农业科技发展有限公司的大米销售项目。在旅游推介会上,本县集中推介5个项目,分别为小洋口旅游度假区海之城项目、东海休闲观光旅游项目栟茶旅游风情小镇项目、文旅珠心算旅游风情小镇项目、东湖旅游综合服务区项目。目前,这5个项目已被列入市旅游招商手册。

4.加强创新引领,突出转型升级。一为加快如东县高新技术产业发展进程,优化产业结构、增强区域经济竞争力,大力推进科技创新载体建设,推荐申报如东生命健康众创空间、新店镇体育产业创客驿站为市级众创空间。组织申报江苏省创业大赛，目前已有 10 家单位报名。二是对照年度省创新能力建设计划，组织 5 家企业（中天科技、宇中天宽带、海宝电池、利田科技、江苏新象）申报省级重点企业研发机构能力提升项目。三是突出做好产学研工作，组织申报省级重点研发计划项目。在吃透文件精神的基础上，精心排查项目源。在申报的过程中指导企业认真做好项目申报材料，对每家企业申报的材料认真把关，耐心讲解申报的注意点，并帮助没有产学研合作的企业做好产学研对接工作。四是加强高新技术企业认定工作，对 70 多家拟申报企业分两批次进行专业性的申报培训，对高企申报流程、注意点及所需材料等内容一并详细的阐述，培训会后组织骨干深入 14 个镇区开展高企申报一对一服务工作。五是开展品牌申报服务，编制切实可行的申报方案，深入基层排摸服务对象，指导企业制定品牌创建规划。

5.注重加强培训，提升经营素质。根据 2017 年全年民营经济人才工作计划安排，积极做好民营经济人才培训工作。组织亚振家具、金友机械两家企业赴清华大学参加研修。组织联亿机电等 7 家企业参加主题为"智慧企业、智能车间"省标杆企业培训班到小天鹅股份有限公司、一汽无锡柴油机股份有限公司学习。与领跑者公司合作组织必康股份等 30 家企业赴华为、腾讯公司学习，开拓视野。组织 25 家企业参加南通制造业创新转型论坛。5 月 31 日组织宏信机械等 12 家企业参加在港闸区晶城科创园举办的省中小企业转型升级南通培训班培训。5 月 24 日~27 日组织江东物流等 62 家服务业企业负责人在苏州大学举办了"如东县服务业转型发展专题研修班"。6 月 20 日~24 日组织海宝电池等 50 多家民营企业赴复旦大学举办"如东县企业卓越管理与创新经营培训班（第一期）"。组织明珠织造有限公司等 8 家企业赴广西参加"走进东兴、凭祥"边贸行活动，提升参与"一带一路"国际合作开发实战能力。7 月 10 日~13 日在南京高淳举办了"领袖感商"高级研修培训班，近60 家骨干企业高管参加了研修。9 月 6 日组织了品牌创建与营销推广活动，全县 70 多家品牌创建骨干企业参加了活动。

6.加强部门联动，注重要素协调。年初，对发改委、市场监管局、科技局、国税局、财政局、商务局、人社局等 14 个重点部门提出工作要求。14 家单位围绕各自的重点任务开展民营经济发展工作，并定期座谈交流。上半年，各部门联系紧密，沟通及时，在民营经济发展工作中发挥了各自的优势，贡献巨大。如市场监管局支持品牌建设方面、商务局支持民资招商方面、科技局支持企业转型升级方面及人社局支持劳动力要素保障方面、财政、住建、交通等部门支持混合所有制经济发展方面等。一是开展了劳动力引进的工作，劳务协作，与陕西宁强县签订劳务协作，开辟劳动力输入基地。1~12 月共举行招聘会 40 场次，累计提供就业岗位数 31 690 个。二是加强融资服务。三是搞好用地供应，按照"用好增量、盘活存量、节约集约"的原则，优先保障重点区域、重大项目的用地需求。

三、2018 年主要目标

一是新增小规模纳税人 5 000 户、一般纳税人 1 000 户、地税部门有税申报户净增数 1 500 户、应税销售收入 500 万元以上企业 280 家、纳税 100 万元以上企业 40 家；新增规模以上民营工业企业 41 家、限上商贸流通企业 33 家，民营工业增加值增幅 10%。

二是新引进亿元以上市（县）外民资项目 26 个、5 000 万元以上市（县）外民资项目 26 个；固定资产民间投资增幅 10%。

三是新增高新技术企业 45 家，新增网络创业 100 户。

四是新发展个体工商户 7 000 户、私营企业 3 000 户；新增省著名商标 4 件、省区域名牌及省名牌产品 8 个、市知名商标 10 件、市名牌产品 40 个；新发展商标 100 件。

四、重点工作

1.抢攻民资招商。宣传落实好政策。把县政府出台的[2015]39 号文件和[2016]18 号文件认真宣传到位，落到实处。围绕如东县优势产业特色，引进一批强链、补链项目的同时，积极谋划一批具有引领性的龙头型、带动型产业项目，不断建链、造链，增强"新引擎"、带动新产业；进一步明确招商方向和重点，盯牢上海产业转移项目，建立完善招商项目信息库，不断提升招商针对性和有效性。做好队伍整合。突出抓好上海民资招商工作，组织好赴上海招商对接活动。力争全年完成市外民资亿元项目 26 个，确保完成 22 个。

2.着力梯度培育。培育初创成长型企业。围绕"众创、众包、众扶、众筹",推进实施中小企业创新创业行动计划,支持小微企业成长壮大。巩固 2017 年创业项目成果,形成一批增长点;打造星级中小企业公共服务平台,进一步提升众创空间为企业、团队服务的能力,进一步拓展服务范围。一是抓小。大力培育基于互联网背景下的创业主体,新增一般纳税人 1 000 户、应税销售收入 500 万元以上企业 280 家、纳税 100 万元以上企业 40 家。二是做大。培育科技型、成长型企业 100 家。三是培优。培育"小巨人"企业,分行业确定一批潜力型企业重点培育,新增 20 家行业领军企业或单打冠军。

3.完善载体功能。以更高的目标增强动力。抬高发展标杆,以更宽的眼界、更新的理念、更高的目标来考虑发展理念、规划、产业定位等问题,科学合理地统筹当前发展与中长期规划,旗帜鲜明地喊出发展口号,鼓舞信心、激发动力。各镇区加强规划修编工作,以更强的功能提升形象。在风险可控前提下,用好资金投向,围绕能级提升、功能配优,适度超前加大对 5 大园区基础设施、功能平台等投入强度。以更优的项目加快产业集聚。发挥园区经济建设"主战场、主窗口、主力军"的作用,进一步提高经济发展贡献份额,按照"龙头带动、产业配套、上下游关联"的发展思路,找准优势和特色,加快由企业集聚向产业集聚转型,进一步拉长产业链条,凸显产业集群效应。鼓励园区差异化多元化发展,推动探索"一区多园"的发展模式;鼓励各镇充分发挥自身资源禀赋和产业特色,因地制宜做大民营特色工业园区产业规模,打造特色产业板块。

4.加强要素保障。坚持优质资源向优质项目集聚的原则,着力破解要素瓶颈,为民营企业运行和项目招引保驾护航。在资金保障上,做到直接方式和间接方式相结合。提高直接融资比重。加大上市企业培育,加快推进有实力的企业上市进程,向资本市场要资金。加强政银企保对接合作,继续扩大有效信贷投放,优化信贷结构,支持实体经济发展。在人才支撑上,做到外引和内培相结合。加大高端人才招引力度,深入推进"扶海英才"计划,着力引进"高精尖缺"人才,努力实现"引进一个人才,带来一个团队,办起一个企业,兴起一个产业"。提升技能人才培训水平,创新技能人才培养培训模式,立足产业发展需求,扎实开展"因产施教",依托如东中专等教育培训载体,创新订单培养、订单招工方式,有针对性地培育企业急需的技术工人。在科技创新上,做到平台构筑与成果转化相结合。加快科技平台建设,做好企业技术中心和工程研究中心申报服务,大力实施"亿元制造业企业工程技术研究中心""规模以上企业研发机构"和"有效发明专利"三个全覆盖;加强与国内知名大学科研院所的全面合作关系,构建以产学研合作为依托的科技合作平台。促进科技成果转化,不断完善技术市场服务体系;加快建设创新创业和科技成果转化服务中心,切实提升县域民营经济发展层次和水平。在土地供给上,坚持集聚集约发展,探索农村闲置宅基地盘活置换等办法,努力挖掘存量用地,切实为优质项目落地腾指标、腾空间。

5.提供优质服务。一是完善平台强服务。继续做好中小企业公共服务平台的建设工作,丰富联盟单位,开展培训、两化融合、融资担保对接等系列服务活动,全年举办7期培训班,重点办好镇区提升机关民营经济服务队伍人员培训班,培训人员达到60人;同时组织企业高管参加省市组织的外培学习,力争人数突破500人。二是落实政策添活力。鼓励引导企业提升装备制造、参与两化融合和兼并重组、加强品牌建设等,做好政策兑现。三是抢抓机遇促转型。围绕产业结构优化,加大农业产业化和服务业发展力度,不断提高科技金融、现代商贸和服务外包、房地产、现代物流、旅游文化等行业发展水平。四是提升质量优品牌。实施质量品牌提升工程,加快"供给侧结构"更新,促进如东制造业向高端迈进。组织新版质量体系宣贯培训,继续鼓励扶持企业参与国家标准和行业标准制定,增加如东企业在行业内的话语权。新申请驰名商标1件,指导2家企业进入驰名商标培育库,商标贯标申请企业6件以上,自主品牌增加值占GDP的比重达15%以上。五是保供人力建基地。积极在县外寻找建设劳动力基地,全年建设输送100人的基地5个。

撰稿人:缪寿明

2018年4月

启东市民营经济发展报告

启东市经济和信息化委员会

启东市工商业联合会

2017年，启东市牢牢把握"两个健康"工作主题，积极应对民营企业发展中遇到的新情况、新问题，鼓励和引导广大民营企业制度创新、技术创新和管理创新，激发全市的创业、创新热情，民营经济保持了平稳健康的发展态势。

一、2017年民营经济发展基本情况

1.全民创业态势较好。 2017年，全市新增个体工商户7 411户，同比增长26.2%，新增私营企业3 122家，同比增长25.5%。至年末，全市个体工商户达61 408户，比年初增加12.2%；从业人数达67 650人，比年初增加13%。年末全市私营企业达15 896家，比年初增加20.6%；私营企业注册资本达1 047.52亿元，比上年增长50.2%；私营企业从业人数达232 410人，比年初增加11.7%。全市新增小规模纳税人3 538个，新增一般纳税人1179个。

2.民营工业量质齐升。 2017年，全市规模以上民营工业实现增加值256.66亿元，增长8.7%；完成产值1 280.68亿元，增长9.6%；实现出口交货值35.34亿元，增长15.9%。产业集聚度不断加强，全市"三优三新"产业实现产值占全市规模工业产值的比重达77%，比2016年去年底提高4.6个百分点。新增长点不断涌现，新增规模企业20家，净增应税销售2 000万元以上新增长点企业105家。

3.项目投入持续加强。 2017年，全市完成固定资产民间投资额达到547.4亿元，同比增长12.4%，比全市固定资产投资增幅高3.4个百分点。

新开工亿元以上产业项目114个,其中10亿元以上项目9个。引进超千万元以上市外民资项目143个,注册资金50.5亿元。其中,引进投资超亿元市外民资项目22个。

二、2017年推进民营经济发展的主要方法

1.强化组织推进,民营经济工作顺利开展。加强政策支持,贯彻落实好《关于降低实体经济企业成本的实施意见》《关于加快推进项目建设的实施意见》等文件,鼓励企业开拓市场、技术改造、稳定生产。制定出台《2017年促进经济发展提质增效若干政策措施》,尤其在鼓励企业做强做优、鼓励新上重点产业项目等内容上加强激励和指导,全面提升工业企业核心竞争力,坚定企业发展信心。强化运行监测分析,密切关注经济运行的外部环境和市场预期,并加强对各镇、园区和工业企业的指导和服务。继续对全市规模工业企业实行"上旬预警、中旬监测、下旬汇总"制度,将"三欠"(欠薪、欠债、欠税)和亏损企业纳入监测。对主要经济指标,逐月抓进度、赶序时、搞讲评,每月公布民营经济发展实绩,组织开展民营经济季度考核竞赛,调动各镇、园区发展民营经济的积极性,实现民营经济工作由突击性推进向持续性推进转变。

2.注重转型发展,产业层次与结构同步优化。2017年,启东市坚持把发展实体经济摆在更加突出的位置,深入推进"中国制造2025启东实施计划",产业体系加速向中高端迈进。以《市级经济工作相关部门推进"三优三新"重点产业及现代服务业工作方案》为引领,加快完成六大产业规划编制工作,强化六大产业集聚发展工作推进机制。林洋电子、东成电动工具入选全省50个高端制造品牌。新增捷捷微电、朗峰新材等5家企业上市挂牌。大力推进企业自主创新,新认定省高新技术企业36家,高新技术产业产值占规模工业产值比重达54.4%,新增国家"两化融合"企业1家,新增省名牌产品3个,新增省驰名商标1件、省著名商标8件。

3.加强接轨上海,民资招商工作成效明显。坚持外资、民资并举的双轮驱动战略,把上海作为招商引资的主攻区域,围绕"三优三新"产业,开展专业化、精准化招商,引进关联度高、辐射力大、带动性强的龙头型、基地型大项目。全年在沪举办各类招商活动119场次、新签约亿元以上产业

项目139个、引进产业协作项目资金453亿元。成立对接服务上海协调委员会，扎实推进六大对接工程，组建对接服务上海智库，成立上海启东商会。全年共引进超千万元以上市外民资项目143个，引进投资超亿元市外民资项目22家，引进对产业链发展有示范带动效应、总投资超5亿元的市外重大优质民资项目1个。

4.强化梯度培育，中小企业发展水平不断提高。对全市工业企业实行科学发展能力星级评价，主要对全市工业企业的核心指标、现代化管理、市场开拓、科技创新等内容进行综合评定，并根据评价结果对全市工业企业进行分类指导和服务。全年新增规模企业20家，净增应税销售2 000万元以上新增长点企业105家。建立了50家企业为龙头的民营经济行业领军企业库，149家企业为代表的科技型、成长型中小企业发展数据库，每月对120家中小企业开展运行监测。组织开展2017年度科技小巨人企业和专精特新产品的申报认定工作，捷捷微电子、巴兰仕机电2家企业被认定为省科技小巨人企业，启东乾朔电子等6家企业被认定为南通科技小巨人企业。推进两化融合工作，林洋能源通过国家两化融合贯标认定，神通阀门入选省两化深度融合创新示范企业，海四达电源、嘉盟电力入选省两化深度融合创新试点企业。

5.加大金融支持，民营企业发展环境不断优化。出台了《2017年度全市金融工作考核办法》，引导金融机构提升服务实体经济发展的能力和水平。修订完善了"助保贷"办法和全市小微企业助贷池，发放信贷0.69亿元，惠及20多家企业。财政出资5 000万元成立了专为中小企业转贷服务的邦盛转贷服务公司，建立了科技型中小企业贷款风险资金池。搭建政银企合作平台，每季度在主要区镇举办金融走帮服银企对接活动，共达成贷款意向5.2亿元，实际投放5 400万元。积极开展"送宝典助融资"活动，发放《实体企业融资宝典》4 322册，走访企业4 469家，为191家企业解决了融资难题，共实现贷款授信1.38亿元。持续推进供给侧结构性改革，降低企业运行成本1.9亿元。有序推进融资担保工作，2017年担保企业59户，担保笔数67笔，新增担保额2.6亿元。

6.积极协调服务，更加重视企业家队伍建设。积极协调发动中小企业参加江苏省、南通市举办的各种助推企业发展的培训、考察、会议等活动，大力开展民营企业家素质提升培训活动，全年共计开展公益性免费培训400人次以上。分别在4月份、5月份，与上海交通大学海外教育学院合作，在上海交大举办了两期"2017年启东市企业高级经营管理人才培训班"，共培训重点工业企业负责人108名。组织开展东疆大讲坛暨企业家培训班，50多位企业家参加了培训。开展"深化税收改革、助力民企发展"培训和交流会，参加培训人员共有120人。此外，部分园区、镇也自主开展了企业家培训活动。

总体上看，启东市民营经济在面临严峻挑战和各种困难的情况下保持了良好的发展态势，但仍然存在一些不容忽视的矛盾和问题：一是实体经济困难较多，经济发展速度还在放缓，产业发展的不平衡性尤为突出，部分行业和企业在低迷的国际经济形势影响下，面临生产经营困难的局面。二是新旧发展动能转换还未完成，创新能力还需进一步加强，企业技术创新能力不足、研发投入水平低、技术装备水平低的状况尚未得到根本性改变。三是重大项目支撑力度不足，土地、资金等要素制约现象依然突出，制造业投入体量还不大，中小企业的融资难题尚未有效缓解，民间借贷的风险日益突出，企业间担保的信任度下降。

三、2018年民营经济工作思路

2018年是深入推进"十三五"发展、深化供给侧结构性改革的关键之年。启东市民营经济工作的基本思路是：紧扣创新发展、转型升级这一主线，从创新推进机制、强化政策集成、持续猛攻投入、突出创新驱动、打造服务载体等入手，进一步激发民间投资活力，着力提高民营经济运行质量和效益，持续推动中小企业和民营经济做大做强。

1.抓好政策措施落实，促进中小企业健康成长。深入贯彻落实好《中小企业促进法》等上级出台的各项政策措施和启东市市委、市政府关于转型升级、降低成本的一系列政策措施，确保相关政策措施真正落实到位，并结合措施出台本地支持政策，并开展涉及各部门政策的细分工作，通过对政策的贯彻实施，加大财税支持、加快结构调整、缓解融资困难等，进一步营造宽松政策环境，坚定企业发展信心，助推全市民营经济持续健康发展。进一步强化"一企一策"工作力度,切实帮助企业解决困难,支持企业做大做强。

2.优化产业结构布局,促进民营经济协调发展。根据国家和省相关产业政策,结合本地实际,确定有市场前景和发展潜力的优势产业作为民营经济发展的重点,集中人力、财力和物力,将其做大做强。建立完善产业转型升级的组织推进机制,促进企业创新发展,加强调查研究,制订完善政策,优化工作举措,推进本市主导产业高端化,优势产业品牌化,新兴产业规模化。围绕《中国制造2025启东实施计划》《市级经济工作相关部门推进"三优三新"重点产业及现代服务业工作方案》,培育壮大海工重装备、电力及能源装备、精密机械及电子等优势产业,延伸产业链,围绕新材料、新医药和通用航空三大新兴产业,引导鼓励现有企业密切跟踪技术前沿和市场需求,加大研发投入,尽快推出一批阶段性、引领性、标志性成果项目,形成具有区域竞争力的现代产业集群。

3.加快创新驱动发展,进一步提升企业竞争力。加快创新型城市建设,打造创新驱动经济强市。精准施策,进一步提高高新技术产业产值在规模工业产值中的占比。加强自主创新能力,鼓励企业加大研发投入,全年新增工程技术研究中心、企业院士工作站、企业重点实验室等省级以上企业研发机构6家,新增南通市级以上企业技术中心4家,申请发明专利总量1 000件,实施产学研合作项目60个。加快创新载体建设,推进北大生命科学华东产业研究院、尚华启东生物制药科创中心等十大创新功能平台建设,打造一批特色鲜明、功能集成的重大创新载体。加快"互联网+"行动计划实施,推进城市转型升级。加快推进军民融合发展,形成一批军民融合示范产品,提升国防科研生产任务及协作配套的能力。进一步深化"两化融合"进程,全年力争新增省"两化融合"示范(试验)区1个,省"两化融合"示范(试点)企业2家。

4.建设综合服务平台,完善民营经济服务体系。以现有中小企业创业基地为依托,建设民营企业综合服务平台,整合社会中介服务机构,吸纳具备条件的融资担保、信用评级、财税代理、法律顾问、管理咨询、人才培训、电子商务等专业服务机构入驻,抓好政策、服务、信息的整合、链接、共享工作,为民营企业提供一站式服务。加强对民营企业融资环境状况的调研,严密关注中小企业融资风险。依托国投担保公司,组织好担保公司与金融单位和融资需求企业对接活动,联合多部门建立完善企业与金融机构交流对接平台,不定期地开展银企对接、金融超市等活动。积极引导各商业银行针对启东产业特点,创新融资产品,为民营企业发展提供资金保障。

5.引进培训多措并举,提高民营企业整体素质。高度重视企业家队伍建设,引导企业深耕主业,发扬"工匠精神",打造"单项冠军",培育"百年老店"。研究制定《启东市企业经营管理人才"培育工程"实施办法》,建立完善企业经营管理人才培育机制,创新企业经营管理人才培育方式,更积极、更开放、更有效地开展企业经营管理人才培育工作,努力培养造就一批具有全球战略眼光、市场开拓精神、管理创新能力、社会责任感的优秀企业家和一支高水平的企业经营管理人才队伍。加强人才引进,充分发挥中小企业系统网络优势,适时组织开展网上招聘活动,为民营企业引进更多的高素质人才。

2018 年 4 月

海门市民营经济发展报告

海门市民营经济发展办公室
海门市工商业联合会

　　2017 年,海门市民营经济战线大力推进"十三五"民营经济发展目标,紧紧围绕市委市政府的"四大专项行动"目标要求,全力抓发展促改革,全面提升经济运行质量,统筹做好改革发展各项工作,全市民营经济保持了总体平稳、稳中有进、稳中向好的良好势头。

　　一、民营经济发展基本情况

　　(一)经济运行情况

　　1.工业经济质效提升。全市深入执行"经济运行爬坡过坎"行动计划,工业经济运行质态有了较大改善,应税销售稳定保持 20%以上的较快增长,完成工业入库税金 32.2 亿元。发展结构持续优化,新兴产业快速发展,全市 109 家新兴产业企业实现产值 685.8 亿元,完成高新技术产业产值 1 079.3 亿元。新增长点加速发力,全市 97 个超 2000 万元的新增长点新增应税销售 52.1 亿元,超额完成年度目标。骨干企业支撑有力,全市 238 家骨干企业实现应税销售 387.1 亿元,支撑作用明显。

　　2.服务业加快转型。完成服务业应税销售 246 亿元,完成规上企业营业收入 148 亿元。新增规模以上服务业企业 3 家,优势产业发展良好。海门港、江海港和叠石桥"无水港"三港联动的开放大格局逐渐形成。通海港区集装箱物流项目水域部分施工完毕,海门港 5 万吨级通用码头运营良好,叠石桥物流园与中铁物流达成战略合作关系。电商产业持续发展,中国质造叠石桥家纺产业带专区和国际速卖通叠石桥家纺产业带专区运行良好,阿里巴巴 1688 叠石桥实力产业集群示范园区正式揭牌。海门名列中国"电商百佳县"第13位,全省第3位。新兴产业加快培育,全市引进各类科技中介服务公司超过20家,完成服务外包执行额7 100万美元,其中离岸服务外包执行额2 200万美元。截至2017年年底,全市共建成国家级孵化器1家、省级孵化器1家、省级众创空间1家、南通市级众创空间3家。美丽中国空间设计产业基地项目入选国家文化产业重点项目库,全省仅12个项目入选。叠石桥家纺文化产业园获评南通市文化产业示范园区。集聚发展不断深入。全市服务业集聚区实现应税销售75亿元,注册企业220家,新开工亿元以上服务业项目15个。叠石桥国际家纺城构建了信用管理体系与信用评价机制,家纺城产业公共服务平台获评省级服务小微企业成长十佳优秀服务平台。海门生物医药科创园目前已签约入驻企业85家,全年入驻企业有望达百家,并在上海金桥锦秀申江工业园区建立了科技孵化平台——"协同创新中心"。

3.项目推进稳中有进。全市完成固定资产投资494.7亿元,其中工业完成290.1亿元,服务业完成204.6亿元。全市新开工超亿元产业项目128个(工业95个,服务业33个)。重大项目有序推进,全市共有25个项目列入南通市级重大项目,其中新开工项目12个,新竣工项目10个,前期项目3个。省级重大项目海门振康工业机器人整机和核心部件项目已投产竣工。项目质态有效提升,重点优势企业、优势行业通过增加装备投入延伸产业链,企业产能迅速提升。振康机器人、中联风能实验室、当升科技材料、通光海底线缆、中兴精密五轴联动加工中心等一批科技含量高、业态新的优质项目全面铺开。

(二)民营经济主要工作举措

1.突出宏观指导引领。始终把规划工作作为引领推动全市经济加快发展和转型升级的先导。围绕经济发展、接轨上海、产业提升等重大任务,主导和参与了大量的规划编制和实施工作。一是结合"十三五"规划指标体系和年度发展要求,制定分解了2017年度全市国民经济和社会发展计划,为全年经济工作定好方向,明确基调。二是参与编制了《海门市对接服务上海"55580"行动计划》,主动做好海门市各类规划与上海相关规划的衔接和调整。参与研究了本市融入扬子江城市群、沿江经济带、江苏沿海大开发等重大省级以上战略的行动方案。三是为加快培育海门制造业新竞争力,牵头编制了本市先进装备、生物医药及新材料三个产业的专项发展规划,制定了"装备制造业+互联网"融合发展规划,有效推进产业提升发展。

2.强化经济运行管控。对全市经济运行情况密切跟踪,坚持"纵向比较看成绩,横向比较找差距"的原则,通报工业经济、服务业经济、项目建设、陆海统筹等经济运行情况,为领导决策提供科学依据。组织开展工业企业"健康体检"工作,通过及时发现风险点,有效控制风险波及范围,确保经济健康有序发展。建立了"经济大数据综合决策监管服务平台",出台了经济大数据综合决策监管服务评价办法,为开展预警预测、决策分析提供第一手数据和有效支撑,确保全市"一盘棋"整体推进。

3.加强企业挂钩帮扶。认真开展月度"下基层、访一线"调研走访活动,及时掌握企业发展情况,协调解决运行中的突出矛盾和问题。进一步加大政策支持力度,激活产业发展活力,制定出台了"小微企业进规模""规模企业上台阶"两个三年行动计划,分别从企业加大有效投入、培育发展龙头企业、加大人才支撑力度,以及强化落实税收优惠政策等多方面明确了政策内容和奖励标准,加强对"规升级""小上规"企业的有效服务,形成了"部门合力、上下联动"的工作机制和助推企业发展的良好环境。

4.倡导企业技术创新。积极为企业申报创新发展专项资金和提供政策支持,指导招商局重工和当升科技申报省级战略性新兴产业发展专项资金;指导当升科技等6家企业申报省工业企业技术改造综合奖补资金;指导斯德雷特光纤申报2017年重点技术改造项目;组织当升科技、现代制药等4家企业申报省级技术中心;帮助高科物流、通光线缆等5家企业获评省两化融合贯标试点企业。

5.深入实施江海联动。着力推进重大平台载体和产业项目的建设,支持促进江海联动开发和有效投入。严格落实市委、市政府对全市沿海开发的总体要求,系统性地开展了沿海特色小镇建设以及通用航空产业发展的专题调研,全力推动省级滩涂综合开发试验区、海洋经济创新示范园区、中国(海门)海产品国际贸易中心等重大平台载体的创建。立足服务保障,强势推进沿海重大产业项目建设。认真按照接轨上海的总体目标,深入有效开展各项接轨工作,积极做好"海门对接服务上海"微信公众号、工作简报,在工业、服务业、农业上全面对接、融入上海。

(三)存在问题

整体而言,海门市民营经济发展态势稳定,但依然面临一些突出问题。一是受大环境影响以及资金、土地等要素制约,部分民营企业运行减速下行。二是科技进步乏力,小巨人、专精特新、单项冠军企业的数量不占优势,缺少在全国乃至全球有影响力、有竞争力的企业。三是缺乏规模大、档次高、拉动力强的市外民资龙头项目,招大引强不容乐观。四是创业氛围不够浓,没有形成千军万马、铺天盖地的发展之势。

究其原因,除了经济下行、成本上涨等客观因素外,还存在不容忽视的区镇不够重视、机构尚不完善等主观原因,主要是:区镇对民营经济的重视程度明显不够,市、区镇民发办的工作力量明显不足等方面。

二、2018年工作目标和思路

(一)指导思想

2018年是贯彻落实党的十九大精神的开局之年,我们将以习近平新时代中国特色社会主义思想为指引,认真贯彻市委、市政府的决策部署,谋划新思路、落实新举措,全面提升谋划能力和服务能力,开创民营工作新局面。

2018年经济发展的主要目标是:地区生产总值1 200亿,增幅9%左右,服务业增加值占GDP比重46%,比上年提升1个百分点左右;固定资产投资700亿元,增长10%左右,其中工业投资400亿,服务业投资300亿;工业应税销售1 000亿元,增幅20%左右;规模以上工业产值2 700亿元,增长12%左右;新兴产业产值突破950亿元;新增规模以上工业企业100家;服务业应税销售400亿元,增幅30%左右;服务业五大行业营业收入增长20%;新增规模以上服务业企业20家;实现纳税超亿元楼宇零的突破,争创省级生产性服务业集聚示范区1家。

(二)工作举措

1.突出产业支撑。坚持把握新时期经济高质量增长的新特征,加强对经济发展新阶段的新路径研究，推进规划的落实执行，进一步提升规划对本市经济创新发展的引领作用。以先进装备制造、生物医药、新材料三大新兴产业为重点，引导规上骨干企业借助资本市场、突破核心技术、打造自主品牌等形式，尽快抢占产业发展的制高点，力争全年新兴产业产值突破950亿元。推动电子信息、现代家纺、现代建筑等传统优势产业向品牌化、高端化、智能化发展。

2.积蓄发展动力。推动产业改造升级、基础设施建设、公共服务供给等各类投资共同发力，做好省和南通市级重大项目的推进，特别是振康机器人产业园等一批重大项目。充分发挥好开发园区在全市发展大局中的支撑和引领作用。发挥乡镇特色优势，充分挖掘潜力，千方百计盘存量、扩增量，对重点项目实行跟踪全方位服务，更加注重在建项目的效益和产出，不断积蓄本市经济发展的动力。

3.提升集群优势。一是壮大实体经济总量，培育结构合理的企业梯队。执行好"规模企业上台阶、小微企业进规模三年行动计划"等扶持政策，打造一批"龙头旗舰型、规模骨干型、科技创新型"企业集群，推动企业成长为所在领域的"单打冠军"和"行业小巨人"。二是补足服务业发展短板，调优本市经济发展结构。推进落实"三转一上""建筑企业成立采购贸易"等行动方案，推动本市服务业经济总量再上台阶。2018年目标通过"三转一上"工作，提升全市服务业应销售增幅5个百分点；通过"个转企"新增规上服务业企业和限额社消零企业分别10家。积极开展楼宇经济。重点在开发区和高新区范围内新建或改造楼宇不少于3幢，力争主体入驻率达15%以上，目标纳税超千万元重点楼宇不少于2幢，实现纳税超亿元楼宇零的突破，力争全市楼宇经济占服务业的比例达到5%。全面实施《加快海门市现代服务业集聚区发展的意见》，重点培育临江新区生物医药科创园，努力争创省级生产性服务业示范集聚区。培育开发区睿公湖科教城、足球小镇和悦来镇东方教育装备产业城等优势平台晋升南通现代服务业集聚区（示范区）梯队。

4.实施创新发展。一是增强企业创新能力。加快培育海门制造业新竞争力，推动装备制造业和互联网的进一步融合发展。强化技改政策落实，制定新一轮技改专项行动计划，鼓励企业开展技术革新、工艺优化。积极推广智能制造，加快智能车间创建，确保新增智能应用项目上有新突破。二是深入开展两化融合。始终坚持以信息化带动工业化的发展理念，推动园区建设，积极创建省级两化融合创新试验区。持续推进两化融合管理体系标准，以互联网为载体推进企业与企业、企业与研究机构的交叉融合。

5.提升服务能力。一是充分发挥好经济大数据综合决策监管服务平台的作用，推行企业综合评价办法，提高经济预测决策能力。加强对企业"健康体检"的检测指标、数据运用等方面进行创新，提升分析应用的效果，及时发现、有效控制风险点，确保经济健康有序发展。二是提升服务质量，打造企业发展的优良环境。完善企业走访调研挂钩联系机制，落实好70家重点工业企业和34家成长型工业企业"双挂钩双推进"制度。针对重点企业实施"一企一策"，解决企业发展中遇到的政策、用工等实际问题，为企业发展排忧解难。三是加强要素创新服务。定期开展企业培育活动，积极组织相关企业参加国家及省市组织的机械、电子、新材料、互联网等专题培训，确保开展培训5次以上，培训企业100家以上，使海门的企业家更具战略思维和创新能力。

2018 年 4 月

通州区民营经济发展报告

通州区民营经济发展办公室
通州区工商业联合会

2017年,通州区严格按照市委、市政府关于加快南通市民营经济发展的工作要求,积极落实各项优惠政策、搭建服务平台、营造良好发展环境,大力推进创新创业,鼓励企业拓展市场,市场活力日益增强。

一、2017年民营经济发展主要特点

1.规模以上民营工业拉动作用进一步增强

民营经济作为推动全区经济增长的主要力量,运行质态不断提升、结构不断优化。2017年,全区规模以上民营工业实现增加值332.15亿元,同比增长8.9%。完成产值1 442.9亿元,同比增长9.6%。

2.民营企业数量进一步扩张

2017年,全区个体工商户、私营企业户数、私营企业注册资本累计分别为75 600户、17 684户、1 544.4473亿元,全年新增个体工商户10 876户,新增私营企业户数3 156户;新增民营小规模纳税人5 341户,新增民营一般纳税人1 494户。

3.民间投资增势良好

2017年,全区固定资产民间投资完成559.4亿元,同比增长12.7%,引进投资额超千万元以上市外民资项目71个,注册资本23.55亿元;其中亿元以上项目22个,注册资本14.32亿元,计划总投资45.26亿元,全年完成实际投资额19.46亿元,民营经济各项指标保持了较快平稳增长。

二、2017年民营经济发展采取的主要措施

1.稳步推进产业集群建设

通州区制定了工业集中区和产业集群工作计划、下达了年度目标任务,出台了相关争先创优的激励措施,积极开展"双百共育"活动,全区共有平潮、五接、川姜、兴仁镇等4个工业集中区年营业收入超百亿元;形成现代纺织、船舶海工、电子信息、汽车配件等4个超百亿产业集群。积极开展特色园区创建活动,鼓励园区开展标准厂房建设,全年竣工标准厂房超28万平方米,申报了2017年度省高标准厂房建设先进地区,为产业集聚打下了基础。

2.扎实推进服务平台搭建

2017年,通州区积极开展小型微型企业创业基地工作,认真督促小型微型企业创业基地按规定做好各项工作,重点指导高新区科技新城申报省级小型微型企业创业培育基地,加强服务机构建设;指导三威科技家纺、盛世王朝设计中心进一步加强软硬件建设,分别建成标准较高的家纺设计工作室,全年设计面料花型上千种,为上百家家纺企业提供服务,三威科技家纺成功申报省三星级中小企业公共服务平台,全区中小企业公共服务平台达到4家(其中五星级1家,四星级1家,三星级2家)。

3.强力推进争先创优活动

大力推动紫罗兰家纺创成省工业"增品种、提品质、创品牌"示范企业;南通准信自动化股份有限公司被省经信委评为高成长性企业;江苏金太阳纺织科技的袁洪兵、创斯达集团的刘佳炎、南通四建的耿裕华被南通市表彰为"三名"企业家,综艺集团的昝圣达被表彰为"十大通商人物";韩通重工的张华、恒科新材料的柳敦雷被省委省政府表彰为制造业技术创新带头人,创斯达、雄邦压铸分别被评为技术创新先进单位和智能制造先进单位;圣夫岛纺织被国家工信部评为第五批工业品牌培育示范企业;新世嘉纺织、唐盛纺织、御丰塑钢等企业成为品牌培育试点企业。

4.大力实施中小企业培育工程

根据市经信委《南通市科技小巨人企业培育计划实施方案(2017-2020年)》,通州区大力引导企业创新发展、高端发展、绿色发展,加大研

发和技改投入,提升综合实力。江苏东源电器集团股份有限公司等 6 家企业被认定为 2017 年度南通市科技小巨人企业;江苏瀚天智能科技股份有限公司在新三板成功挂牌,目前我区共有新三板挂牌企业 9 家,境内外上市企业 8 家;全年新增省名牌产品数 3 个,驰名商标数 2 件。新增高新技术企业 47 家。

5.加大融合创新发展力度

在上海召开云计算推介会,签约了上海圆益通讯科技等 5 家企业。推进首批"1+30+300"工程项目,通州福乐达入围,推进集商网相关工作,目前通州已有凯瑞家纺等 10 家企业入驻平台。另外,组织四方冷链申报了省两化融合贯标试点企业,组织申报了市融合创新示范试点企业 4 家,现在,正在积极为 5 家企业申报省企企通示范试点企业。

三、存在问题

近几年,经济下行压力较大,通州区民营经济虽然发展比较稳定,但横向对比先进城市,本区民营经济发展仍有较大差距:

一是在规模、创新方面差距明显。通州区民营企业总体上还存在创新能力不强、抗风险能力弱、质量效益不高、企业管理粗放、个别企业乱排放等问题。大企业、大集团所占比例小,实力不够强。从民营企业内部看,很多企业有转型愿望,但由于资金和技术的限制无力转或无处转,不愿投资于技术研发和技术引进,企业科技创新能力不足、人才资源短缺、内部治理结构不完善等问题依然存在。

二是融资难、招工难、用地难等问题仍然存在。通过对中小企业调查情况显示,51.3%的企业反映有融资需求,66.4%的企业反映流动资金紧张;77.9%的企业反映存在用工短缺。在融资方面主要是贷款门槛高、融资成本高、贷款渠道少、小额贷款手续繁杂等;在用工方面主要是招工难、缺少技工、人员跳槽频繁等;在用地方面主要受国家宏观调控影响,用地指标进一步压缩,民营企业难以获得相应的指标等。

三是扶持措施知晓度不高,政策受益面有待拓宽。虽然在简政放权、减免收费以及金融、财政、税收等方面都出台了不少优惠政策,但由于政策措施相对分散,信息共享机制还不健全,宣传力度不够,民营企业对扶持政策的知晓度相对较低；一些政策措施在执行层面上存在着不及时、不连续、不完善、不到位等问题，没有发挥出应有的叠加效应，政策受益面有待进一步拓宽。

四、2018年民营经济工作重点

2018年，通州区将认真贯彻党的十九大精神，以习近平新时代中国特色社会主义新思想为指导，践行新发展理念，引领经济新常态，以加快转型发展为主线，深化供给侧结构性改革为重点，深入实施"接轨上海"战略，以项目建设为抓手，优化民营企业发展环境，提高服务水平。

一是加快促进优质亿元项目落地。对意向项目要加大对接频次和服务力度，超前谋划好产业政策、规划要求、环评、能评、稳评等落户条件，不断提升项目落户的成熟度。优化审批流程，对通过预审的项目，围绕项目用地、报批报建等环节，简化流程、创新模式，以最短的时间办结报建手续，积极创造开工条件。深入开展投资形势研判、行业动态分析，明确投资思路、目标任务、建设重点和保障措施，对亿元项目实行滚动项目库管理，做好跟进服务。

二是聚焦招商引资。深入实施接轨上海战略，在"跨江融合、接轨上海"中走在前列。紧紧围绕产业的升级换代进行招商，重点引进产业带动性强的跨国公司和国内龙头企业，实现传统产业的转型升级。围绕产品的扩能改造进行招商，重点引进核心制造工序和关键技术，放大产业优势。围绕产业的上下游协作配套进行招商，针对现有产业的"缺链""短链"环节，开展配套招商，延伸产业链、产品链，做好强链补链招商，组织赴上海、广东等地开展产业推介和专题招商活动。

三是大力推进"互联网+"融合创新。实施智慧设施提升工程。以建设"光纤化、宽带化、广覆盖、深覆盖"接入网为目标，城市全面实现光纤化，开展企企通培育工程；大力实施两化深度融合示范引领工程。重点培育一批融合创新示范企业，重点培育企业人才队伍建设，推进企业信息化项目建设，提升企业信息化应用水平，在全区企业中发挥示范引领作用；实施"互联网+"行动计划。聚焦"353"产业体系，促进互联网与工业融合创新、智慧型企业创建和中小企业信息化能力提升。推进互联网与工业融合创新。引导工业企业实现生产全流程的互联网转型，培育一批互联网创新典型；推动产业园区利用互联网，为工业企业提供研发设计、生产制造、供应链协同等服务，提升园区功能。推广使用工业机器人、3D打印机等新型智能装备，提高重大成套设备及生产线系统集成水平。

四是提升政府服务水平。 定期收集企业发展中的困难和问题，建立问题收集、主要领导协调、两办交办、跟踪督查四大机制，及时为企业解决企业做大做强、项目建设中的困难和问题；组织专家对列入示范培育企业开展点对点的服务，找到存在问题，提出改进的解决方案；指导企业根据需求，有计划开展企业信息化项目建设，重点扶持列入融合创新示范培育企业的信息化建设项目；创新"互联网+政务服务"方法，通过微信、微博等新媒体服务手段，加强扶持政策的宣传普及，扩大知晓度和受益面，切实为民企提供全方位、多层次、立体化优质服务。

五是聚力服务推动发展。 按照多服务、少干预，多帮忙、不设障的要求，积极改进对民营企业的管理与服务，形成政府宏观调控、部门全力支持、企业自主发展的格局。积极推行"非禁即入"，破除行业壁垒和"民企歧视"，落实民营企业同等待遇，提高服务措施便利化程度，打通扶持政策"最后一公里"。加大政府购买服务力度，为小微企业免费提供管理指导、技能培训、市场开拓、标准咨询、检验检测认证等服务，为民营企业发展减负、提速、增效。

六是加强组织培训。 实施民营经济"百千万培训计划"，加大对政府部门服务人员、民营企业家和大学生创业人员的培训力度，学习新常态下组织推进工业经济的新理念、新思路，为企业家和创业者提供实用有效的培训与管理咨询解决方案；通过"走出去、请进来"、创业大讲堂、联合高校举办专题培训班、组织高峰论坛、创业导师巡回宣讲等方式，组织民营企业家到浙江、苏南等先进地区考察，组织重点企业家组织到先进地区学习发展总部经济、服务制造化、智能制造、做大做强的好做法好经验，不断提升民营企业创新素质，增强发展后劲。

撰稿人：徐珂

2018年4月

崇川区民营经济发展报告

崇川区民营经济发展办公室
崇川区工商业联合会

2017年,崇川区以大众创业、万众创新汇聚发展新动能,在新常态下不断强化民营经济在提质、扩量、增效、惠民中的主体地位,坚持总量超越和内涵提升并重,提升民营经济创新能力和核心竞争力,推进全区民营经济发展再上新台阶。

一、2017年民营经济发展情况与主要工作

(一)各项指标实现良性发展

2017年1~12月,私营企业新发展数3 069家,累计户数3.29万家,比年初增长6.2%;私营企业注册资本额新增175.19亿元,累计注册资本额达617.6亿元,比年初增长69.8%;新发展个体工商户8 451户,累计户数达到8.03万户,比年初增长8.6%,三项全民创业指标均较好地完成了时序任务数。1~12月份,全区规模以上民营工业运行相对平稳,完成增加值27.7亿元,同比增长8.6%;完成销售产值134.7亿元,同比增长23.7%;完成出口交货值78.09亿元,同比增长25.7%。全年投资超亿元市外民资项目共计11个,注册资本额4.1亿元,计划总投资82.4亿元,本年完成投资额超38亿元。完成民间投资额178.1亿元,比去年同期增长12.5%。

(二)创新工作举措促发展

一是努力营造发展氛围。把大众创业、万众创新作为民营经济发展的新引擎,充分发挥市场经济的主体地位,营造民营经济发展环境,挖掘民间创新创业潜力,推动民营经济总量与质量实现新提升。鼓励支持大学生、科技人员、海外高层次人才来区创业、外出人员返乡创业等,孵化培育一大批创新型小微企业。加大了"三名"、经济人物等的组织推动,以先进的引领带动发展。在 2017 中国南通江海博览会暨首届通商大会开幕式上,本区通富微电子股份有限公司董事长石明达同志获评"张謇杯"杰出企业家,并在"张謇杯"杰出企业家事迹展揭幕仪式上做了发言。

二是强化招商与项目建设。强化招商工作。各街道、园区板块党政主要负责人挂帅出征谈项目、抓招商,形成全员招商浓烈氛围。统筹利用全区空间资源,实现跨部门、跨地域、跨行业招商资源和招商信息共享。拓展驻点招商、网络招商、"飞地招商"、以商引商等新路径,形成了有效项目信息、首谈项目工商注册、注册外资实际到账等梯次推进成效方法。强化考核奖惩。在 2016 年相关考核和奖励政策的基础上,研究制定了《2017 年崇川区重点产业项目奖励办法》《科技研发类项目招引扶持政策》等考核奖励政策,融合科技、人才、项目、招商等各个方向的有利杠杆,聚力于项目招商建设工作尤其是科技研发类项目建设,为该项工作的有序推进提供有力的政策保障。强化项目落地。2017 年全区完成固定资产投资 382 亿元,同比增长 15%。其中工业 72 亿元,服务业 310 亿元。

三是加快推进载体平台建设。围绕园区聚项目。抓好东方智谷、综合电子园、金融集聚区"三园"联建,推动同洲三网融合产业园、智造信息产业园、中江电商港、南通基金园等招商入驻,目前北斗数据中心、九次方大数据、神州数码智慧城市、泰斯特医学检测、上海梦想天地创客园等一批项目实现签约落户。围绕集聚抓产业。加强标准厂房建设,切实保障中小微企业发展需要。标准厂房建设与使用先进地区,崇川区榜上有名。15 万平方米的南通医疗器械产业园竣工投入使用,已成功签约博恩登特 3D 打印口腔隐形矫正、德国 RITTER 牙科综合治疗椅、柯渡医疗、泰斯特医学检测等医疗器械类生产、研发、检测企业 20 家;9 万平方米同洲视讯"三网融合"产业园一竣工就成功签约南通通环纺织品有限公司、冉幸纺织有限公司等 10 家企业;17.1 万平方米的总部大厦已经竣工装修中,准备交付。围绕楼宇优业态。作为主城区,大力发展楼宇经济是崇川区立足资源禀赋、发挥比较优势的战略选择。2015 以来,崇川区从布局、业态、政策、服务等方面入手,把楼宇经济作为支撑主城经济发展的重要抓手和构筑以服务业为主导的现代产业体系的重点内容加以推进,在促进产业转型、做美城市形象上作了一些有益探索。目前,全区在统单体3 000平方米以上商务楼宇123幢,比上年增加10幢。入驻企业8 000家,比上年增加1 600余家,增长26%。实现全口径税收35亿元,单位面积税收贡献率达1 200元/㎡,纳税超亿元楼宇达到6幢。围绕平台扩总量。本区坚持"政府引导、市场推动、企业为主"的原则,大力培育电子商务产业发展。2017年实现电子商务交易额225亿元,网络零售额105亿元,分别增长20%和19%。推动并协助区内企业淘金合创电子商务江苏有限公司申报"2017-2018年度商务部电子商务示范企业";组织文峰街道中央商务区社区、五一社区申报"2017年度江苏省省级电子商务示范社区";南通市综合电子商务产业园被认定为"南通市示范性服务业集聚区""南通市现代服务业集聚区""江苏省电子商务示范基地"后,2017年6月份又获评"南通市级创业孵化基地"。至此,园区共有省级品牌1个、市级品牌3个。品牌荣誉的获得,提升了崇川电子商务产业的对外形象,扩展了品牌影响力,营造了电子商务领域创新、创业、创意的氛围。

四是紧抓各项要素保障供给。完善创新创业政策体系。不断完善政府促进创新创业的政策体系,通过财政、金融等组合政策,全面落实税收优惠政策。加大了产业引导资金扶持力度,提供创新创业资金保障,建立以政府投入为主导、企业投入为主体、社会资本广泛参与的多元化创新创业投融资体系,探索以政府扶持、银行支撑、创投优先、担保支持"四位一体"的科技金融模式,出台了《崇川区产业发展引导基金管理办法》,基金规模1亿元;完善了《崇川区工业经济扶持政》,加大了对技改投入、两化融合、企业上市、做大做强、转型升级、能源管理等方面的扶持范围和力度。引导创投资本向创新创业前端倾斜,做大创业投资和股权投资规模,加快推进南通基金产业园(中小企业金融服务中心)的招商进度,截至2017年12月底,已有65家企业入驻,总注册资金(基金)规模达221.4亿元。积极拓宽融资服务平台。探索担保等新型科技金融组织,加快发展知识产权质押融资。1~12月,全区2家农贷公司累计发放贷款599笔,共计3.79亿元,贷款余额 2.59 亿元;科贷公司累计发放贷款 31 笔,共计 0.45 亿元,贷款余额 0.55 亿元;全区 6 家担保公司 2017 年度为 513 家企业提供担保 722 笔,新增融资担保额 43.49 亿元,在保余额 41.31 亿元。

二、下一阶段工作打算

展望下一阶段,国际国内发展环境依然错综复杂。崇川区将继续坚持稳中求进的工作总基调,以聚焦富民为宗旨,以聚力创新为路径,推动经济转型发展,紧抓项目建设"牛鼻子",将供给侧结构性改革落到实处,着力提高供给体系质量和效率,增强经济持续增长动力,筑牢高水平小康社会建设的经济基础。

(一)聚焦招商引资

一是突出项目招引。围绕创新型、大旅游项目招引。健全重点项目动态库,重点跟踪好浦东软件园、上海软件园、华为软件云、中科大厦(研究院)、弘晖生物医疗和台湾银灿等 27 个重大项目,力争尽快签约一批、落户一批。二是加强项目转化。对已签约园区合作运营的五洲国际、博济左岸文创街区、COCOSPACE 南通创新中心、南通 BU 全球青年科创中心等知名品牌运营园区,做好首批领军项目入驻的跟踪服务,加大对领军人才的吸引和亿元项目转化。三是组织主题招商。谋划好上海现代金融服务业、环渤海地区智能制造和科技研发转化对接交流、欧洲高端制造暨现代服务产业发展交流和深圳、上海、北京等地多场交流恳谈会。

(二)聚焦项目建设

下一阶段,亿元以上产业项目工作以推进土建类亿元产业项目为主体,同时继续深挖设备投入、新兴服务业达标企业等其他类亿元项目。一是紧盯目标保进度。对拟上报项目细排时间节点,明确开竣工时间,会同行政审批局、住建局等部门专题研究亿元以上产业项目审批、推进、证照办理等项目建设核心环节存在的问题,力求项目推进更高效。二是紧盯落实抓督查。以周为单位督查项目进展,加快推进前期工作,排除一切障碍,对未能达到时间节点的项目分析原因,督查责任主体部门及时解决,赶上序时;三是紧盯项目谋储备。重点从招商引资、技术改造、设备引进、土地出让等四个方面充分挖掘项目源,形成"储备一批、建设一批、投产一批"

的项目建设格局,确保今年重大项目有保障、明年开工项目能落实。

(三)聚焦创新发展

一是以科技创新推动"创新之都"建设。明确科技服务业和智能制造业两大产业方向,瞄准行业领军企业,对接长三角优质资源要素,以龙头型项目带动产业集聚发展,推动两大产业集群加快形成。加快龙源振华、南亚塑胶研发中心项目建设,力促中科应用研究院、江苏磁电研究院、亿石科学创新中心等一批科技研发类重点项目早日落地。二是以业态创新推进文化旅游发展。按城市做生态、区域做产业的思路,把生态环境建设与产业载体利用相融合,以江海文化为内涵、休闲旅游为主线,把产业布局与招商引资相协同,围绕城市发展定位,谋划实施华侨城卡乐小镇、运河龙舟文旅水岸、濠滨新天地、爱河生态运动长廊等一大批文化旅游项目,加快寺街、西南营历史文化街区保护性建设,加快推进狼山花鸟园项目。

(四)聚焦运行监控

一是确保重点指标争先进位。咬定"四个全面"中的全年任务目标,加强经济运行监测分析和预警,按照"市级部门对接、区级部门捆绑、责任片区联动、重点企业走帮"的模式,建立重点经济指标运行监控分析工作机制,实行"月分析、月走访、季查评"的模式,提高对经济运行综合管理能力。二是月度经济运行联席分析会议。围绕年度经济运行重点指标进行分析、预测和预警,研究经济运行中遇到的重点、难点问题和解决问题的办法、措施,部署有关工作,形成月度综合分析报告,促进全区经济平稳快速增长。三是季度经济运行走访工作制度。走访企业,掌握企业生产经营情况,对企业运行上升和下滑情况、投资建设情况,以及需要帮助协调的问题和相关建议等进行重点了解。走访片区,对接片区指标完成情况、下月重点指标预计情况和重点工作完成情况,存在的问题、解决方法及相关建议等进行座谈。

(五)聚焦精准服务

针对目前中小民营企业普遍存在的融资难、用工难等问题,强化土地、资金、用工和政策等要素的研究,加强全区范围内生产要素的统筹和协调,集中优势资源到高附加值、高技术含量的优质项目上。进一步推进民营企业上市融资工作,鼓励有实力的、有潜力的民企勇于借力资本市场蓬勃发展,优化资源配置,全力推进江苏吉泰克、京源环保、路桥公司主板上市及江苏鸿鹄科技、南通赛晖科技新三板挂牌。继续深入基层,了解掌握企业发展情况,分类指导,抓好各类项目库建设,为民营企业争取各类扶持政策。持续做好企业的各项培训工作。通过服务引领和政策推动,加大"三名"创建推进力度,切实利用好扶持工业经济发展系列政策,进一步引导企业加大研发投入,加快企业技术中心和工程中心建设步伐。组织南纤公司申报国家级企业技术中心,通富微电申报国家技术创新示范企业及省"双创团队",吉泰科、京源环保等企业申报南通市企业技术中心。跟踪金通灵、万达锅炉等5家企业的11个省级重点技术创新项目,进一步推动全区重点企业发展内涵的提升。全方位地做好服务工作,为企业协调解决外贸经营中遇到的困难和问题,帮助企业渡过难关。

2018 年 2 月

港闸区民营经济发展报告

港闸区民营经济发展办公室
港闸区工商业联合会

2017年,港闸区民营经济发展工作依靠南通市民营经济发展办公室的有力领导、依靠南通市工商业联合会(总商会)的精心指导,全区上下,围绕"两聚一高"大目标,牢牢把握"稳中求进、转型发展"的总基调,始终以项目建设为中心,以提质增效稳增长,以"兴三优二"促转型为着力点,全区民营经济保持平稳健康发展态势并取得新的工作成效。

一、2017年港闸区民营经济发展相关工作完成情况

2017年,港闸区民营经济发展在规模总量稳定增长等5个方面取得新进展、新成效。

(一)规模总量稳定增长。2017年,全区规模以上民营工业实现增加值46.36亿元,同比增长7.2%;实现现价总产值257.02亿元,同比增长7.7%;销售产值253.39亿元,同比增长8.5%。民间固定资产投资实现220亿元,同比增长39%。

(二)民资招商成效明显。深入对接上海、北京、深圳,举办专题招商活动20余次。招引凯木金科技、易康泰科等重点项目,总投资超300亿元。出台集成电路产业专项扶持政策,设立智能装备、集成电路两大产业基金,吸引钰泰科技等10余家企业入驻。全区首个央企区域总部中交华东城正式签约。

(三)创新能力逐步增强。2017年,港闸区与南京邮电大学联合成立南邮南通产业研究院,与南通大学联合成立通科微电子学院、阿里云大数据学院。全区新增国家高新技术企业28家,创历史新高。格陆博科技获第

六届中国创新创业大赛初创组优秀奖,全省唯一。通机股份全自动装盒机项目顺利通过省专精特新产品认定,成为2017年全市在全省获此荣誉的三家企业之一。

(四)众创行动持续升温。2017年,全区新增个体工商户3 822户,同比增长15.8%,累计达2.5万户;新增私营企业数3 777户,同比增长36.3%,累计达1.7万户。晶城科创园获评国家级科技企业孵化器,"橙子公社"获评国家级众创空间;大地电气董事长蒋明泉荣获全市十大"三名"人物。榜样的力量、典型的引领,栩栩如生的先进典型事迹使区内企业倍受鼓舞、信心大增。

(五)板块载体加快建设。市北科技城,格陆博科技等项目开工建设,科技城众创空间投入使用,招引入驻浪潮科技等项目11个。南通科学工业园,标准厂房一期封顶,爱浦克施等7个项目顺利开工。唐闸古镇,保护修缮汤家巷、新民巷等历史建筑近2万平方米。现代农业产业园,与省农垦集团合作建成万亩优质稻米种植区,全国一流的粮食烘干中心投入使用。南通综合物流示范园,卡行天下、圆通物流等8个项目开工建设。南通市检验检测认证产业园,成功招引北京国体、华测检测等企业10家。

二、2017年港闸区民营经济发展相关工作做法

2017年,港闸区民营经济发展始终坚持从实际情况出发,抢抓机遇,狠抓落实工作路数。

一是突出产业升级。抓规划引导,推进全区民营经济加快进入战略性新兴领域步伐;抓技术改造工程,促进全区优势骨干民营企业提高产品附加值、竞争力,努力实现新攀升;抓国家实施"互联网+"计划机遇,推动民营企业转型升级。

二是突出技术创新。抓"三名"工作细化,增强全区民营企业市场竞争力;抓技术研发,支持和帮助民营企业建立技术创新体系,增强企业核心竞争力;抓产学研合作,努力为民营企业提供人力资源和技术服务,推动加快产业技术升级;抓品牌建设,积极引导社会资源向品牌聚集;抓标准化建设,力争全区民营企业在国际、国家和行业标准中能有话语权。

三是突出招商引资。抓氛围营造,努力促进"万众创新、大众创业"思

想认识到位,行动落实到位;抓重点群体,努力壮大创业主体;抓创业工程落实,努力壮大现有创业主体和精心培育潜在创业主体;抓人才服务外包,积极调整结构布局;抓招商模式创新,拓宽招商渠道,画出最大同心圆,实施最佳效果招商。

四是突出板块培育和要素保障。抓集群发展,不断提升全区民营企业创业集群效应和整体对外形象;抓现有的船舶配套先进制造业集聚区以及配送、快递、物流等相关园区的具体工作落实,努力做到"多几分耕耘多几分收获";抓政策引导,优化政府服务质量,做好企业服务"勤务员",努力确保全区民营企业充满坚定的发展信心。

三、2018年港闸区民营经济发展面临的问题和工作思路

2018年,港闸区民营经济发展面临一些不容忽视的困难和问题。

一是整体实力还不够强。与一些兄弟县市相比,港闸区民营经济的总体规模还比较小,实力也比较弱。

二是产业层次还不够高。港闸区大多数民营企业还处在产业链的低端,在技术、装备、工艺、管理等方面,与先进企业还有较大差距。

三是发展动力还不够足。少数民营企业存在小富即安的思想,明显缺乏奋发进取的动力。

针对以上问题,更有"解放思想、追赶超越、推进高质量发展"的时代号角,2018年,港闸区民营经济发展任重道远。鉴于此,必将持续以往经验和好的做法,坚实迈出新的工作步伐。

(一)落实政策,营造良好环境。进一步发挥政府发展类专项资金杠杆撬动效应,积极营造崇尚实业的社会氛围。结合中小企业促进法宣贯工作,继续利用"走帮服"这一契机,将深入走访民营企业作为重点,着重宣传相关法律、上级一系列扶持经济发展、扶持中小企业发展的政策措施,特别是区里即将配套出台的2018年专项资金管理办法等扶持政策,加强指导,更加有针对性地引导企业争订单、抢市场、拓业务、增内功,有效发挥政策导向效益。

(二)培育产业,推动转型升级。把产业转型升级作为解决发展不平衡不充分问题的突破路径,不断壮大经济实力。实体经济再提质。推动船舶、

纺织等传统产业提档升级,加速电子信息和智能装备产业集群发展,打造产业地标。电子信息方面,加快市北集成电路等项目建设,力促爱浦克施、至晟微电子投产见效,力争3年左右形成百亿级电子信息产业集群。智能装备方面,以国盛智科、通机智能包装等项目为引领,推动产业层次迈向中高端,力争恒力智能包装、中南智能数控机床竣工投产。

(三)优选招商,增强发展后劲。瞄准电子信息和智能装备两大重点产业,深耕上海、北京、深圳等重点区域,充分发挥市北科技城优势,下好对接服务上海先手棋。强化驻点招商,深度对接产业园区,精准筛选信息,加大推介力度,提高招商引资效率。着力以商引商,借助龙头企业,开展全产业链招商,形成"引进一个、带动一批"的"乘法效应"。全面整合招商资源,放大招商优势,提升招商精准度。力争2018年招引亿元以上产业项目100个、10亿元以上重特大产业项目超10个。

(四)建设载体,打造品牌园区。南通科学工业园。以集成电路领域设备制造、封测材料等为重点,加快集聚一批具有核心竞争力的知名企业,打造在长三角有影响力的专业园区,确保标准厂房一期上半年投入使用。南通综合物流示范园。重点发展第三方、第四方物流、冷链及城市配送、供应链管理等业态,确保圆通物流、昱程物流等项目2018年投入运营,力争早日建成国家级示范物流园。唐闸古镇。着力建设省级旅游特色风情小镇,落实战略合作伙伴,加快导入旅游及相关配套项目;完成宝钢地块转型方案研究,打造张謇国际影视基地,力争部分开工建设。南通检验检测产业园。加强项目招引,确保园区大楼一季度开工建设,中智检测等企业投入运营。现代农业产业园。加快森林公园建设,力促飞悦农业向现代农业旅游园转型,确保2018年国庆节前开放运营。

(五)优化服务,破解制约难题。强推项目建设,狠抓开工建设,加快前期工作推进,按季落实一批亿元以上产业项目;狠抓竣工转化,对续建项目实行全程服务,挂图作战,抓牢进度,对竣工项目实行保姆式服务;狠抓过程服务,继续实行领导挂钩、例会协商、问题销号、微信互动等成熟机制。加强监测运行,加大重点行业、重大项目扶持力度,推动小微企业上规模、规模企业上台阶,促进产业集聚集约发展。优化审批服务。继续深化

"三证合一"登记管理等各项改革，大力推行并联审批、一站式审批，提高审批效率，为市场主体松绑、降低企业成本、方便群众办事。拓宽融资渠道。强化信贷支撑，开展银政企对接，深化与金融机构的合作，争取银行在信贷规模等方面给予更大的倾斜和支持。强化要素保障。积极盘活闲置厂房，通过嫁接、重组等途径，鼓励企业"走出去""引进来"，大力促进民营经济发展。构建"亲""清"新型政商关系，支持民营企业发展，激发和保护企业家精神，鼓励更多社会主体投身创新创业。

（六）培大扶小，助力企业发展。推动企业上市，提高直接融资比重，培育 IPO 报会企业、新三板挂牌和入轨企业各 1 家，招引上市企业 1 家。强化龙头带动。指导民营大企业制定发展规划，加大技术改造力度，培育自主品牌，增强核心竞争能力。加大培育力度。加强成长型中小企业培育，以开放和创新为方向，通过挂钩帮扶、要素保障、财政支持等措施，引导成长型中小企业向"专、精、特、新"方向发展。鼓励创新创业。积极开展创业基地建设，助推小微企业成长，以创业促进就业。大力推进创新驱动，鼓励民营企业加快研发投入，建立企业技术中心、工程技术中心。

2018 年 4 月

南通经济技术开发区
民营经济发展报告

南通经济技术开发区民营经济发展办公室

南通经济技术开发区商会(工商联)

2017年,南通开发区聚焦转型发展、融合发展、统筹发展,聚力内资招商、平台夯实、项目提速、要素完善等重点工作,进一步强化组织保障,提升服务水平,全区经济暨民营经济发展良好。

一、2017民营经济发展总体情况

一是指标稳中有进。主要经济指标完成情况好于同期、好于预期。2017年1~12月份,全区完成规模工业增加值226.7亿元,其中规模以上民营工业增加值74.49亿元,增长5.1%;全区固定资产投资552.31亿元,增长9.0%,其中固定资产民间投资328.4亿元,增长26%;财政总收入143.32亿元,增长69.7%,地方公共财政预算收入47.06亿元,增长4.1%。

二是提升转型加快。新兴产业总量不断增长。1~12月份,全区高新技术产业、新兴产业同比分别增长2%、8%,服务业应税销售收入同比增长19.3%。2017年全区获批高新技术企业51家,高企认定率全市第一;新增省级企业研发机构10家;"双创营"被认定为省级众创空间;万人发明专利拥有量达56.35件,持续保持全市第一;成功举办接轨上海"顶尖人才"专场活动,引进高层次人才项目22个,总投资6亿元;引进国家顶尖人才7人,累计83人;新入选省"双创人才"5人、"双创博士"5人,省"双创团队"2个;新增企业高技能人才2 019人。

三是发展后劲增强。民资招商成效明显,新签约项目82个,其中超

10亿元项目 5 个、亿元以上项目 55 个;总投资 180 亿元的阿里巴巴云计算、总投资 30 亿元的上海电气国轩高科储能系统基地、总投资 20 亿元的中远海运、总投资 10 亿元的罗博特科工业 4.0 等重大项目成功落户。全年完成工业投入 197.7 亿元,增长 6.7%;服务业投入 354.5 亿元,增长 10.2%。认定新开工亿元以上项目 68 个,累计完成投资 98.4 亿元,大王生活用品五期、美乐家健康科技、意力速电子、奇华顿二期、澳兰德新材料等一批重大项目开工建设;日本丘比食品、东艾科尖端薄膜等 36 个项目竣工投产;在产业项目建设年度考评中列全市九单元第二、开发园区第一。

二、2017 民营经济重点亮点工作

1.民资招商活动开展情况及超 5 亿元重大项目对产业链发展的示范带动情况

围绕民营经济是当前最具活力、最有发展前途、最值得大力发展的经济形态的理念,发挥各部门工作积极性和各自工作优势,协同配合,攻坚克难,努力实现全区民营经济工作的新突破和新成就。

2017 年开发区各相关招商部门相互配合,共组织民资招商活动 6 次,引进亿元以上市外民资 18 个,总投资 42 亿元,总注册资本 30.8 亿元。

新签约阿里巴巴云计算中心,总投资 180 亿元。南通市经济技术开发区以建设华东地区重要信息港为引领,以数据中心建设为基础,以云计算与实体经济深度融合。

——数据中心产业园,总规划面积 1 300 亩,以建设绿色数据中心为特色,以创建国家级数据中心示范园区为目标,充分发挥综保区的功能优势,带动数据产业向高端化、应用化方向发展。至 2020 年实现 7 万个机柜签约、5 万个机柜建设、3 万个机柜运营,完成投入 200 亿元以上,力争实现数据中心直接收入 100 亿元以上。目前中国移动、中国电信、亚洲脉络、中兴网信、网宿科技、锦富技术等一批数据中心项目已落户园区。

——大数据产业园,总规划面积 1 200 亩,以园区规划为引领,以行业应用为方向,重点在金融电商大数据、智能制造大数据、手游电竞大数据等方面引进一批基地型、旗舰型企业和项目,着力构筑大数据产业发展生态链。至 2020 年总计引入各类大数据应用型企业 100 家以上，国内知名领军企业 20 家以上，大数据应用服务总收入 100 亿元以上。

2.制定的扶持行业领军企业和科技型、成长型中小企业发展的政策和工作机制

（1）组织申报各级各类科技计划项目。科技计划项目是撬动企业研发投入，推进企业开发新技术、新产品、新工艺的重要助力，通过项目实施，同时可促使企业完善研发、财务、专利等管理制度。2017 年，全区共组织申报国家、省科技计划 27 项，市级科技计划 61 项，其中中天科技海缆牵头申报的国家重点研发计划获立项支持，获批总经费达 1 500 万元。省重大科技成果转化项目再获新突破，天盛新能源的研发项目"局域背接触晶体硅太阳能电池用导电材料"获立项支持。自"十二五"以来，全区累计获批省重大科技成果转化项目 9 项，争取省级财政资金 6 900 万元，撬动企业自有研发经费投入近 4 亿元。组织申报省双创人才计划 7 项，其中 2 家企业团队入选双创团队计划，3 人入选双创博士创新计划，1 人入选双创科技副总计划。

（2）组织申报高新技术企业。高新技术企业申报工作是市"四个全面"战略布局综合考核内容，也是全市产业项目建设考核的重要组成部分。2017 年以来，通过拉网式排查、多次召开推进会和培训会、分批实地走访、线上线下辅导、责任到人、专人服务等方式，共组织 72 家企业申报高新技术企业，其中新申报企业 42 家，重新申报企业 30 家，申报数量创历年之最。通过认定 51 家，立项率 70.83%，全市排名第一，高于全市平均立项率 53.7%近 17 个百分点，在全市产业项目建设考核中得分第一。截至目前，全区有效高新技术企业共计 105 家。高新技术产品对提高企业自主创新能力、创建自有品牌有重要作用，同时也是高企申报的重要基础。全年共组织申报 145 件，通过认定 111 件。全区已累计获批省级高新技术产品 688 件。

（3）推动企业研发机构建设。企业研发机构作为企业创新载体和研发基地，是企业创新人才培养、技术交流合作的重要平台，对增强企业自主创新能力具有重要意义。区经发局紧抓高新技术企业和大中型工业企业，不断提高企业研发机构覆盖率,同时提升企业研发机构层次。2017年,通过认定省级企业技术中心6个,省级工程中心1个,省级研究生工作站3个,市级工程技术研究中心6个,市级企业技术中心2个。截至目前,全区大中型企业及规模以上高新技术企业研发机构建有率达93%,拥有省级以上各类企业研发机构77个,市级以上各类企业研发机构182个,其中国家级企业技术中心1个,省级工程技术研究中心31个,省级企业技术中心18个,省级工程中心3个。大力推进国家级、省级创新平台建设,江苏双逸智慧园投资管理有限公司的"双创营"获批为省级众创空间,目前全区累计有国家级科技企业孵化器1家,国家级众创空间1家,省级众创空间1家。

(4)组织开展产学研合作。产学研合作是企业自主创新的重要方式和有效手段。2017年以来,围绕市委市政府深入对接上海,建设上海北大门战略,积极组织企业与上海高校、院所对接洽谈,促进上海科研成果来南通转移转化。全年征集企业技术需求140多项,发布高校、院所科技成果600多项。新签订产学研合同57项,其中与上海高校、院所签订7项。组织企业参加各类产学研对接活动10余场,其中组织25家企业参加江苏大院大所合作对接会,邀请西北工业大学、南京理工大学、江南大学及20多家企业负责人参加南通大院大所产学研对接恳谈会,组织区招商部门、客商及企业赴上海参加南通智能装备产业投资发展恳谈会,组织企业参加兰州、高校院所产学研合作洽谈活动。南通西北工业大学工业设计研究院成立四年来,建成一支由余隋怀教授领军、十余名专业设计师为主的工业设计团队。累计服务企业40余家,签订产学研合作项目50多个,拥有授权专利283件,被认定为南通开放式公共技术服务平台,多次获得南通文化创意设计大赛奖。

(5)深度落实科技创新政策,及时核拨科技扶持资金。科技扶持政策对企业自主创新起着巨大的调控、支撑和引导作用。2017年以来,省委省政府为加快推进产业科技创新中心和创新型省份建设,先后出台省"科技创新40条""知识产权18条"等政策措施,加大科技扶持力度,扩大政策惠及广度,确保政策落实到位。2017年年初,即根据《南通经济技术开发区关于进一步促进科技创新创业的若干意见》,优化受理流程,及时汇总审核,共拨付企业 2016 年度科技配套资助及奖励资金 1 904.44 万元。根据《南通经济技术开发区<南通市知识产权专项切块资金使用管理办法(试行)>实施细则》,本区组织企业申报资助材料,加快审核汇总,及时将 2015 年度市级专利资助资金 376.638 1 万元拨至企业。根据市科技局反馈,全区企业 2016 年度享受研发费用加计扣除减免所得税额 6 284 万元,高新技术企业减免所得税额 19 234 万元,在政策落实力度上,我区均排全市前列。

· 3.发挥地方政府积极作用,推进金融机构创新服务民营企业的举措及成效

目前,全区私营企业已达 13 147 户,注册资本超过 851 亿元;个体工商户已达 22 185 户,注册资本超过 17 亿元。

在开发区管委会的支持下,南通开发区农行联手南通建华创投基金共助民营企业成长。建华基金目前规模 2 亿元,由中国风险投资有限公司、南通国有资产投资控股有限公司、南通市经济技术开发区及部分民营企业共 11 家发起成立,主要投向开发区区域的科技型、成长型民营企业。南通市融升科技小额贷款有限公司信贷业务部针对银行承兑汇票贴现业务需求量大但金农公司系统暂不支持银行承兑汇票贴现业务的现状,公司首次开展了银行承兑汇票质押贷款业务,解决了民营企业客户的应急需求,通过创新贷款种类,服务民营企业 40 余家。

三、2018 年民营经济工作目标任务

2018 年,开发区将紧紧围绕年初确定的民营经济各项目标任务,以招商引资为抓手,以创新为引领,突出项目拉动和要素保障,全力推进全区民营经济稳步发展。一是精心培育龙头企业。结合《南通市"5215"工业大企业培育实施方案》,深入实施"培大扶强"工程,加大对区内重点企业的扶持力度,力争新增规模以上工业企业 30 家、亿元以上工业企业 10 家以上,加快培育一批能够影响全局、有话语权的行业"排头兵"、企业"小巨人"。二是加快推进产业升级。围绕数字化、智能化的目标,加快企业装备数字化普及应用推广,推进企业装备智能改造,扩大关键岗位机器人应用,培育发展一批智能车间、智能工厂;大力推动信息化与工业化深度融合,积极实施省、市"互联网+"行动计划,引导企业大力开展基于信息化的各类技术创新、产品创新、服务创新和商业模式创新,加快实现从产品设计到生产制造、从营销推广到售后服务的全流程互联网化转型。全年力争工业应税销售收入同比增长 10%以上;高新技术产业、新兴产业产值占规模工业比重提高 2 个百分点以上。三是着力提升特色园区承载力。高起点规划建设 410 公顷的"智能芯谷"和 450 公顷的感知元器件产业园,依托通富微电、清华同方、赫尔思曼汽车传感器、友星线束等产业龙头,以模拟芯片、集成电路、智能传感器等为重点,拉长增粗产业链,利用 3~5 年时间,打造在全国有影响力、有竞争力的特色产业集群。精心规划建设"大数据走廊",以建设华东地区重要信息港为引领,以成功创建国家级数据中心示范园区为目标,推动数据中心和数据服务齐头并进,加快向大数据技术创新和行业应用拓展,重点围绕金融电商大数据、医疗健康大数据、智能制造大数据和手游电竞大数据等领域,招引一批基地型、龙头型大数据应用项目,力争引进大数据应用服务类企业 30 家以上。全力支持阿里巴巴江苏云计算数据中心项目建设,加快推进欧域数据中心建设,提升数据中心产业发展水平。

2018 年 4 月

发挥民营企业主力军作用 促进南通制造向南通"智造"转型的对策建议

南通市工商业联合会

制造业是支撑经济平稳发展的主要力量，是经济结构调整的主要战场，是实施创新驱动战略的主要领域。智能制造业是制造业信息化和工业化深度融合发展、实现转型升级高端制造的关键。去年4月，市委市政府按照全市项目建设动员大会上提出的《加快推进项目建设的意见》，做出了推进重大项目、扩大有效投入的重大战略的决定，确定了"3+3+N"的产业发展方向(高端纺织、船舶海工、电子信息三大重点支柱产业，智能装备、新材料、新能源和新能源汽车三大重点新兴产业以及符合产业发展导向、有利于发挥南通自身优势的产业)，推动南通制造向"智造"转型。南通是制造业大市，也是民营经济大市，在今年全市制造业大会暨民营经济工作会议上，市委书记陆志鹏提出，民营经济是南通制造业发展的活力所在，要善于引导，让民营经济发展焕发新活力，增创新优势，为构建"3+3+N"先进制造业体系、建设长三角特色产业科技创新基地和长三角北翼具有国际竞争力的先进制造业基地提供有力支撑。

一、南通市智能制造产业发展现状

近年来，南通市深入贯彻落实《中国制造2025》战略部署，制定实施《中国制造2025南通实施纲要》。智能制造示范试点有效引领，建成省级以上智能车间25家、市级智能车间40家。中远川崎、中天储能2家企业获工信部"智能制造试点示范项目"，中天科技特种光纤入选工信部"智能制造新模式应用"。两化融合管理体系贯标扎实推进，全市建成省级两化融合示范区7个、试验区5个、示范企业30家。信息基础设施建设支撑有力，IP城域网出口带宽达 3 500G，国际互联网专用通道开通，城市百兆光网覆盖率、无线 4G 网城乡覆盖率均达到 100%。南通成为全国唯一获得国家智慧城市、中欧绿色智慧城市、宽带中国示范城市、国家三网融合城市 4 个示范试点牌子的地级市。当前南通市智能制造产业发展呈现以下几个特点：

1.科研投入加大，成果转化明显。南通市民营制造企业不断加大研发投入，推动科研成果转化，为发展智能制造奠定了良好的基础。通富微电充分发挥封测行业"龙头"作用和专业优势，推进集成电路先进封装技术研发和创新，实现了我国集成电路封测技术从低端到高端、从低附加值到高附加值、从国内走向国际的不断跨越。2014 年至 2016 年，通富微电共投入科研经费近 8 亿元，开展各级科技项目 34 项，取得科技成果 20 余项，其中获省部级及行业科技奖 6 项，市科技进步奖 5 项；获批国家重点新产品 3 项，省级高新技术产品 5 项；申请专利 600 多项，获授权专利近 300 项，其中发明 124 项；参与制定行业标准 1 项。科技成果的产业化应用达到 70%以上。罗莱生活与东华大学、江南大学、南通大学和上海纺织科研院均有着科技研究合作，借助学校和科研院所的研发实力，进一步提升科技研发及成果转化能力。双钱集团每年投入 5 000 多万元用于研究开发，占销售收入的 3%以上，主要针对行业发展需要的关键问题、共性问题和技术发展趋势，重点开展绿色环保节能子午线轮胎产品的设计、制造共性关键技术的研究推广，以及安全性能测试评价技术的研究推广，开发出适用于不同客户需求、不同使用环境的高性能、高品质产品。神通阀门每年研发投入占销售额比重大于 4%，知识产权投入占研发经费 10%以上。2016 年公司研发投入 2 656 万元，R&D 占比 4.4%，知识产权投入 319 万元，占研发投入的 12%。企业 2016 年成功定增融资 4.6 亿元，专项用于阀门智能制造、特种阀门研发试验平台等项目建设。

2.组建高端平台，推动技术创新。南通市民营制造企业以组建高端研发平台为抓手，为发展智能制造提供技术保障，通过自主研发、引进技术、联合攻关等方式，走产学研协同创新之路。创斯达科技建有江苏省"创斯达"银行设备工程技术研究中心，江苏省企业技术中心，并和德国迈科集团合作建立了"创斯达科技集团(中国)有限责任公司德国先进制造技术研发中心"，吸引和集聚德国乃至欧洲的优势科技资源，企业的技术创新迈上了一个更高的台阶，逐步成为一个国际化的技术创新平台。企业现有专职研发人员146人，占职工总数的15.8%。近年来，每年投入的研发经费均占当年销售收入的3%以上，为技术创新提供了有力的保障，每年都有大量的新产品面世。中天科技通过自主研发和引进消化国外先进技术，进行新技术、新工艺、新材料和新产品的工程化研究开发，培养了一支集科研、设计和产品开发、技术管理及产业化开发的技术复合型人才队伍。通过持续创新，不断提高国产光纤预制棒的技术水平，尤其在高端预制棒的研制方面打破了国际巨头的垄断，填补了国内空白，增强了我国光纤光缆产业的国际竞争力。鹏飞集团建有占地5 000平方米的研发中心1个，组织建设了国家级企业技术中心1个，大型水泥煅烧系统节能减排工程技术研究中心1个，建材机械装备检测公共服务平台1个和省级科技孵化器1个，搭建技术装备精、检测水平高、支撑能力强的研发检测平台，为基地内企业提供科学、高效的服务。研发中心以中科院研究所、东南大学、上海交大、江苏大学、南京水泥设计研究院等科研院所为技术支撑，加强产学研技术合作，提升自主研发能力。

　　3.创新体制机制，坚持人才战略。南通市民营制造企业建立健全以人才促进科技发展的长效机制，通过创新驱动推动企业的智能制造，促进科研技术资源的高效配置和综合集成。通富微电先后引进了数十位海内外人才，组成海外专家研发团队，牵头相关项目的研发工作，其中国家"千人计划"引进人才2名、"省双创"人才4名。每年引进培养大学毕业生200余人，为企业后续发展储备人才。通光集团致力于以人才带动产业发展，通过人才来推动企业不断创新。目前，通光集团高级技术人员占比达到27.5%，5人享有国务院特殊津贴。设立通光研究院，吸引国内顶级专家、技术人才，被认定为国家级博士后科研工作站、江苏省企业技术中心和江苏省工程技术研究中心，在新产品标准制定、专利申报、成果转化方面取得了卓越的成绩。

　　4.重视知识产权，助力创新发展。南通市民营制造企业不断完善知识产权体系，加强对知识产权特别是专利的保护，促进企业创新发展。国盛集团以知识产权为着力点，紧跟市场整体知识产权战略，实现产品全球化战略。目前企业拥有有效专利103件，有授权发明专利15件。建立了江苏省工程技术中心、江苏省企业技术中心及产学研合作平台,公司产品的加工精度和效率达到国际标准。企业积极承担省、市、区级的科技计划项目。罗莱生活高度重视科技创新和知识产权维护、运用。拥有完善的知识产权管理制度,明确保障了知识产权完成人的权益,调动了企业创新的积极性和创造性,有效促进企业自主创新能力。将自有知识产权应用到产品中,提供优质产品和服务的同时,有效阻止竞争对手跟进和模仿,提高了企业竞争力。近3年来,共获得37项授权自主知识产权,其中4项发明专利,33项实用新型,另有20余项发明专利已进入实审状态。通光集团高度重视知识产权工作,目前拥有专利150件,其中发明专利13件、软件著作权2件,被认定为国家知识产权优势企业、江苏省企业知识产权管理标准化示范单位,已经通过国家知识产权管理体系贯标。2016年承担了江苏省企业知识产权战略推进重点项目。

二、南通市民营制造向"智造"转型面临的主要困难

在明晰南通市民营企业智能制造优势的同时,我们也需要认清南通市民营制造向智造转型面临的困难和问题。

1.公共服务平台建设的模式有待多元。南通市在制造业重点行业和关键领域推进公共服务平台建设,并取得了一定的成效。但是公共服务平台建设资金来源不够稳定,缺乏可持续性。有的主要依靠政府投入,运作模式相对单一,其他经费支撑相对缺乏,良性循环的发展机制有待建立;有的纯粹依靠外资,和当地政府部门沟通衔接较少,在当前智能制造项目处于起步阶段的情况下,如何探索政府支持和其他经费来源相结合的发展模式,加强各级政府和基础性研发领域的合作,促进创新服务平台可持续发展,是新的挑战。

2.缺乏核心技术和核心竞争力。战略性新兴产业是高端智能制造产业的重要支撑。近年来,南通市加大了对战略性新兴产业的研发投入,但总体规模仍然偏小,研发水平及成果转换与国内国际先进水平相比仍有不小差距,究其原因主要是由于缺乏核心技术。此外,南通市战略性新兴产业的自主创新能力还不够强,技术创新成果转化率较低,许多领域的关键技术、核心装备及材料仍然依赖进口,例如在高端装备制造产业中的海洋工程装备方面,大型高端深海工程装备的关键技术仍未完全掌握,远洋通讯、导航等高技术、高附加值的配套产品都需要从国外进口。

3.竞争优势层次低下,产业组织不合理。 目前南通市制造业大多集中在低水平层次上,增值能力有限,附加值较低,以劳动密集型产业居多,高技术产业严重不足。在本市外贸领域取得领先竞争优势的行业80%以上均为劳动密集型产业,在高技术领域中,计算机集成制造技术、材料技术、电子技术的竞争力指数均非常低。同时,产业和产品结构不合理。目前制造业产业组织的主要问题是:市场结构依然过于分散,企业竞争过度集中于价格竞争;企业进入和退出存在障碍,影响了产业竞争效率的提高。企业规模普遍偏小,具有国际竞争力的大型企业缺乏,合理的分工合作秩序尚未形成,企业生产专业化水平仍较低。

4.部分民营企业对发展智能制造动力不足。 经济新常态下,多数制造业企业,特别是传统制造业企业原材料价格上涨,能耗成本、物流成本及劳动力成本大幅提高,利润下滑,生存环境日渐严峻,企业无力进行研发投入,无力进行设备升级改造,有能力进行智能制造升级的仅是部分大型企业和行业领军企业。同时,部分民营企业对标准重视程度不够。标准化是自动化的基础,也是智能制造的前提。部分民营企业不太重视或者没有意识到标准化的重要性,很多产品零部件规格种类之多令人咋舌。民营企业在跨系统、跨平台集成应用时面临复杂的技术难题,有的甚至需要推倒重来。特别是物联网行业应用标准缺失,导致设备不能兼容,一些民营企业内部信息系统也因缺失统一标准导致集成困难。智能制造的快速发展使工业标准规范不一致的问题在民营企业中更加凸显。

三、发挥民营企业在南通制造向"智造"转型中作用的对策建议

解决制造业发展中存在的问题,就要认真贯彻落实《中国制造2025》发展规划,充分发挥政府的引导功能,让市场在资源配置中发挥决定性作用。要围绕产业链部署创新链,围绕创新链完善资金链,切实解决南通市制造业存在的主要问题,推动制造业在新常态下实现转型升级。

1.推动制造业企业公共服务平台建设

公共服务平台是中小企业做大做强的需要,对制造业向智能制造转型具有重大意义。要以技术服务、设计、检测、信息和技术交易等平台为重点,探索建立公共服务平台共建共享机制,大力发展公共服务平台发展所需的物流、咨询、金融等专业化配套功能和第三方中介服务,不断提高对各类创新要素的集聚功能。要根据产业发展需要,大力培育发展行业性公共服务平台,开展以产业信息、技术交流、对外协作、招商引资等为重点的各项服务。加快整合中小企业公共服务平台方面现有的政策法规,并根据新情况、新要求,继续出台新的政策法规。同时创造条件让商会组织探索公共服务,把政府无暇做、不便做的公共服务工作放手交给商会组织,不断提高公共服务的社会化水平。

2.构筑为智能制造提供智力资源的人才体系

智能制造引领制造业转型升级发展的关键是人才,当前各类先进制造业、高端服务业以及战略性新兴产业均面临高端人才紧缺的严重问题。为此,一要学校培养,充分发挥南通市高等院校、职业学院在人才培育方面的优势基础性作用,按照国内外市场发展的趋势对高等院校特别是职业学院的课程进行针对性的改革,尝试探索出一条根据市场需求而发展的教育模式;二要联合培养,建立智能制造人才培训和实训基地,依托高校、科研院所和企业培训资源,鼓励、激励高校、科研院所与企业联合培养智能制造重点领域所需的专业型、创新型和复合型人才;三要社会培养,充分依靠社会上各种培训机构以及企业在塑造人力资本领域充当的积极角色,尽可能增加职工岗位培训,不断适应跨产业边界的互补发展、融合发展,应尝试选择企业、个人以及国家三方一致分担培训费的机制;四要积极引进海外高层次人才,积极引进数字化、智能化、网络化智能制造人才,尤其是海外高层次人才,通过采取持股、技术入股、提高薪酬等更加灵活的人才政策措施,为南通市智能制造长远发展注入雄厚的人才智力力量。

3.大力提高科技创新能力

创新驱动是经济新常态下经济发展的主要动力,对制造业尤其如此,要靠创新推动制造业的转型升级,加快提高制造领域自主创新能力,利用新技术突破传统产业发展瓶颈,利用科技创新发展战略性新兴产业。一是利用资本市场促进科技创新。利用和发展资本市场,为科技创新和产业发展提供充足资本来源。有了充足的资金投入研发环节,可以为创新创造更好的条件,可以更好调动科研人员的积极性,发挥出最大的潜能。同时,企业可以通过职工持股计划、股票选择权计划等来吸引和激励管理人员,稳定主要科研骨干,提升企业的持续创新能力。二是完善创新投入机制,优化投入结构。要优化基础研究、应用、试验发展经费投入结构,大力建设工业实验室,为产业发展培育大批重要的技术和科技人才。政府要加大基础研究投入的力度,为发展高技术产业积累充足的原始创新成果储备,使投入所产生的知识有利于全社会的共享,增加技术扩散的可能性。在加大政府基础投入的同时,通过政策,引导企业增加研发投入。三是完善创新管理的体制机制,注重创新方法,提高创新效率。在国家提供产业支持政策的同时,要以产学研用结合为抓手,完善科技投入和管理机制,提高创新效率,快速解决实际问题。

4.推动智能制造企业发展的政策扶持

要以全市制造业大会暨民营经济工作会议的召开为契机,着力营造有利于制造业和民营经济发展的良好环境。一是落实政策扶持。切实落实已经出台的各项支持智能制造政策;在资金筹集方面,采用成立专项资金、无偿资助、贷款贴息、有偿使用、委托投资等多种方式,鼓励企业"机器换人",扶持相关企业进行智能化改造;在企业投入方面,通过进一步采用优惠的税收政策和土地政策、提高企业承担政府科研项目的比例、研发补助、制造商补贴、完善智能制造科技创新税收政策、购买高端技术服务时根据某种比例抵扣进项税等途径,加大企业对智能制造的资金投入力度;在社会投入方面,通过建立相应机制,将社会各类资金科学、合理引导至智能制造相关产业领域。二是营造良好氛围。邀请专家学者普及工业转型升级知识,强化推广先进经验等宣传工作,提高全社会对发展智能制造的知晓度、认知度、参与度。举办或承办具有较大影响力的智能制造行业专业展会、论坛等活动,广泛邀请国内外行业知名机构、企业、专家,全面展示最新的智能制造理念、技术、装备和解决方案。

撰稿人:陶辉

2017 年 9 月

弘扬企业家精神 发挥企业家作用 加快建设一支高素质的通商企业家队伍

南通市工商业联合会

2017 年 9 月 25 日,中共中央、国务院印发了《关于营造企业家健康成长环境弘扬优秀企业家精神更好发挥企业家作用的意见》,这是中央首次以专门文件明确企业家精神的地位和价值。《意见》从营造依法保护企业家合法权益的法治环境、营造促进企业家公平竞争诚信经营的市场环境等 9 个方面提出了 27 条具体的意见,这些都是非常好的措施,需要认真贯彻。

近年来,市委市政府高度重视企业家精神的培养、企业家作用的发挥和企业家队伍的建设,继 2016 年在全国设立首个南通企业家日,每年评选表彰"张謇杯"杰出企业家等一批优秀典型后,去年又正式成立通商总会,发布"强毅力行、通达天下"的通商精神,通商企业家队伍茁壮成长,为促进全市经济社会事业发展做出了重要贡献。但在看到成绩的同时,也应该看到,南通市企业家队伍建设还存在诸多问题和不足,企业家在自身素质能力上还存在一定差距,特别是观念思路比较保守、视野眼界不够高、创新精神和创新能力还不够强。这些问题不仅关系到企业的生存发展,也直接关系到全市经济转型升级和持续发展大局,必须引起高度重视。

面对新形势、新任务和新要求,进一步弘扬企业家精神,发挥企业家作用,加快建设一支高素质的通商企业家队伍,是摆在我们面前的一项重要任务。为此,我们提出以下建议:

（一）坚定企业家加快发展的信心和决心，营造支持企业家干事创业的浓厚氛围

当前，经济发展进入新常态，发展方式加快转变，新旧动能不断转换，这对企业家提出了更高的要求。在新常态下，企业的发展确实遇到了一些困难，如社会环境不宽松、原材料价格上涨、用工成本上升、利润率下降、产能过剩、融资难融资贵等，影响了企业家的积极性，导致投资意愿下降，发展的信心和决心有所动摇。新常态是挑战，也是机遇。在这个关键时期，企业家更要敢于担当，直面挑战，主动应对形势变化，带领企业转型升级、创新发展、提质增效。在企业适应引领经济发展新常态的过程中，各级政府要主动对接企业需求，优化服务，创造环境，引导支持企业家干事创业，调动企业家的积极性、主动性、创造性，坚定加快发展的信心和决心。建议市委市政府按照中央文件要求，研究出台弘扬企业家精神，发挥企业家作用，加强企业家队伍建设的意见，进一步优化整合各地各部门的政策措施，形成强大的工作合力，建立系统性的政策支持体系，支持企业发展，支持企业家创新创业，大力营造支持企业家干事创业的浓厚氛围。

（二）加大企业家培训力度，提升企业家队伍整体素质

企业家素质的提升要靠自我学习、自我提高，但政府组织的集中培训也不可或缺。要紧密结合南通市企业战略发展和管理创新的实际需要，制定科学合理的素质提升计划，采取"请进来、走出去"等形式，每年有计划、分层次举办企业管理高端培训、行业专题培训等活动，努力建设一支具有全球化视野、锐意改革创新、勇于做大做强、自觉诚实守信的通商企业家队伍，充分发挥好企业家在推动产业转型升级、技术创新、管理创新、商业模式创新、企业文化创新等方面的作用。要突出抓好青年企业家培养。加强青年企业家理论培养、专题研修、实践锻炼和老一代企业家的传帮带，重点培养青年企业家的政治素养、法制意识、经营理念、创业精神、管理才能和社会责任。要整合企业家培训种类资源，依托党校、行政学院、高等院校和有实力的专业培训机构，按照市场化运作、企业化运营、政府补助相结合的方式，建设一批有影响力的企业家培训基地。

（三）帮助企业家排忧解难，建立政企沟通交流平台

各级各部门要增强服务意识，进一步简政放权、放管结合、优化服务，加快建设一流的营商环境。建议市委市政府研究出台构建新型政商关系的意见，各级领导干部要主动深入企业，面对面听取企业意见建议，积极帮助企业家解决实际问题，强化对企业的联系服务。要不断提升企业服务水平，急企业之急，解企业之难，当好企业"贴心人"，更加精细地做好企业及企业家服务工作，千方百计帮助困难企业排忧解难、渡过难关。要建立政府与企业家双向沟通交流机制，让党委政府的政策及时传达到企业，让企业的声音及时传递到党委政府。充分发挥行业商会、协会联系企业家的桥梁和纽带作用，让企业家更好地了解行业发展现状和需求，及时反映企业诉求，增进政企之间信息交流。探索建立长效机制，使政府与企业家双向沟通交流工作实现常态化、制度化、目标化、责任化。

（四）加大优秀企业家宣传力度，提高企业家政治和社会地位

要对优秀企业家的突出事迹进行认真及时总结，在全市宣传推广。支持新闻媒体贴近经济发展，加大先进企业和优秀企业家的宣传力度，注重发现和树立企业家队伍中的先进典型，广泛宣传优秀企业家的创新精神和社会贡献。要不断提高企业家政治和社会地位，充分认识企业家是社会财富创造活动的领导者，是创新发展、转型升级的生力军，是经济文化强市建设的骨干力量。要发挥好各级党代会代表、人大代表、政协委员中企业家的作用，畅通参政议政、民主监督和建言献策的渠道。在各类评选表彰活动中，要注重选拔优秀企业家。

撰稿人：陆志祥

2018 年 1 月

关于加快建设四位协同发展
产业体系的思考

南通市经济和信息化委员会

习近平总书记在党的十九大报告中指出,着力加快建设实体经济、科技创新、现代金融、人力资源协同发展的产业体系。现结合南通实际,就作为实体经济主体部分的制造业,如何按照四位协同发展的要求加快建设现代产业体系,提出以下思考。

一、深刻领会建设四位协同发展产业体系的丰富内涵

党的十九大报告作出了"我国经济已由高速增长阶段转向高质量发展阶段,正处在转变发展方式、优化经济结构、转换增长动力的攻关期"的重要判断。其核心内容是,着力加快建设实体经济、科技创新、现代金融、人力资源协同发展的产业体系,不断增强我国经济创新力和竞争力。关于建设四位协同发展产业体系的丰富内涵和基本方略,可以从以下三个方面来把握。

一是把握好四个方面的逻辑关系。按照现代增长理论,实体经济是一国经济的主体,而影响长期经济增长的主要因素是技术、资本和劳动。与此同时,技术创新是经济增长的源泉,劳动分工及专业化人力资本、金融资本及其配置则直接决定着创新的效率。党的十九大报告提出,建设现代化经济体系必须把发展经济的着力点放在实体经济上,不论经济发展到什么时候,实体经济都是我国经济发展、在国际经济竞争中赢得主动的根基。因此,促进实体经济、科技创新、现代金融、人力资源实现协同发展,本质上就是要把生产要素与经济增长协同起来,通过要素质量的提高、配置结构的优化,提高经济增长的质量和效益,使经济发展真正建立在依靠科技进步、资本配置优化和劳动者素质提高的基础上。

二是把握好协同发展的鲜明导向。重点要解决实体经济与科技创新、现代金融、人力资源之间缺乏协同性的问题。经济发展中的不协同主要表现以下三个方面:首先,科技与经济"两张皮"问题突出。科技成果转化难、转化率低,科技创新成果对实体经济发展的支撑力度不够。其次,金融和实体经济失衡问题严重。金融创新泛滥,过度金融化、金融自娱自乐、资金空转现象较为突出,制造业贷款余额持续下滑现象普遍存在,制造业企业融资难、融资贵问题持续凸显。再次,人力资源支撑力不强。重点产业领域的领军人才严重缺乏,创新型企业家群体亟须壮大,各类创新创业人才的积极性、创造性和活力尚需进一步激发。

三是把握好建设协同发展产业体系的基本路径。主要分为三个层次:首先,努力推动各种生产要素质量变革,让劳动、资本和技术等要素拥有持续动力,行稳致远。其次,努力优化各种生产要素的配置,打破生产要素自由流动的各种障碍,建立起正常的基于市场原则的进退机制,解决"僵尸企业"处置和金融与实体经济失衡等问题。再次,全面改革和完善政府的宏观调控和监管体制,树立、提升并发展适合产业发展的政府监管新理念、新能力和新服务。

二、按照四位协同要求审视南通制造业发展现状

长期以来,南通市坚持大力发展实体经济不动摇,制造业总体实力迈上新台阶,南通制造业发展正从"数量追赶期"步入"质量提升期",南通市成为首批 15 个"国家工业稳增长和转型升级成效明显市"之一。特别是党的十八大以来,加快推进实体经济与科技创新、现代金融、人力资源融合发展,制造业转型升级不断深入,稳中向好态势更加巩固。

(一)产业规模持续攀升

从产业规模来看,自 2012 年全市规模工业总产值首次突破万亿大关后,2016 年,全市规模工业总产值达到 14 952.8 亿元、规模工业实现增加值 3 330.4 亿元,约占全省的 1/10,每年提供 100 多万的就业岗位,贡献 300 多亿元的税收。从产业集聚来看,逐步向船舶海工、高端纺织、电子信息及智能装备、新材料、新能源和新能源汽车"3+3"重点产业集聚。2016

年,全市"3+3"产业总产值达到 9 526.2 亿元,同比增长 10.5%,占规模工业比重的 63.7%,拉动规模工业增长 6.6 个百分点;"3+3"产业产值均突破千亿,其中,船舶海工、高端纺织、电子信息产业产值均突破 2 000 亿。

(二)产业结构更趋优化

在以产业优化为核心的转型发展战略强力推动下,以高新技术产业与六大新兴产业为重点的先进制造业保持良好发展势头,对全市工业经济贡献不断加大,促进了南通市工业经济增长方式的转变。2016 年,全市完成高新技术产业产值 6 883.1 亿元,占规模工业的 46%,占比高于全省平均 5 个百分点,较 2010 年提升 13.6 个百分点;全市新能源、海洋工程等六大新兴产业完成产值 5 074.2 亿元,占规模工业的 33.9%,占比高于全省平均 3.9 个百分点,较 2010 年提升 12.3 个百分点。中远川崎、中天储能获批工信部 2016 年智能制造试点示范项目。

(三)支撑能级不断提升

科技创新方面,2016 年,全市新增国家、省、市级企业技术中心的数目分别为 2 家、28 家、43 家,总量突破 450 家。国家级企业技术中心总数达到 8 家,苏中苏北领先;省级企业技术中心总数达到 190 家,总量全省第三。产融结合方面,搭建金融支持实体经济平台,设立南通陆海统筹发展基金,围绕"3+3+N"重点产业发展,成立南通市中小企业金融服务中心,建设南通基金产业园,举办"江海创投行"活动,引导更多金融资金流向实体经济领域。2016 年,全市新增直接融资规模达 825.23 亿元。人才支撑方面,围绕南通市支柱产业和战略性新兴产业发展,突出"高精尖缺"导向,引进急需人才、留住关键人才、培养适用人才。2016 年,全市人才资源总量达到 125.4 万人,其中,高层次人才 7.92 万人。

尽管南通制造业发展取得了显著成效,但与建设四位协同发展现代产业体系的要求相比,仍存在较大差距。

一是制造业自身发展总体处于中低端。一是产业层次不高。南通市战略性新兴产业占比低于苏州 15.9 个百分点。船舶行业中,远洋通导设备、精密控制设备等高技术、高附加值核心部件依赖于国外。南通市服装企业以"代工""贴牌"为主,大部分企业没有自己的设计师或设计团队。二是企业规模偏小。南通市规模企业单体规模为2.7亿元，低于全省平均约0.5亿元。全省公布的125家超百亿工业企业中，南通市仅2家，与南通经济总量的地位不相匹配。三是缺乏引领性特色产业。南通市在国内、省内最具影响力的产业是船舶海工和家纺产业，但受近年来市场环境低迷的影响，两大产业增速较慢，对全市工业的支撑力明显减弱。而对比苏南城市，苏州的纳米、无锡的物联网、常州的石墨烯等产业都在蓬勃兴起、加速发展，既具备较大增长潜力，又引领当地制造业转型升级，有力带动了地区经济的跨越发展。

二是实体经济与科技、金融、人才不协同问题十分突出。科技创新上，科技创新与企业研究与试验发展(R&D)经费投入占规模以上工业主营业务收入的比重仅为2.61%，低于国际通行3%的标准。国家级、省级重大研发机构相对偏少，省级科技公共服务平台只占全省的8%左右，远落后于苏州、无锡等地，服务战略性新兴产业的公共平台更是缺乏，难以满足产业发展需求。特别在前沿科技领域，缺少一批高水平的科研院所、高校研究机构。金融发展上，南通市银行新增贷款占GDP的比重为12%左右，低于全省平均水平4个百分点。直接融资、上市企业数量和储备企业数量与苏南城市差距较大，金融业对实体经济的支撑拉动还有较大提升空间。人力资源上，虽有一些领军人物和研发团队，但总体"势单力薄"，"联合作战"能力较弱，团队支撑作用不明显，人才紧缺与人才流失现象并存。

三、加快建设四位协同发展产业体系的对策思考

加快建设实体经济、科技创新、现代金融、人力资源协同发展的产业体系，既是目标定位，又是方略举措，更是推动经济高质量发展的根本遵循。下一阶段，要全面贯彻党的十九大精神，以习近平新时代中国特色社会主义经济思想为指引，按照省委省政府"六个高质量"的发展要求，牢固树立"实体经济是根基、科技创新是筋骨、现代金融是血液、人力资源是中枢"的理念，推动经济发展质量变革、效率变革、动力变革，不断增强南通市经济发展的创新力和竞争力。

(一)筑牢先进制造业重要根基

制造业是实体经济的主体，也是建设现代化经济体系的主战场。南通

的发展靠制造业起家，也要靠制造业走向未来。必须牢固树立和贯彻落实新发展理念，把"存量变革"与"增量崛起"结合起来，在强化旧动能的基础上，培育壮大经济发展新动能，加快新旧动能转化，全力推进南通制造向南通创造转变、南通速度向南通质量转变、南通产品向南通品牌转变，加快建设长三角北翼具有国际竞争力的先进制造业基地。

一是强化旧动能，促进高端集聚。坚持以提高供给体系质量和核心竞争力为主攻方向，加快实施存量调整，聚焦产业中高端环节，推动产业链整合提升和空间集聚发展，提高高品质、个性化、高复杂性、高附加值产品的供给能力。支持行业龙头企业通过股权合作、战略联盟和产业集群等模式实施产业链垂直整合，着力打造船舶海工、高端纺织产业、电子信息、智能装备、新材料、新能源及新能源汽车等一批千亿级标志性先进制造业集群。推动制造业与服务业协同，大力发展生产性服务业，形成互促转型、提高效率的良性机制，促进第二、三产业加速融合。力争到 2020 年，船舶海工、高端纺织产业、电子信息、智能装备、新材料、新能源及新能源汽车"3+3"产业总规模达 1.57 万亿元，占全市制造业比重 60% 左右。

二是培育新动能，抢占布局先机。新兴产业代表新一轮技术革命和产业变革的方向。大力推动"无中生有"的新技术、新模式、新业态、新产业发展，打造制造业发展新的"发动机"。主动把握新趋势，瞄准产业和科技发展前沿，超前谋划、超前布局战略性新兴产业，大力培育新一代信息技术等一批千亿级的先导性新兴产业，在高技术产业上占领技术制高点，实现高起点上增量发展，尽快使其成为制造业转型升级的主动力。到 2020 年，战略性新兴产业领域新技术、新产品、新业态、新模式蓬勃发展，力争总规模突破 8 000 万亿元，占全市制造业比重 30% 左右。

三是释放剩产能，推动绿色发展。坚持绿水青山就是金山银山的理念，严守生态红线，提高节地、节能、节水水平，科学配置和集约利用资源要素。坚持用市场化、法治化手段，严格执行环保、质量、安全等相关法规和标准，化解过剩产能、淘汰落后产能。贯彻落实《关于加强长江经济带工业绿色发展的指导意见》，实施长江经济带产业发展市场准入负面清单，制定禁止和限制的制造业行业、生产工艺、产品目录。主动策应供给侧结构性改革,扎实推进"263"专项行动和"三行业"整治,依法依规强力推进化工、钢丝绳、印染行业落后产能淘汰和散乱污企业退出,在"破""立""降"上下更大的功夫,为现代产业发展腾出空间。

四是推动新智能,提升产业能级。智能制造已经成为制造业转型升级的制高点。大力实施智能制造工程,加快推进互联网、大数据、人工智能等新一代信息技术与制造业深度融合,实施"互联网+制造业"专项行动,推动高端化、绿色化、智能化改造,尽快突破制约制造业转型升级的研发设计、供应链管理、品牌培育、营销等关键环节,创建一批示范智能车间和智能工厂,培育一批提供智能制造整体解决方案的领军企业。建设工业大数据、工业互联网等功能型平台,提供基于行业和区域的"工业云"服务,鼓励企业运用平台资源,推进基于互联网的协同制造。全面推进制造业品牌战略,将"三品"战略理念融入产业发展各领域、各层面、全过程,依托技术创新、质量改进、管理创新和标准升级等,提高全要素生产率,提升产业的质地和能级,实现制造业质量竞争力显著提升。力争到2020年,制造业质量竞争力指数达到90,两化融合发展指数达到98;基本形成产业科技创新框架体系,全社会研发投入占GDP比重2.85%左右。

(二)推动科技创新战略支撑。

现代产业体系的根本动力源是科技创新。加快推动科技创新战略支撑,加快推进科研产业化,全面打通科研与产业之间的通道,促进科技和经济紧密结合、创新成果和产业发展紧密对接。

一是在基础研究方面,积极鼓励原始创新。充分发挥政府统筹协调作用,加大科技专项资金投入,积极运用直接融资方式,主动融入国家、省创新体系,积极参与国家、省重大科技专项,在基础科学和前沿技术领域着力打造南通发展的核心竞争力,争取出一批前瞻性、原创性、标志性的科技创新成果。

二是在成果转化方面,积极深化"三权"改革。深化科技成果"三权"改革,推广职务科技成果混合所有制改革,推动科技成果加快确权和转化。打造科技成果交易网络系统,完善技术交易服务体系,引进培育技术转移机构和技术中介服务结构,建设产业项目与技术资源的信息集成和供需对接平台。

三是在科产融合方面,积极推动模式创新。积极支持科技创新围绕产业发展的重大需求,加快形成以企业为主体的技术创新集成体系。完善支持企业创新的普惠性政策体系,推进项目评审、人才评价、机构评估改革,营造公平开放透明的市场环境。围绕"3+3+N"产业发展重点,加大技术创新、产品创新、品牌创新和商业模式创新力度,创建一批国家级、省级产业创新平台,建成具有全国影响力的产业创新中心。鼓励高校院所、龙头企业、投资机构等共同建立新型产业技术研究院,支持企业联合高校院所组建柔性产学研联盟。

四是在提升服务方面,积极构建创新网络。构建以中央创新区为核心、科技园区为载体、新型众创空间为支撑、创新型企业为主体的全市域创新网络,提供更多开放共享的公共服务、功能配套平台,搭建宜创、宜业、宜居的创新生态系统,为企业联合开展核心技术攻关、转化关键技术成果聚好资源、搭好舞台,使得科技成果能够快速进入实体经济领域,实现科研真正为实体经济服务。

(三)构建一体化产融体系

坚持"以实为本、虚实并举",形成实体经济和虚拟经济之间协调共进、良性互动发展的机制。强调金融服务实体经济的本源,打造适应实体经济发展的金融链,积极导入金融服务业态,通过发挥金融业的乘数效应来支撑实体经济发展。

一是推动企业多渠道融资。重点推进供给侧结构性改革金融创新试点方案的落实落地,鼓励企业登陆多层次资本市场。积极拓展直接融资,认真落实企业上市、挂牌融资的各项奖补政策,支持企业通过发行债券置换贷款,以及用长期债券置换短期债券。切实盘活政府股权投资引导基金以及各种产业基金,加强运作管理,完善激励机制,搞好项目对接,吸引更多社会资本进入实体经济。

二是鼓励企业并购重组。制订企业并购重组计划,重点支持和引导上市公司通过整体上市、定向增发、资产收购等形式开展并购重组,有效促进产业优化升级。丰富并购方式,拓宽并购资金来源,积极利用优先股、并购贷款、并购基金、可转债、永续债等融资手段进行并购重组,鼓励证券公司、资产管理公司、股权投资基金以及产业投资基金等参与企业兼并重组。

三是创新融资对接模式。鼓励银行开展投贷联动、供应链金融、并购贷款、银保联动、知识产权等资产质押贷款等融资服务创新。发挥南通中小企业金融服务中心作用,拓展南通综合金融服务平台功能,进一步优化小微企业债权融资、股权融资等综合金融服务。运作好陆海统筹发展基金和相关子基金,提高"江海创投行"等活动对接实效。

四是开展"投贷联动"试点。加大《南通市投贷联动风险补偿管理暂行办法》实施力度,在投贷联动、综合性产权交易等方面大胆创新,引导金融机构重点支持科技创新创业企业。

五是完善企业应急转贷机制。深入贯彻实施《南通市小微企业转贷服务管理细则(试行)》,进一步改善南通市实体企业融资环境,加强银企之间协作互信,确保转贷资金的规范、安全运作,有效缓解小微企业转贷难题,积极防范和化解企业资金链断裂风险,促进实体经济稳定增长。

(四)统筹多元化人才队伍建设

坚持自力更生培养和引进高端人才并重的方针,围绕全市产业转型升级、加快新旧动能转换,细分专业领域育人才,聚焦重点产业引人才,注重创新政策留人才,整合产业扶持、人才引进、科技创新、功能平台等资源,落实更加开放、宽松、宽容的人才配套集成政策,形成多元化人才。重点实施五大工程:

一是实施高端产业人才"引领工程"。支持大型企业集团成为培养"高精尖缺"人才的基地,加大引进国际国内一流或顶尖创业人才(团队)力度,率先在智能制造、智能服务、绿色制造、互联网+制造等核心关键技术领域取得突破。对引进高端产业人才,提供"一对一"人才专员服务。

二是实施基础性人才"集聚工程"。推行"先落户后就业"政策,实行高校毕业生"零门槛"落户。开展"感知南通行"活动,每年暑假邀请国内外知名高校学生来南通考察实践。

三是实施高技能人才"支撑工程"。围绕"3+3+N"产业发展重点,积极推行新型学徒制,每年优选一批重点企业优秀员工参加新型学徒制培训。支持企业建立首席技师制度,对设立首席技师工作室的企业给予一定的补贴。每年分层次、分行业、有系统地组织重点企业负责人赴国内外高校培训。

四是实施专业技术人才"提升工程"。支持在南通的高校和职业技术院校根据南通产业发展需要调整学科(专业)设置。推进全市分层级、分类别人才评价机制改革,深化高等学校、中职学校和技工院校教师职称制度改革,推动高等院校自主评聘。

五是实施国际化人才"汇智工程"。实施"高端外国专家引进计划",每年评选一批高端外国专家项目和引智示范推广基地进行重点培育。积极为在华高校留学生来南通创业、境外高校外籍毕业生来南通实习提供居留许可和签证便利。

四、积极营造四位协同发展产业体系的良好环境

(一)打造"放管服"改革"南通品牌"

加快推进"互联网+政务服务",构建"不见面审批、零缺陷服务、精准化监管"三位一体政务服务体系,搭建全市统一数据交换共享平台,提升政务数据共享应用水平,在转职能、提效能、优服务、强监管上下功夫,为加快构建现代产业体系营造良好的政务服务环境。

(二)强化发展载体支撑

坚持产城融合发展,按照"产城人一体化"方式,统筹产业发展规划和城市空间规划,科学布局生产制造、生产服务、生活配套等功能,建成一批产业业态、城市形态、环境生态"三态合一"的产业。科学界定各产业园区边界和建设时序、产业和配套服务比例。制定产业空间布局导则、重点产业园区导则和重点产业导则,明确各发展定位和主导功能,为加快构建现代产业体系夯实载体支撑。

(三)完善政策保障体系

加强产业政策与科技、质量、国土、环保、财政、金融等政策协作配合,研究制定支持建设现代产业体系的市级一体化政策保障体系。优化市级相关专项资金使用方向,加大对实体经济、科技创新、现代金融、人力资源四位协同发展的支持力度。加强产业用地保障,在符合法律法规、具备供地条件下,对支柱产业、优势产业和新兴产业项目用地实行"随用随供"政策。

(四)降低企业经营成本

积极落实各项减税措施政策,清理规范政府性基金、行政事业性收费和涉企保证金,加快兑现已出台的扶持政策,降低企业制度性交易成本。搭建物流公共信息服务平台,有效对接企业和物流供应商信息,为实体经济提供定制化、个性化物流服务,降低企业物流成本。建立企业信用积分体系,企业信用与市场准入、政策优惠挂钩,对守信企业开通政府服务优先通道,优先享受优惠政策,对失信企业依法给予禁止市场进入、取消政策优惠等惩戒,降低企业信用成本。

(五)搭建互动合作平台

组织办好江海博览会、新一代信息技术产业博览会等重大产业活动,发挥产业创新联盟作用,促进资源要素集聚,加快创新成果转化。创新"南通企业家日"活动方式,做响"张謇杯"品牌,培育壮大优秀企业家群体,引导企业家专注创新创业,发扬"工匠精神",大力培育"独角兽"和"专精特新"企业。拓展"企业服务周""企业家面对面"等活动内涵,形成制度化、长效化的政企互动平台。积极把握上海非核心功能疏解机遇,建立对接服务上海长效机制,办好系列对接活动,更加富有成效地承接上海产业转移,推进沪通两地先进制造业协同发展,不断拓展上海"北大门"内涵。引导企业组团"走出去"兼并海外有品牌、有技术、有营销渠道、有研发团队的知名企业,推动境外生产制造、贸易营销和资源开发等"三大基地"建设。

撰稿人:葛蕾

2017 年 6 月

南通市上规模民营企业调研分析
报告

南通市工商业联合会

　　根据上级工商联的统一部署，我们开展了南通市上规模民营企业的问卷调研。此项工作已经连续 19 年之久，取得了显著得成果。历年来，我们花了大量的人力和精力，将此项工作作为年度一项重要的工作来做。我们以相应的数据库为基础，确保上报数据的准确性和真实性，为工商联掌握企业第一手资料打下了基础，也是了解全市企业动态的基本依据，以便于工商联有针对性地开展服务保障工作。

　　一、南通上规模民营企业总体概况

　　2017 年，南通市对 134 家上规模企业进行了问卷调研，所调研企业年度营业收入总额为 8 938 亿元，同比增长 5.7%；户均 66.7 亿元，同比增长 8.9%。营业收入超过百亿元的企业共 17 家，比一上年度增加 1 家，其中，超过千亿元的企业有 2 家，

　　从调研数据看，南通市民营企业继续保持快速发展态势，民营经济发展活力不断增强，整体水平和综合竞争力迈上一个新台阶，进入一个新的发展阶段。在各档营收总额级别中，企业数均比上年有所增加，呈现出企业规模扩张的趋势。其中，5 亿~10 亿元级别与 10 亿~50 亿元级别的企业占被调查企业总数的 78.8%。资产规模在 50 亿元以上的民营企业有 25 家，比上一年减少 1 家。

　　从户均指标看，南通市上规模民营企业发展的速度高于其他经济成分的发展速度，说明民营企业具有非常强的活力，从这个发展速度来看，今后南通市上规模民营企业在南通市经济运行中的比重还会继续增加，

在经济社会中的重要性也将与日俱增。

资产负债率总体平稳。参加调研企业的平均资产负债率为64.9%,在上年基础上下降了0.07个百分点,仍然处于正常水平。在经济总体下行形势影响下,民营企业的投资和经营行为更加谨慎。

资产周转率依然持平。总资产周转率指标反映了企业总资产的运营效率。2017年,上规模企业总资产周转为170.8%,比上年降低了0.09个百分点。主要还是市场需求不振、企业库存和应收款项增加、投入产出效能不高导致的资产管理效率的降低。

亏损面稍有所增加。参加调研的134家企业中,2017年税后净利润为负数的企业仅6家,比上年增加了2家,亏损企业数量占调研企业数的3.6%,户均亏损额有所增加。

劳动生产率出现滞涨。参加调研的134家企业人均营业收入142.96万元,人均实现净利润8.48万元,略高于全省平均的136.92万元和5.89万元的水平,这主要得益于企业不断调整结构、优化管理和提升技术。但是二项指标均出现滞涨的态势,且回落较为明显。人均实现净利润指标下滑幅度较大,首次出现负增长。

行业盈利方面。上规模民营企业所在的29个行业,全行业平均销售净利率为3.76%,有17个行业的盈利水平在平均水平之上。其中,燃气生产和供应业的销售净利率最高,为14.03%,房地产业以12.97%的销售净利率位居第二。销售净利率排在末五位的行业分别是:其它服务业、黑色金属冶炼和压延加工业、文教娱乐用品制造业、食品制造业。

二、南通上规模民营企业经营管理情况分析

在上规模民营企业调研过程中,针对企业管理情况、企业知识产权和技术情况、企业发展战略和转变发展方式情况以及影响企业发展的主要因素和企业应对措施等方面,进行了摸底调查,真实反映企业的管理特点和趋势。

1.科技创新引领企业发展,自有知识产权成果突出

一个企业的持续发展离不开自主创新。2017年南通市上规模民营企业之所以在经济下行压力较大的形势下,仍然总体趋好,是与企业长期以来不断增强的自主创新意识和自主创新能力紧密相关。

研发成本投入加大。南通市上规模民营企业不仅研发经费投入占营业收入的比重高，而且研发人员占员工总数比重高。在填报研发投入的134家企业中，合计研发费用投入达到71.8亿元。其中，81家企业研发投入占营业收入比重超过了1%；112家企业研发人员所占员工比重超过1%。

关键技术自主研发。在依靠内部资源提升企业技术水平的同时，通过产学研合作以及引进技术、引进人才提升技术实力也是民营企业获得关键技术的重要方式。统计显示，南通市获得关键技术来源的民营企业有102家，占被调查总数的67.8%。其中，主要来源于自主开发和研制的占37.5%，来源于产学研合作的占22.5%，来自引进人才和引进技术的各占17%和16.4%。而通过模仿的仅2.7%，合资取得仅2.2%，并购企业仅占1%。

技术专利档次提升。体现企业研发成果的专利数量，尤其是发明专利数量持续增长。2017年南通市上规模民营企业拥有国内外有效专利1 396件，比上年增加了275件，增长率达15.2%。

创新体系日臻完善。加强技术创新提升核心竞争力已成为民营企业的共识，抢占行业标准制定的制高点，半数企业争当行业龙头。2017年南通市上规模民营企业中，有50余家企业牵头制定了国际、国家或行业标准，占被调查企业总数的38.1%；17家企业拥有国家有关部门认定的企业技术中心、实验室、29家企业获得省级企业技术中心或行业重点实验室，79家企业被省级以上科技管理部门认定为高新技术企业；23家企业设立博士后工作站。

商标注册数量增加。商标既是企业产品和服务的重要标志，也是企业宝贵的无形资产。参加调研企业中，有96家企业在国内注册商标，有效注册商标数量1 022个，平均每家企业拥有商标超过10.6个。

经营要素升级改造。南通市上规模企业利用外部市场环境压力，促生企业内部经营要素的转型升级。调研显示，有102家企业自发进行转型改造，占总数的65.8%。特别是在外部经济环境不景气的情况下，南通市民营企业纷纷调整企业内部的经营要素，有10.3%的企业加强质量监督管理和提高管理效率；有9.8%的企业注重降低生产成本；有9.5%的企业加强新产品的研发等。而在应对外部环境方面，民营企业主动调整产业结构、市场结构、区域布局和探索新商业模式的动能不足。

2.进入新兴产业意愿强烈，标准化信息化步伐加快

战略性新兴产业作为世界主要经济大国竞相发展的产业，不仅关乎一个国家的国际竞争力，而且也是衡量一个企业集团发展后劲的重要指标。在南通市134家上规模民营企业中，已有38家企业在国家确定的七大战略新兴产业中开展实质性投资，选择的投资领域按企业数量由多到少排列，依次为节能环保产业、新能源产业、新材料产业、新一代信息技术产业、生物医药产业、高端装备制造产业、新能源汽车产业和物联网产业。有95家企业进入国务院"民间投资36条"鼓励的投资领域，其中，南通市上规模民营企业优先进入的是资源和能源领域，占24.5%；其次是经济基础性领域、金融服务领域，占17.6%，交通运输、水利工程、电信等基础设施领域占13.7%；再次是社会基础性领域，城乡统筹和新农村建设占8.8%，文化、旅游和体育事业占7.8%，市政、医疗、教育、福利事业分别占4.9%。政府严控的房地产、国防科技工业分别占2.9%和2%。

南通市上规模民营企业注重推行企业经营管理的标准化和信息化，管理的科技化水平大幅提高。一是企业标准化管理推广面大、门类多。有79家企业实施了企业标准化管理，通过了国内外行业和产品的认证，占总数的81.8%；二是信息化提高企业管理与营销水平。有82家民营企业实施了企业信息化管理工作，占总数的73.7%。

3、公司治理结构日趋成熟，逐步实施现代管理制度

非家族企业占半数以上，以现代企业制度完善公司治理结构。南通市上规模民营企业中，控股股东有四种形式：自然人股东的企业占企业总数的49.49%；民营企业法人的企业占24.75%；国有企业法人占7.57%；外资法人占10.1%。但是，传统家族企业占企业总数的37.37%，在自然人企业中占半壁江山。非家族企业占企业总数的一半以上表明，引进现代企业制度，完善公司治理结构，已经成为南通市上规模民营企业管理的发展趋势。

4.民营企业国际化程度提高，"走出去"发展依然艰难

国际金融危机以及欧洲债务危机，也为南通市民营企业海外并购投资、获取先进技术提供了良机。南通市有 17 家上规模的民营企业在海外投资项目 22 个，累计海外投资额 35 886 万美元。主要是在德国、韩国、美国、意大利、瑞士、澳大利亚、荷兰、保加利亚、孟加拉和香港等国家和地区建立了销售办事机构，有：新加坡的凝析油的生产、越南焊接石油专用钢管和画材用品的生产、美国的贸易中心、挪威的能源项目、南非的电缆销售等。

5.成本高、税负重、人才缺是民营企业发展的主要制约

虽然南通市上规模民营企业已经走上了创新发展的道路，但是，持续、快速发展的步子依然很艰难。数据显示，有 102 家企业把人才短缺作为阻碍企业创新发展最主要因素。事实上，民营企业人才短缺根本原因在于整个社会缺乏公平、公正的用人环境，垄断企业高福利，使得全社会人才往政府、垄断企业集中，加大了民营企业用人困难，因此，唯有真正的公平、公正的环境才能解决人才缺乏问题，才能进一步提升产学研合作力度。用工成本大幅上升、原材料成本持续上涨、资金成本居高不下，三者交互作用，推高了企业的生产综合成本。2017 年国际大宗商品价格继续在高位运行，基础性生产资料价格上涨传导到企业，增加了企业原材料的成本，成为企业增本减利的重要原因。

三、培育和加快规模企业发展的几点建议

根据调研掌握的情况，就培育和加快南通市规模企业发展，提升南通市规模工业整体水平，提出以下几点建议：

1.提升产品竞争力是强企之本

加大企业技改资金投入，促进企业高、新、尖端产品的研发，抢占市场制高点。规模企业要积极开发高、新、精产品，提升名、特、优产品档次，全面提高产品科技含量，创造出属于自己的品牌，以占领和稳固市场。

2.资本运作是快速壮大企业的捷径

鼓励有实力的龙头企业灵活运用资本运营手段，以资产为纽带，实行联合兼并，进行低成本扩张，把一些濒临破产倒闭或规模过小的企业兼并或重组，盘活闲置资产，迅速扩大企业生产规模，以增强自身实力。同时要努力建立起现代企业制度，提升员工整体素质，规范企业生产行为，力争做到经营决策科学化、企业管理制度化、产品结构合理化、实现企业经济效益最大化,不断提高企业经济效益。

3.标准化生产是提升产业水平的有效办法

国际贸易竞争,既是价格竞争,更是质量与安全的竞争。规模企业应大力推进标准化生产,把产品质量与生产安全标准摆上更突出位置,建立标准化、规范化的生产基地。要统筹谋划、合理布局,集中力量建设一批高起点、市场销路潜力巨大、效益高的新兴规模工业企业,以期早日形成一批拉动本市经济快速发展的经济支撑点,拉动相关经济产业快速发展。

4.运用现代营销手段是扩大市场占有率的根本途径

企业要扩大市场视野,更新营销观念,真正树立起市场观念、用户观念、竞争观念、创新观念、风险观念和效益观念,了解当前的先进营销模式,并结合企业自身实际加以运用,加强对市场的分析预测,准确把握市场需求变化情况和发展趋势,拓宽产品销售渠道。同时,要严格控制企业流动资产中"两项资金"的占用规模,缓解企业经营资金不足难题。

撰稿人:王向阳

2018 年 5 月

2017 年样本企业电子商务交易情况简析

南通市经济和信息化委员会

为准确把握全市规模以上工业企业电子商务交易情况，进一步提高对工业企业电子商务预警监测能力，全市选取了 274 家样本企业开展电子商务交易情况调查，样本企业占全市规模以上工业企业数的 5.3%。以下分析仅针对这 274 家规模以上工业企业,样本企业情况分布见表 1。

表 1 样本企业情况分布表

单位:人

分类	企业数	占比
电子商务调查企业合计	274	100.0
九大行业合计	274	100.0
一、纺织服装业	50	18.2
二、机械业	63	23.0
三、轻工食品业	77	28.1
四、化工医药业	28	10.2
五、电子信息业	23	8.4
六、冶金业	8	2.9
七、建材业	9	3.3
八、海工船舶业	15	5.5
九、能源电力业	1	0.4
新兴产业	58	21.2
大型企业	23	8.4
中型企业	61	22.3
小微企业	190	69.3

一、电子商务交易规模不断扩大

1.电子商务交易总额保持稳步提升

2017 年样本企业电子商务交易额 495 亿元,本年电子商务交易额同比增长 17.5%,保持着较快的增长水平。2017 年一、二、三、四季度电子商务交易额分别为 117.7 亿元、114.4 亿元、116.5 亿元、146.4 亿元(见图 1)。

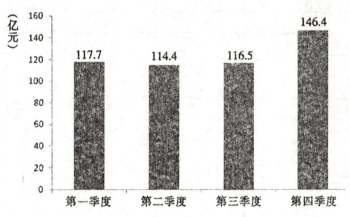

图 1 2017 年各季度电子商务交易额(单位:亿元)

2.重点行业支撑有力

2017 年从九大重点行业看,除了冶金业电子商务交易总额微降 5.5%,其余重点行业的电子商务交易总额均实现增长:化工医药业增幅最大为 116.8%;海工船舶业、能源电力业、纺织服装业、电子信息业、机械业、建材业、轻工食品业的电子商务交易总额同比增幅分别为 57.9%、48.7%、22.2%、12.2%、9.6%、2.6%和 2.1%。

从电子商务交易额占比来看,九大重点行业中,电子信息业电子商务交易总额占总交易额的 43.1%,是电子商务交易额的主要贡献源。

3.小微企业增长显著

从企业规模来看,大型企业的电子商务交易总额为 248.4 亿元,占电子商务调查交易总额的 50.2%,是电子商务交易的重要力量;中型企业电子商务交易总额为 108 亿元,占 21.8%;小微企业电子商务交易总额为 138.6 亿元,占 28%。大型企业、中型企业、小微企业电子商务交易总额均有所上升,分别增长 10.5%、20.1%和 30.1%,其中小微企业电子商务快速发展,高于平均水平 12.6 个百分点(具体数据见表 2)。

表 2 电子商务交易情况

单位:亿元、%

分类	电子商务交易额	增幅	交易额占比
电子商务调查企业合计	495.0	17.5	100.0
九大行业合计	495.0	17.5	100.0
一、纺织服装业	38.3	22.2	7.7
二、机械业	41.7	9.6	8.4
三、轻工食品业	39.7	2.1	8.0
四、化工医药业	57.7	116.8	11.6
五、电子信息业	213.4	12.2	43.1
六、冶金业	34.2	-5.5	6.9
七、建材业	46.0	2.6	9.3
八、海工船舶业	23.1	57.9	4.7
九、能源电力业	0.7	48.7	0.1
新兴产业	80.5	19.0	16.3
大型企业	248.4	10.5	50.2
中型企业	108.0	20.1	21.8
小微企业	138.6	30.1	28.0

二、电子商务销售额稳定增长

2017 年样本企业共实现电子商务销售额 267.8 亿元,同比增长 18.8%。

九大重点行业中,冶金业、机械业、化工医药业的电子商务销售额在该行业总销售额中占比较高,分别为 68.0%、62.2%、50.2%,说明在这三大行业中,电子商务销售渠道比较发达。

从九大重点行业看,剔除能源电力业无电子商务销售外,其余八大行业均有电子商务销售。化工医药业的电子商务销售额增幅最大,为 98.3%;纺织服装业、电子信息业、机械业、海工船舶业、轻工食品业、冶金业的电子商务销售额增幅分别为 21.9%、17.9%、17.3%、6.3%、4.5%、

4.2%;建材业电子商务销售额有所下降,下降幅度为 5.1%。

从企业规模来看,大型企业实现电子商务销售额 119.7 亿元,同比增长 11%,占大型企业总销售额的 23%;中型企业实现电子商务销售额 61.2 亿元,同比增长 19.2%,占其销售额的 31.9%;小微企业实现电子商务销售额 86.9 亿元,同比增长 31.1%,占其销售额的 49.1%。由此可见,小微企业更加注重通过电子销售渠道来进行,以更大力度的降低销售成本(具体数据见表 3)。

表3 电子商务销售情况

单位:亿元、%

分类	总销售额	电子商务销售额	电子商务销售增幅	电子商务销售额占比
电子商务调查企业合计	888.9	267.8	18.8	30.1
九大行业合计	888.9	267.8	18.8	30.1
一、纺织服装业	107.1	27.2	21.9	25.4
二、机械业	40.4	25.1	17.3	62.2
三、轻工食品业	83.3	23.3	4.5	28.0
四、化工医药业	68.3	34.2	98.3	50.2
五、电子信息业	385.6	104.7	17.9	27.2
六、冶金业	33.5	22.8	4.2	68.0
七、建材业	88.4	25.2	-5.1	28.5
八、海工船舶业	41.5	5.2	6.3	12.6
九、能源电力业	40.8	0.0	0.0	0.0
新兴产业	96.1	39.4	12.9	41.0
大型企业	520.0	119.7	11.0	23.0
中型企业	192.0	61.2	19.2	31.9
小微企业	176.9	86.9	31.1	49.1

三、电子商务采购额占比较高

2017 年样本企业共完成总采购额 588.1 亿元,其中电子商务采购额 226.6 亿元,同比增长 15.7%。本年电子商务采购占总采购额的 38.5%。

九大重点行业中均有电子商务采购,剔除能源电力业不可比外,机械业和化工医药业的电子商务采购额占比均超过 50%,分别为 61.6%、50.8%。

从九大重点行业看,六大行业电子商务采购额较同期保持增长,其中化工医药业、海工船舶业的增幅较大,分别为151.1%、83.9%;纺织服装业、建材业、电子信息业的电子商务采购额增幅分别为16.5%、13.9%、7.3%。冶金业、轻工食品业、机械业电子商务采购额有所下降,下降幅度分别为20.3%、1.2%、0.2%。

从企业规模看,大型企业完成电子商务采购额128.6亿元,同比增长10%,占大型企业总采购额的37.8%;中型企业电子商务采购额46.7亿元,同比增长21.2%,占其采购额的41.6%;小微企业电子商务采购额51.2亿元,同比增长27.1%,占其采购额的37.9%(具体数据见表4)。

表4 电子商务采购情况

单位:亿元、%

分类	总采购额	电子商务采购额	电子商务采购增幅	电子商务采购额占比
电子商务调查企业合计	588.1	226.6	15.7	38.5
九大行业合计	588.1	226.6	15.7	38.5
一、纺织服装业	79.8	10.6	16.5	13.3
二、机械业	26.9	16.6	−0.2	61.6
三、轻工食品业	56.0	16.4	−1.2	29.3
四、化工医药业	46.1	23.4	151.1	50.8
五、电子信息业	230.6	108.7	7.3	47.1
六、冶金业	28.9	11.4	−20.3	39.5
七、建材业	82.7	20.8	13.9	25.2
八、海工船舶业	36.3	17.9	83.9	49.3
九、能源电力业	0.7	0.7	48.7	100.0
新兴产业	69.0	41.2	25.5	59.6
大型企业	340.5	128.6	10.0	37.8
中型企业	112.4	46.7	21.2	41.6
小微企业	135.2	51.2	27.1	37.9

四、重点企业电子商务交易贡献突出

按电子商务总交易额排序,中天科技集团有限公司等电子商务交易50强企业,总计实现电子商务交易额447.8亿元,占电子商务交易总额的90.5%,对电子商务交易起决定作用。其中,前10强企业总计实现电子商务交易额320.4亿元,占电子商务交易总额的71.5%,贡献作用更加突出

(具体数据见表5)。

表5 前10强企业电子商务交易情况

单位:亿元、%

企业	电子商务交易总额	同比增幅	地区
中天科技集团有限公司	87.7	19.0	如东
一亿贵金属如皋有限公司	50.7	-8.0	如皋
南通辉煌彩色钢板有限公司	36.6	-1.7	如东
南通金帝贵金属有限公司	34.5	46.3	如皋
江苏德威涂料有限公司	31.5	527.1	启东
江苏刚正薄板科技有限公司	26.4	-13.6	如东
雄邦压铸(南通)有限公司	17.1	8.9	通州
江苏省海安石油化工厂	13.6	33.3	海安
中远船务(启东)海洋工程有限公司	12.1	293.2	启东
启东乾朔电子有限公司	10.2	27.4	启东

五、电子商务的交易模式以 B2B 为主

样本企业中交易模式单纯为 B2B 的企业有 207 家企业,B2C 的企业有 38 家,既有 B2B 又有 B2C 的企业有 29 家。调查显示,电子商务交易企业 2017 年的 B2B 总交易额为 420.7 亿元,B2C 总交易额为 74.2 亿元, B2B 总交易额是 B2C 总交易额的 5.7 倍。数据说明,工业企业的电子商务交易主要还是公司、企业之间的行为,这也是工业企业的经营方式决定的,工业企业的交易绝大部分还是在企业与企业之间。

从电子商务交易的开展情况看,样本企业中 231 家企业通过第三方平台进行电子商务交易,电子商务交易额为 395.7 亿元,占电子商务交易总额的 80%;59 家企业有自营平台,实现电子商务交易额 98.7 亿元。在调查的企业数中,9 家企业提供交易平台服务,实现对外服务电子商务交易额 3.6 亿元。

电子商务交易的 50 强企业中,11 家企业只通过自营平台进行电子商务销售和采购;35 家企业只通过第三方平台进行电子商务销售和采购;4 家企业通过自营平台和第三方平台进行电子商务销售和采购(具体数据见表6)。

表6 九大行业 B2B、B2C 交易额情况

单位:亿元、%

分类	B2B 交易额	B2C 交易额	B2B 交易额占比	B2C 交易额占比
电子商务调查企业合计	420.7	74.2	85.0	15.0
九大行业合计	420.7	74.2	85.0	15.0
一、纺织服装业	27.3	11.0	71.2	28.8
二、机械业	39.8	1.9	95.3	4.7
三、轻工食品业	31.0	8.7	78.0	22.0
四、化工医药业	56.2	1.5	97.5	2.5
五、电子信息业	171.0	42.4	80.1	19.9
六、冶金业	27.9	6.3	81.5	18.5
七、建材业	45.3	0.7	98.5	1.5
八、海工船舶业	21.6	1.6	93.3	6.7
九、能源电力业	0.7	0.0	100.0	0.0
新兴产业	73.4	7.1	91.2	8.8
大型企业	214.6	33.8	86.4	13.6
中型企业	81.8	26.2	75.7	24.3
小微企业	124.4	14.3	89.7	10.3

六、各地区电子商务发展不平衡

从各地区样本企业数来看,海安县、如东县、如皋市样本企业数居前3位,分别是98家、61家、41家。从各区县样本企业占全市规模企业的比例看,海安县占10.8%、如东县占8.8%、崇川区占7.9%、启东市占4.7%、如皋市占4.9%、港闸区占3.9%、通州区占2.5%、海门市占2.1%、开发区占0.4%。通州区、海门市和开发区的企业数占比远低于全市平均水平。

从各地区实现的电子商务交易总额来看,如东、如皋、海安电子商务交易总量居前三位,占样本企业电子商务交易总额的比重分别为35.5%、20.5%、15.1%(具体数据见表7)。

表7 分地区电子商务交易情况

单位:家、亿元、%

分类	电子商务交易企业数	占规上工业比重	电子商务交易总额	同比增幅	占电子商务交易额比重
电子商务调查企业合计	274	5.3	495.0	17.5	100.0
崇川区	6	7.9	11.4	-7.4	2.3
港闸区	9	3.9	11.6	23.2	2.4

续表

分类	电子商务交易企业数	占规上工业比重	电子商务交易总额	同比增幅	占电子商务交易额比重
开发区	2	0.4	11.3	32.1	2.3
通州区	19	2.5	41.3	1.2	8.4
海安县	98	10.8	74.5	11.5	15.1
如皋市	41	4.9	101.4	9.6	20.5
如东县	61	8.8	175.8	8.0	35.5
海门市	14	2.1	6.7	8.0	1.4
启东市	24	4.7	60.9	179.2	12.3

　　274家样本企业中交易额超过5 000万元的企业共有84家，占样本企业的30.7%。其中海安县32家、如东县13家、如皋市12家、启东市8家、通州区7家、港闸区5家（具体数据见表8）。

表8　交易额超5000万元各地区的企业数量统计

单位：家、%

地区	家数	占比全市的比重
崇川区	2	2.4
港闸区	5	6.0
开发区	2	2.4
通州区	7	8.3
海安县	32	38.1
如皋市	12	14.3
如东县	13	15.5
海门市	3	3.6
启东市	8	9.5
合　计	84	100

2018年3月

推进通州实体经济发展的思考

通州区机械商会

2017 年 9 月 26 日,《中共中央国务院关于营造企业家健康成长环境弘扬优秀企业家精神更好发挥企业家作用的意见》全文发布,《意见》体现了对企业家群体的关怀和重视,也成为企业家创业、创新的重要精神动力。100 多年前,先贤张謇在家乡南通兴办实业。受"实业救国"精神的感召,尤其是沐浴着改革开放的春风,通州大地涌现出一代又一代优秀企业家。在通州营造的亲商重商氛围中,他们锐意进取,开拓创新;他们意气风发,热心公益;他们攻坚克难,勇立潮头,为全区经济社会发展做出了重要贡献。

一、发展现状

"十二五"以来,通州工业经济和民营经济均跻身全市第一方阵,企业家成为推动地方经济社会发展的重要生力军和宝贵财富。区委区政府将服务企业作为经济发展的"长线",努力在全社会形成重实业、促发展,尊重、爱护、支持企业家的浓厚氛围,让企业家有作为、有地位、有尊严。

1899 年 5 月 23 日,张謇创办的大生纱厂正式投产,开启了中国近代民族工业发展史的重要篇章。117 年后的 2016 年 5 月 23 日,市十四届人大常委会第 33 次会议决定,将每年 5 月 23 日确定为"南通企业家日",在全国率先形成尊重、理解、支持企业家发展成长的制度性安排,激励广大企业家更好地传承和弘扬张謇"实业报国"的精神,促进全社会崇尚创业、鼓励创造、尊重创新氛围持续升温。

近年来,通州一批杰出企业家,江苏综艺集团昝圣达、南通江海电容器股份有限公司陈卫东、江苏创斯达科技有限公司刘佳炎、江苏东源电器集团股份有限公司孙益源、南通四建集团有限公司耿裕华、通州建总集团有限公司张慎林、江苏帝奥服装集团股份有限公司王进飞、江苏桑夏太阳能产业有限公司赵峰、江苏大富豪啤酒有限公司易昕、江苏蛟龙重工集团有限公司徐国华、江苏恒科新材料有限公司柳墩雷、江苏甬金金属科技有限公司虞纪群、南通景瑞农业科技发展有限公司曹建华、雄邦压铸(南通)有限公司唐杰雄、南通供销产业发展有限公司曹少金、江苏金太阳纺织科技股份有限公司袁洪兵等18位企业家，被南通市委、市政府表彰为"张謇杯"南通杰出企业家和南通"三名"(名企、名品、名人)人物、"三创"(创新、创业、创优)人物。极大地提高了通州区的影响力和竞争力。在企业家队伍中产生了良好的典型示范和带动引领作用。

至2016年年底，全区规模以上工业企业达754家，亿元企业346多家，上市公司8家，形成了以10亿元以上企业、上市公司为引领，亿元以上企业为支撑的发展格局。涌现出创斯达、东源集团、四方冷链等36个全国细分行业单打冠军。目前，通州区境内外上市企业8家，新三板挂牌企业8家，另有10家企业在上海、江苏等区域性股权交易市场中心挂牌，位列南通前茅。目前，通州拥有中国驰名商标13件，江苏省著名商标56件，南通市知名商标128件，市级家纺品牌基地1个，拥有中国名牌5个，江苏名牌50个，南通名牌92个，数量均居南通各县(市)区之首。"十二五"期间，通州涌现出了南通御丰塑钢包装有限公司、南通江海电容器股份有限公司、南通四方冷链装备股份有限公司等一批在行业内具有充分话语权的企业，骨干企业参与制定国家标准和行业标准共计44项。2016年全区规模工业产值跨上2 000亿元新台阶，2017年工业应税销售超千亿元。

历史正在翻开中华民族伟大复兴的全新篇章。党的十九大胜利召开，中国经济步入了新时代。以工业制造业为主体的实体经济是发展的基础、经济的根，没有这个基础和根，国民经济将行之不远。当前，实体经济发展面临严峻挑战，在宏观层面表现为实体经济结构性供需失衡、金融和实体经济失衡以及房地产和实体经济失衡"三大结构性失衡"，在微观层面表现为成本高、负担重等。经济"脱实向虚"，特别是民间投资增速下滑，不但影响当前也事关经济发展长远。分析其中原因，主要有三个方面：一是企业实业意识淡化。部分以实业起家的企业家,逐步放弃灌注着多年心血的主业,转向投资甚至投机,将希望寄托于暴富。二是市场不确定性因素增多,以及准入壁垒门槛较高、政策落实不到位导致企业不便投资。三是创新创业动力弱化。创新创业的高投入和回报的不确定性,使部分企业家望而却步,畏缩不前,加之经济环境变化,结构转型和产业升级加快,以及互联网时代带来的一系列商业模式的变化,都导致他们对创新创业的信心衰退。

二、发展理念

随着我国经济进入新常态,经济发展既承受着"爬坡过坎"的阵痛,也孕育着凤凰涅槃的重生。大力培育和弘扬企业家精神正逢其时,进一步提升对企业家和企业家精神的重要性认识。

第一,企业家是创新的核心组成。随着新一代信息技术与制造业深度融合,新技术、新产业、新业态、新模式方兴未艾。广大企业积极把握这一轮产业变革,创新能力取得很大进步,但与发达国家相比,差距仍较明显。因此,必须把发展基点放在创新上,鼓励企业家敢为人先,勇于试错,用企业家精神燃起创新的激情。

第二,企业家是实体经济的有力支撑。近年来,随着实体经济面临较大压力,行业结构性失衡问题愈发突出。据国务院发展研究中心研究结果显示,全国规模以上工业平均利润率仅为5%~6%,而虚拟经济利润率保持在两位数水平。这就引发了资本"脱实入虚"的苗头,削弱了国民经济的发展基础。要千方百计支持企业家坚守实业、追求卓越,把企业做大、做强,让实体经济有前途、有钱赚。

第三,企业家是社会责任的担当者。社会责任是企业家精神的重要内涵,企业家应当关心员工成长、关注环境保护、关爱弱势群体。要引导企业家进一步提升"公益自觉",心系危困,回馈社会。

第四,企业家是工匠精神的弘扬者。一个好的企业必然追求高品质、好品牌。近年来,我国已成为全球制造业第一大国,但产品低端、品牌匮乏等问题比较突出。据品牌咨询公司Interbrand《2016年全球最佳品牌》排行榜显示,美国有52家企业上榜,德国10家,法国8家,中国大陆仅有华为与联想两家。因此，要大力倡导远学以董明珠、任正非、张瑞敏等为代表的知名企业家，近学昝圣达、孙益源、黄杰等优秀企业家和工匠精神，培育带动一批专注严谨、精益求精、诚实守信的企业家队伍，推动"品质革命"向纵深发展。

三、发展举措

通州在弘扬企业家精神，推进实体经济发展方面，应做好以下工作：

一是培养敢为人先的企业家创新精神，争当发展排头兵。目前，经济发展已进入新常态，发展方式加快转变，经济向形态更高级、分工更优化、结构更合理的阶段演进。落实创新、协调、绿色、开放、共享的新发展理念，实现保持经济中高速增长、推动产业迈向中高端水平的"双中高"目标，最主要的还要靠企业家这个"关键少数"来保障，要靠企业家的辛勤劳动、创造性劳动来实现。要在通州树立一批优秀企业家典型，在全区开展优秀企业家大宣传活动，每年评比表彰一批优秀企业家，组织开展企业上台阶竞赛，对企业上市、纳税贡献、科技创新等方面的突出企业进行表彰。建议组织开展以纳税贡献上台阶为主要内容的金银铜牌竞赛，纳税达到500~1 000万元为铜牌，1 000~5 000万元为银牌，5 000万元以上为金牌，1亿元以上授予特殊贡献单位殊荣。

二是引导企业制定跨越发展战略，争当行业领头羊。企业发展战略直接决定着企业的决策行为，是企业发展中最根本的大事。一个企业从几个人的小作坊发展成为销售收入达到十几亿、几十亿、甚至过百亿的大企业，企业发展战略和规划将会越来越重要。作为企业家，要积极开展企业发展战略研究，准确把握宏观经济形势和产业政策导向，正确制定企业发展规划和战略以及产品、市场定位，只有自觉地以战略导向取代机会导向，才能在激烈的市场竞争中不迷失方向，实现稳步发展、持续发展。通州企业正处于由小转大、由大转强的关键阶段，要根据企业自身实际，明确企业未来发展战略，找准发展路径，争创行业领头羊，争创全国、全球的单打冠军。要确定一批重点培育大企业推进计划，重点以近三年有大项目、高成长、新上市，可进入10亿元、30亿元、50亿元、100亿元以上的大企业，制定专门扶持政策，实施一站式服务。到2020年重点推进培育1家

100亿元以上企业(恒科新材料)、7家50亿元以上企业(江苏综艺集团、国轩高科股份有限公司、江苏韩通船舶重工有限公司、南通江海电容器股份有限公司、江苏甬金金属科技有限公司、创斯达科技集团(中国)有限责任公司、奥特佳新能源科技股份有限公司)、10家10亿元以上企业(华电热电、象屿股份、雄邦压铸、鸿图科技、德尔福连接器、丽致电子、四方冷链等)。

三是大力推进企业上市,打造资本市场新亮点。推进企业上市,不仅能够有效地解决企业融资难题,而且能够促进企业制度创新、管理创新和技术创新,推动企业跨越式发展。近年来,在区委、区政府的共同努力下,通州区企业上市工作取得较大进展。截至目前,全区上市企业总数8家,在轨运作企业7家,新三板挂牌企业9家。但是与全区经济社会发展水平相比,通州区企业上市意愿还不够强烈,上市企业总量偏少,企业上市的步伐还有待加快。坚定不移地把企业上市作为加快经济社会发展的重要手段,努力营造企业"想上市、敢上市、争上市"的局面;要把握工作重点,各部门要围绕企业上市工作目标,强化上市企业储备、培育企业做大做强、提高企业上市效率,确保企业上市工作乘势而上、强势突破;要强化服务保障,政府要增强服务意识,落实扶持政策,完善协调机制,切实帮助企业突破瓶颈制约,加快上市进程。进一步动员全大广大骨干企业充分认识上市融资对企业发展的重要意义,结合自身发展实际,制定企业上市行动计划,严格按照规范运作,做细做实各项前期工作,争取尽快上市。已上市企业要充分利用好上市公司特有的融资、运营和品牌优势,加强资本运作,灵活运用配股、定向增发、公开发行、公司债等方式进行再融资,不断扩大直接融资规模,通过裂变扩张、资本运营,不断推动企业发展壮大。争取到2020年区境内外上市企业超10家,在新三板挂牌企业和在上海、江苏等区域性股权交易市场中心挂牌企业超20家。通州企业上市将成为资本市场的新特色板块、新亮点。

四是把握新科技革命,打造竞争新优势。深刻认识实体经济发展环境新变化,发展实体经济,重点在制造业,难点也在制造业。当前,全球经济发展进入深度调整期,数字经济、共享经济、产业协作正在重塑传统实体经济形态,全球制造业正处于转换发展理念、调整失衡结构、重构竞争优势的关键节点。①制造业重新成为全球经济竞争的焦点。国际金融危机发生后,主要发达国家反思"脱实向虚"的发展模式,重新聚焦实体经济,纷纷实施"再工业化"战略,集中发力高端制造领域,力图重振制造业并不断扩大竞争优势。一些新兴经济体依靠低成本优势,出台一系列吸引外资的政策,积极承接国际产业转移,加快工业化步伐,致力于打造新的"世界工厂"。②新工业革命对制造业发展带来深刻变革。继机械化、电气化、自动化等产业技术革命浪潮之后,以信息网络技术加速创新与渗透融合为突出特征的新一轮工业革命正在全球范围内孕育兴起,数字经济正成为全球经济增长的重要驱动力。制造业加速向数字化、网络化、智能化方向延伸拓展,软件定义、数据驱动、平台支撑、服务增值、智能主导的特征日趋明显,新产品、新模式、新业态、新产业层出不穷,数据正在成为这个时代最宝贵的资源,围绕工业互联网平台的竞争愈演愈烈。③我国制造业加快提质升级日益紧迫。经过改革开放近40年的快速发展,我国成为世界制造业第一大国。但与主要工业发达国家水平和制造强国建设目标相比,多数领域在技术创新、质量品牌、环境友好等方面还存在很大差距,结构性供需失衡问题日益凸显。

五是积极推进战略合作,靠大靠强实现新飞跃。企业要寻求更高目标的发展,合作是最好的捷径,能够以最低的成本获取最高的效益。有一些企业总是担心别人来参股、控股,影响了自己对企业的控制权。其实,别人把你手里的蛋糕切走了一块,但留在你手里的那块蛋糕却变得更大,你失去的是一份股权,得到的却是更大的市场、更多的利润、更强的企业。美国"钢铁大王"安德鲁·卡内基有句名言"要和比自己强的人合作,而不是和他们战斗",正是因为当年与喜欢扩张的洛克菲勒的成功合作,成就了一代"钢铁大王"和"石油大王"的创业历史。在这方面中科海维就是一个成功的合作范例,通州的企业家必须解放思想、转变观念,树立"借船出海"、"借梯上楼"的开放意识,增强大合作、快合作、敢合作的胆量和气魄,要敢于合资,敢于联姻,敢于让利,主动跟踪世界500强、中国500强和行业100强中的龙头企业,加强联系沟通,大力推进资本嫁接合作,通过产权出让、增资扩股、相互参股等形式,实现股权多元化,促进企业低成本扩张和聚变式增长。

六是加大政策扶持力度,优化服务环境。良好环境是发展实体经济、建设制造强国的重要前提和有效保障。一要按照供给侧结构性改革的要求,进一步加强统筹协调、部门协同和各级联动,推动政策、资金、技术、人才等要素汇聚到发展实体经济,特别是先进制造业的大潮中。二要切实降低实体经济企业成本。成本高是影响当前制造业竞争力的重要因素。习近平总书记强调"要树立放水养鱼意识,尽一切努力把企业负担降下来"。全面推进依法行政,深化"放管服"改革,强化涉企收费目录清单管理,最大限度降低制度性交易成本和企业税费负担。三要深化生产要素市场化改革,加快发展普惠金融,多措并举降低企业用能、用地、用网、用工以及融资和物流成本。学习借鉴苏南、浙江、深圳、烟台等地先进经验,研究出台一系列支持企业发展的政策措施,特别在项目推进、技术改造、科技创新、人才引进等方面要给予重点支持。四要深入研究进一步加大对龙头骨干企业的扶持力度,对入选重点培育骨干企业给予四个优先支持,即政策措施优先到位、建设用地优先保障、技术改造优先支持、生产要素优先配置。各级各部门要牢固树立"发展是第一要务,环境是第一保障"的理念,主动作为,积极引导,甘做企业的贴心人和服务员。同时,加快研究制定服务企业的政策制度,每月由区委区政府主要领导牵头召开一次企业家座谈会,重点解决企业发展中遇到的突出困难和问题,及时听取企业的呼声,了解企业发展需求。建立区四套班子联系百强企业、百个项目、百名企业家,开展区政银携手攀新高促发展等活动。严格落实关于优化发展环境的各项规定,严厉打击假冒伪劣和各种不正当竞争行为,保护知识产权,整顿、规范市场经济秩序,努力为企业发展营造公正严明的法制环境、规范有序的市场环境、优质高效的服务环境。进一步深化走帮服,扩大服务范围,精简审批事项,提高办事效率,为各类市场主体发展、为企业做大做强提供一流服务,在全社会形成"尊商、爱商、扶商、亲商"的浓厚氛围。

撰稿人:季小平
2018 年 3 月

江苏神通阀门股份有限公司发展报告

江苏神通阀门股份有限公司

江苏神通阀门股份有限公司是国家级高新技术企业、江苏省创新型企业、节能减排示范企业和国家知识产权示范企业。公司建有国家博士后科研工作站、江苏省工程技术研究中心、江苏省核电阀门重点实验室,是中国阀门行业协会副理事长单位、全国阀门标准化技术委员会蝶阀工作组组长单位、宝钢设备与备件联合研制供应中心成员单位、中国石油化工集团公司物资供应网络成员单位、中广核核电设备国产化联合研发中心成员单位。公司专业从事新型特种阀门研究、开发、生产与销售,主要生产包括蝶阀、球阀、闸阀、截止阀、止回阀、调节阀、特种专用阀等七个大类145个系列2 000多个规格的产品,这些产品广泛应用于冶金、核电、火电、煤化工、石油和天然气集输及石油炼化等领域。

一、2017 年公司发展情况

2017 年,在公司党委的正确领导下,公司经营管理层紧紧围绕董事会确定的年度发展目标和战略规划,坚持"巩固冶金、发展核电、拓展石化、服务能源"的市场定位,持续推进老产品改进和新产品开发,持续优化产品结构,满足高端阀门市场需求,提升公司产品附加值;加大市场营销开发力度,扩大经营业务范围,做优做强阀门主业。全年,公司核电事业部累计取得订单 2.9 亿元,冶金事业部累计取得订单 3.2 亿元,能源装备事业部累计取得订单 1.5 亿元,无锡法兰累计取得订单 3.9 亿元。2017 年度实现营业收入 7.556 6 亿元、利润 0.624 亿元,分别比去年增长 25.84%、20.96%。公司作为国家高新技术企业,高度重视产品研发的投入以及自身研发综合实力的提升，保持科技创新。2017 年度公司研发投入 4 413.21 万元,占营业收入的 5.84%。公司知识产权工作也取得显著成效,新获授权专利 32 件,其中发明专利 9 件,实用新型专利 23 件;截至 2017 年年底,公司累计有效专利共 237 件,其中发明专利 25 件,实用新型专利 212 件。

二、公司发展优势

1.产品领先优势

在核电阀门产品领域,公司优势地位突出,自 2008 年以来,在我国核电工程用阀门的一系列国际招标中, 本公司为核级蝶阀和核级球阀主要中标企业,获得了这些核电工程已招标核级蝶阀、核级球阀的 90% 以上的订单,实现了核级蝶阀、球阀产品的全面国产化。近年来,在实现老产品持续改进、保持持续领先优势的同时,公司还陆续开发了压水堆核电站地坑过滤器、海水流量调节装置、可视流动指示器、贝类捕集器等新产品,为国内核电建设过程中关键设备国产化做出了贡献。

在冶金阀门产品领域,公司产品主要应用于对冶金企业具有节能、减排及降耗效果的高炉煤气全干法除尘系统、转炉煤气除尘与回收系统和焦炉烟气除尘系统,主要产品市场占有率达 70% 以上,公司高品质的产品以稳定可靠的质量和周到的服务被宝武钢铁、莱钢、中冶赛迪等企业认定为年度优秀供应商。

在能源装备行业新领域也取得了显著成效, 公司开发的煤化工苛刻工况特种阀门在中石化中天合创项目、中煤榆林 180 万吨甲醇项目、新疆广汇煤制气项目、万华化学聚氨脂项目、大连恒力石化项目中得到了成功应用;公司开发的超(超)临界火电配套关键阀门应用于华能电力、大唐电力等企业;公司开发的低温阀门成功应用于中石化茂名分公司年产 20 万吨煤制氢项目的低温甲醇洗系统中;公司为 LNG 接收站配套的国产化阀门已在中石化山东液化天然气接收站投入运行；公司开发的罐车专用系列阀门为中集南通公司的集装箱阀门实现了国产化。

公司 2015 年成功并购了无锡市法兰锻造有限公司,使公司成为国内法兰细分领域最具生产规模、工艺制造能力领先的企业之一。无锡法兰是国内法兰制造领域具备较高市场影响力的专业厂商之一,是中石油、中石化、中海油、中国核电工程有限公司、中广核工程有限公司、中国核工业第五安装工程公司、国家核电技术公司、上海电气核电设备有限公司、松森集团等重要客户的合格供应商。公司当前正在核电、能源、石化和煤化工领域进行产业布局及业务扩张,依托无锡法兰,双方销售渠道的有效整合可以迅速扩大双方的产品销售规模和市场份额。

公司 2017 年收购了江苏瑞帆节能科技服务有限公司 100%股权,瑞帆节能的主营业务为高炉煤气湿法改干法及 TRT 余热利用、脱硫脱硝系统节能技术应用的合同能源管理(EMC),是经国家发展改革委和财政部登记备案的节能服务公司,享受"三免三减半"的税收优惠政策。瑞帆节能具备较为丰富的节能服务项目运营管理经验,正在运行的合同能源管理项目效果良好。本次并购投资是公司向能源环保及服务领域拓展的重要举措,符合公司的发展战略规划,本次投资将有利于公司业务向"能源环保+节能服务"延伸,开发新的业务模式,优化公司的核心竞争力,打造新的利润增长点,增强盈利能力,使得公司的主营业务得到进一步的延伸和拓展,提升公司品牌影响力,为公司的后续持续健康发展增添动力。

2.技术优势

公司专业从事工业特种专用阀门的研发、生产和销售,在技术方面积累了大量的经验,特别是在核级蝶阀、核级球阀、核级法兰及锻件、可视流动指示器、地坑过滤器、贝类捕集器等产品的国产化过程中积累了丰富的设计、制造和管理经验。同时,公司积极实施科技兴厂战略,坚持以市场和客户需求作为新技术、新产品研发的主导方向,通过加大研发投入,实现持续的技术创新和产品升级。

公司将研发作为推动自身发展的源动力,公司建有省级重点实验室、省级技术中心和国家级博士后科研工作站,拥有一支高素质的技术研发队伍,研发人员包括控制系统设计、机械设计、有限元分析、材料成型、模具设计制造、工艺设计等各类专业人才,研发人员具备多年的阀门研发设计经验,其中研究员级高级工程师 3 名,高级工程师 11 名,中国阀协科技专家委员会专家 3 名。

3.质量管理优势

公司始终坚持以质量求生存的质量理念，通过制度建设，规范质量控制的全过程，每个新产品均经过设计、专家论证、试生产、样品试验、批量生产的过程。在批量生产阶段，从原材料采购、材料检验、生产过程控制，到产品验收出库均有章可循，做到有据可查。在核电阀门生产过程中，严格按照国际标准体系和客户的特殊要求生产，并接受客户驻厂监造。同时，国家核安全局定期或不定期派专家对公司的生产环境、质量检测、质量控制等情况按照 HAF003、ASME、RCC-M 标准体系进行检查。公司已形成了行之有效的完备的质量保证体系，产品从设计、材料采购到生产加工的全过程均处于受控状态。

公司还通过了美国石油学会 API6D、API600、API608、API609 认证，美国船级社 ABS 认证、中国船级社 CCS 认证、欧盟 CE 认证、TS 认证等，以及 ISO9001 质量管理体系、ISO10012 测量管理体系、ISO14001 环境管理体系、GB/T28001 职业健康安全管理体系认证、GB/T29490 知识产权管理体系认证、GJB9001B 国军标管理体系认证，取得了德国 TUV 防火证书。公司"蝶球牌"商标被国家工商总局认定为"中国驰名商标"，"神通牌"和"STV"商标成功注册了马德里国际商标。

4.人才优势

人才是推动公司快速发展和进步的源动力。公司拥有一支由 150 余名具有丰富冶金、核电、煤化工、石油石化专用特种阀门设计经验的技术研发队伍；一支由 60 余名具有无损检测、金相分析、理化试验等专业资格人员组成的质量保证专业队伍和一支由 100 余名既懂技术又懂市场的营销队伍。这些具备丰富专业技能和实践经验的团队是公司快速发展的主力军，也正是这些不可多得的人才促进公司在行业内具备了较强的竞争能力和核心优势。

三、2018 年公司发展目标

2018 年，公司继续以"产业报国、造福人类"为企业使命，以"单项冠军、行业先锋、百年神通、受人尊重"为公司战略愿景，以"为用户创造价值，为员工创造机会，为股东创造回报，为社会创造财富"为企业宗旨，坚持"进口替代"之路,瞄准标杆企业和标杆产品,快速复制,快速向市场推广、覆盖,持续改进和完善,努力成为多个细分市场的单打冠军。继续坚持"巩固冶金、发展核电、拓展石化、服务能源"的市场定位,实施从"产品领先"到"技术+产品+服务"的转型升级,通过加大新产品研发和老产品改进的投入力度,横向上实现调节阀、闸阀、截止阀和止回阀等阀门品种的进一步丰富;通过加大并购重组和产业基金的外延投资等手段,在纵向上实现产品应用领域的进一步拓展。以阀门、法兰等产品为抓手,将公司打造成为流体机械控制领域的行业专家和资源整合者。

1.深化市场营销,提升市场竞争力

2018年,公司各事业部、子公司要继续抓订单、抓回款,要做好十大项目、十大产品、十大客户策划跟踪,不断构建公司产品竞争力;做好新产品推广及新市场拓展,建好样板工程;坚持走以国代进产品研发方向,不断开发新产品,研究和学习标杆企业、标杆产品,形成神通的竞争优势,拓展球阀、蝶阀更多的高端市场。核电要在巩固备件市场的同时关注核电乏燃料的后处理市场,即核化工市场的高端阀门需求;冶金要从炼铁、炼钢到轧钢全流程关注,同时关注冶金的节能环保新动向;能源以中石化目前还在大量进口的阀门为依托,研究神通产品的优势所在,做好炼化、煤化工、天然气集输等市场高端产品的国产化。同时加强营销队伍建设,坚持走自主培养为主的营销人才战略,2018年还要继续招聘综合素质好的员工充实营销队伍,做好整个销售队伍的技能和素质培训,要把营销人员打造成专业的营销工程师。

2.加大技术创新改造,提高产品竞争力

公司研发设计人员要以市场为导向,及时了解国家能源产业政策,选择适销对路的能源新产品进行预研,产品要从被动跟踪市场到主动覆盖市场;研发人员要走进客户,树立以客户为中心的理念,想客户所想,研客户所需,解客户之难,与客户进行充分沟通,把研发产品的重心放在满足用户需求上,用户的需求就是我们的研发课题;一线营销人员要在第一时间把客户的需求准确传递到公司,要主动了解掌握公司研发产品的特点和性能;加强产品(技术)改造和更新工作,在新技术、新工艺、新材料及智能化上做文章，如提高产品可靠性、安全性及智能在线检漏等方面的研发和应用；技术人员要努力学习新知识，自觉充电，以适应瞬息万变的市场需求，养成严谨的工作作风，努力提高专业技术水平，树立"把设计制造零缺陷，把使用方便带给客户"的理念。

3.做好资本市场运作，加强子公司管理

公司在强化内控管理、规范运作的同时，在风险可控的基础上，积极发挥资本市场的平台作用，通过收购兼并核电、军工及乏燃料后处理领域的关键设备制造企业和其他高端制造业等优势企业，实现公司快速做强做大，提高公司整体效益。充分利用上市公司作为资本市场平台的优势，促进公司整体竞争能力的提升，加速公司发展战略目标的实现。继续做好子公司无锡法兰、瑞帆节能的后续治理整合和规范运作，研究集团企业分子公司管控，特别是财务资金集中管控、人力资源管控等，防范风险，提高效益。

4.加大质量管控力度，提高产品质量

2018年，围绕公司总体的经营目标，坚持质量第一的原则，向质量要效益，不断深化质量工作机制，深入实施以质取胜和品牌培育发展战略，健全和维护质量管理标准体系，不断完善质量管理制度，围绕"分级管理、分层负责、预控预防、服务监督"的指导思想开展工作，牢牢抓住质量这个中心，严格管理、严格控制、严格把关，以严谨的态度做好各项质量管理工作。坚持从严管控，通过各类日常检查发现质量管理中的薄弱环节，不断加以改进，持续提升产品实物质量，降低内外部质量损失；继续开展"人人都是质检员、信得过检验员、信得过操作工"活动，做到"不接受缺陷，不制造缺陷，不传递缺陷"，宣传贯彻"核安全文化"和"两个零容忍"，确保质量目标实现；加强供应商管理，对供应商的关键制造过程进行管控，从源头上控制产品质量。定期组织供应商评价，分类管理，优胜劣次，建立战略、长期、零星供应商网络体系，保证产品质量，降低采购成本，提高竞争力。

2018年4月

2017年南通市民营经济发展大事记

一月

1月6日,市工商联(总商会)第十三次会员代表大会召开,听取和审议第十二届执委会工作报告,研究确定今后五年工商联工作思路和目标任务,选举产生新一届执行委员会,赵闻斌当选市工商联第十三届执行委员会主席、总商会会长。中共南通市委常委、组织部长、统战部长冯军,省工商联党组副书记、副主席桂德祥,市领导施建中、孙建华、徐守铭、尹建炉、殷雄等参加会议。

1月18日,副省长马秋林来南通调研工业经济和安全生产情况,考察大生集团、中远川崎、通富微电、中天科技等企业,副市长徐新民陪同调研。

1月18日,"2016年度中国ICT行业龙虎榜"评选结果揭晓,中天科技作为全球光通信领域的优秀企业斩获"2016年度光通信技术革新奖"。

二月

2月2日,市工商联(总商会)举行2017"故乡情·故乡行"全国通商新春座谈会。市委常委、组织部长、统战部长冯军,市领导赵闻斌、徐新民、徐守铭等参加座谈会。

2月3日,南通世界通商总会召开2017年年会。市委书记陆志鹏、市长韩立明会见回南通过春节的全市部分知名侨商侨领。市领导沈雷、冯军、孙建华等参加会见。

2月13日,中国化学纤维工业协会和市政府共同主办的中国(南通)高端纺织与石墨烯纤维新材料创新大会在南通召开,中国工程院院士蒋士成、姚穆、俞建勇以及来自全国部分高校院所、企业的专家代表参加会议。市委常委、副市长王剑锋出席会议。

2月17日，"2016年江苏省质量奖"获奖名单公布，共有10家获奖企业，南通市企业占了两席，分别为江苏中天科技股份有限公司和南通四建集团有限公司。其中，南通四建集团有限公司是首个建筑领域省质量奖获奖企业。

2月17日，省工商联副主席何昌林率队来到海安，就商会基层组织建设情况进行调研。

2月28日，市饭店与餐饮业商会（协会）成立，裴浩兵当选南通市饭店与餐饮业商会（协会）首任会长，副市长、市工商联主席赵闻斌出席会议并讲话。

三月

3月3日，市委、市政府主办的重点产业"企业家面对面"第二场活动，就南通纺织产业转型升级路径开展研讨。市委书记陆志鹏到场讲话，市领导王剑锋参加活动。

3月24日，市工商联（总商会）十三届二次常委会议召开，会议通过出席江苏省工商联（总商会）第十一次会员代表大会代表名单。市政府副市长、市工商联主席赵闻斌出席会议。

3月24日-25日，由市青年联合会、苏通科技产业园共同主办、市青年商会承办的通港两地青年交流暨苏通科技产业园推介会举行。市委常委、副市长王剑锋出席活动。

3月26日，2017军民融合项目洽谈暨中国航天（国防）科技成果首次项目发布会在南通高新区举行。中国航天第十二研究院院长薛惠锋，市委常委、副市长王剑锋分别致辞。

3月31日，市陶瓷商会召开成立大会，选举南通名陶一家建材有限公司总经理张新阳为会长。

四月

4月6日，市饭店与餐饮业商会商学院成立。副市长赵闻斌参加相关活动。

4 月 9 日-19 日,市委副书记、宣传部长张兆江率南通考察团赴阿联酋、纳米比亚、南非考察访问,看望慰问、宣传采访当地南通籍侨领侨商,了解他们在海外创业和转型发展的情况,并邀请各界侨领侨商参加 5 月份举办的 2017 首届世界通商大会。

4 月 10 日,省经信委公布 2016 年度 89 家高成长中小企业,其中南通有 10 家企业入围。分别是:江苏镕尼玛新材料有限公司、江苏湘园化工有限公司、南通宝鹏健身器材科技有限公司、江苏汤臣汽车零部件有限公司、南通和泰通信科技有限公司、江苏宇达机械有限公司、江苏准信自动化科技股份有限公司、江苏中天科技软件技术有限公司、南通星达过滤设备有限公司、江苏京沪重工有限公司。

4 月 11 日,市政府召开 2017 中国南通江海国际博览会暨首届通商大会新闻发布会,发布"强毅力行、通达天下"的"通商精神"。市委常委、副市长王剑锋参加发布会,介绍 2017 中国南通江海国际博览会暨首届通商大会的总体情况。

4 月 15 日,市委市政府召开全市制造业大会暨民营经济工作会议,市委书记陆志鹏出席会议并讲话,市委副书记、市长韩立明主持会议并讲话。市政协主席黄巍东,市人大常委会常务副主任、党组副书记庄中秋和市四套班子其他领导同志出席会议。

4 月 20 日,市人大专题视察"南通企业家日"工作,并在通州区召开座谈会。市人大常委会常务副主任、党组副书记庄中秋出席会议并讲话。市人大常委会副主任孙建华、葛玉琴出席会议。

4 月 21 日,"2016 中国服务外包领军及成长型企业推介会"在北京召开,南通市 6 家企业获得"中国服务外包成长型企业"称号,分别为:携程信息技术(南通)有限公司、海门慧聚药业有限公司、东丽纤维研究所(中国)有限公司、卡特彼勒(通州)有限公司、安客诚全球信息服务(南通)有限公司、南通首屏信息技术有限公司。南通国际服务外包产业园获"中国服务外包产业集聚园区"奖,江苏锐聘信息科技有限公司获"2016 中国最具规模服务外包培训机构"奖。

五月

5月17日,由市委、市政府主办的"企业家面对面"第三期活动,围绕南通船舶海工产业转型升级发展进行"头脑风暴"。中国船舶工业行业协会会长郭大成,市委书记陆志鹏,市委副书记、市长韩立明,市领导沈雷、徐新民等参加活动。

5月20日,市委、市政府在宁举行江苏发展大会南通籍参会嘉宾恳谈会,畅叙桑梓之情,共话家乡发展。市委书记陆志鹏出席会议并讲话,市委副书记、市长韩立明主持会议。市委副书记、宣传部长张兆江等参加会议。市领导沈雷、冯军、陆卫东等参加恳谈会。

5月21日,市委书记陆志鹏会见来南通参加2017江海国际博览会暨首届通商大会的香港南通同乡会永久名誉会长方铿、全国人大代表杨耀忠、保华集团主席兼总裁刘高原等香港嘉宾一行。市领导黄巍东、张兆江、冯军、赵闻斌等参加会见。

5月21日,通商总会在通成立。市领导陆志鹏、韩立明、黄巍东、张兆江、庄中秋、沈雷、冯军、赵闻斌参加成立仪式。招商局集团董事长李建红为通商总会揭牌。总会理事会聘请丁佐宏、方铿、石明达、陈锦石、昝圣达、姜照柏、黄宏生为通商总会名誉会长,袁亚康、陈惠、薛驰当选为通商总会执行会长。

5月22日,2017中国南通江海国际博览会暨首届通商大会召开。十届全国政协副主席王忠禹、十一届全国政协副主席李金华、江苏省政协副主席范燕青以及国家、省有关方面领导同志,部分两院院士,海内外知名通商、通籍知名人士代表,来自欧美以及"一带一路"沿线国家和地区的侨商侨领,世界500强、跨国公司和国内知名企业家代表,部分高校和科研院所的专家学者等800多位嘉宾应邀出席。市委书记、市人大常委会主任陆志鹏致辞,市委副书记、市长韩立明作主题推介,通商总会名誉会长、上海市工商联副主席、月星集团有限公司董事长、总裁丁佐宏代表与会通商宣读《通商大会宣言》。30个项目进行集中签约。中兴能源装备有限公司董事长仇云龙等十位企业家获评南通"三名"年度人物,月星集团有限公司董事局主席丁佐宏荣等十位企业家获"十大杰出通商"荣誉称号,通富微电子股份有限公司董事长石明达荣膺"张謇杯"杰出企业家。开幕式由市委副书记、宣传部长张兆江主持。市政协主席黄巍东,市人大常委会常务副主任、党组副书记庄中秋和市四套班子其他领导参加活动。

5月22日,2017中国南通江海国际博览会暨首届通商大会举行通商峰会,市委书记、市人大常委会主任陆志鹏作主旨演讲。市委副书记、市长韩立明主持峰会。中国企业联合会常务副会长兼理事长朱宏任,深圳市神舟电脑股份有限公司董事长吴海军和江苏安惠生物科技有限公司董事长陈惠分别演讲。

5月22日,由南通市人民政府、中国通信工业协会联合主办的"智能制造万里行·走进南通"暨南通制造业创新转型高峰论坛举行。副市长徐新民致辞,中国工程院制造业战略咨询中心专家延建林教授作主旨演讲,中国通信工业协会会长王秉科出席论坛并讲话。

5月22日,由南通市委、市政府主办的"一带一路"海内外企业对口合作恳谈会在通举行。市委副书记、市长韩立明,省侨办副主任徐开信出席活动并致辞。会议表彰通富微电子股份有限公司总经理石磊等8名企业家为第三届"南通市海外创业风云人物",并启动"全球通商在线"APP项目和全球侨团"百团联盟"。市委常委、副市长王剑锋,市政协副主席顾诺之等出席活动。

5月23日,由市委、市政府主办的"张謇杯"杰出企业家事迹展在南通博物苑揭幕。副市长徐新民参加开展仪式并讲话,市政协副主席金元出席活动。

六月

6月15日,全市"送宝典 助融资"金融帮服万企行活动启动。市委常委、常务副市长单晓鸣出席。

6月20日,"废旧纺织品资源再生循环工程前沿技术研究论坛"暨"2017年中国化纤科技大会"在海安召开。大会由中国纺织工业联合会主办,中国纺织工业联合会副会长、中国化学纤维工业协会会长端小平,中国工程院院士姚穆、俞建勇,副市长、海安县委书记陆卫东以及国内化纤行业专家及企业家代表 400 多人参会。

6 月 30 日,南通市成立海洋工程装备和高技术船舶产业知识产权联盟,拥有 47 家成员单位,其中生产型企业 33 家。

七月

7 月 2 日,尼日利亚南通侨商联合会暨南通世界通商总会尼日利亚分会在尼日利亚拉各斯举行成立仪式,南通籍企业家、尼日利亚大华纸业有限公司董事长王俊雄当选为首任会长。

7 月 3 日,省经济和信息化委员会、省工商业联合会通报了按营业收入指标排定的 2016 年江苏省百强民营企业(集团),南通市共有 14 家企业上榜。

7 月 3 日,全国滚动轴承标准化技术委员会滚动体分技术委员会在如皋江苏力星通用钢球股份有限公司成立。国家标准化管理委员会副主任殷明汉、省质监局副局长黄运海共同为分技术委员会揭牌。市委常委、副市长王剑锋参加会议。

7 月 14 日,南通建筑产业联盟成立,选举产生了联盟首届成员单位 126 家,副市长吴永宏出席会议。

7 月 19 日,省经信委(中小企业局)公布 2017 年度拟认定省科技小巨人企业名单中,南通市有 6 家企业上榜,分别是:江苏捷捷微电子股份有限公司、南通巴兰仕机电有限公司、江苏爱朋医疗科技股份有限公司、江东金具设备有限公司、江苏万达特种轴承有限公司、江苏省如高高压电器有限公司。

7 月 27 日,由市委、市政府主办的重点产业"企业家面对面"第四场活动,就南通智能装备产业创新发展路径开展研讨。中国工程院院士、中国机械工程学会理事长李培根,市委书记陆志鹏,市委副书记、市长韩立明出席活动,市领导沈雷、陆卫东、陈本高等参加活动。

八月

8 月 3 日,由市政府主办的 2017 南通电子信息产业投资合作恳谈会在深圳举行，副市长陆卫东出席会议。

8月15-16日，省工商联副主席丁荣余在南通调研工商联组织建设和联络工作。

8月18日，由市工商联（总商会）主办、市川渝商会承办的全市商会组织创建"四好商会"主题论坛举行，市政府副市长、市工商联主席赵闻斌参加活动。

8月24日，2017中国民营企业500强名单发布，南通市13家企业榜上有名，排名最高的是第40名的南通三建控股有限公司，这也是南通唯一一家进入前50名的企业。

九月

9月18日，"张謇杯"2017年中国国际家用纺织产品设计大赛颁奖典礼暨海门市质量主题晚会在海门举行。中国纺织工业联合会党委书记高勇，副会长杨兆华、孙淮滨，南通市政协主席黄巍东、副市长徐新民等为18件产品设计奖金、银、铜奖及6件品牌文化设计奖获奖选手颁奖。

9月22日，在浙江富阳举行的中国光纤光缆四十周年活动启动仪式及颁奖晚会上，中天科技集团荣获"领驭奖——最具影响力企业"奖，董事长薛济萍荣获"领驭奖——杰出企业家"奖，总裁薛驰荣获"领驭奖——行业发展贡献"奖。

9月29日，在杭州举行的第八届中国国际服务外包交易博览会上，2017中国服务外包领军及成长型企业榜单公布，南通市的江苏中天科技软件技术有限公司、海门慧聚药业有限公司、南通车置宝信息技术有限公司获评"中国服务外包百家成长型企业"，南通车置宝信息技术有限公司同时获评"中国服务外包最具竞争力企业"。

十月

10月17日，全市商务诚信"五创一建"活动部署会召开，3条街区、24家商会、388家企业、3 227家商户受到表彰。市委常委、宣传部长刘浩到会讲话。

10月20日,通富微电以举办集成电路发展高峰论坛的方式,为企业20华诞庆生。市委副书记、市长韩立明出席论坛并致辞。科技部原副部长曹健林,国家集成电路产业投资基金股份有限公司总裁丁文武,中科院微电子所所长叶甜春,省经信委副主任龚怀进,中国半导体行业协会执行副理事长徐小田,市人大常委会副主任葛玉琴、副市长徐新民等参加活动。

10月28日,全市民营企业家学习中共十九大精神座谈会召开,市工商联组织20多位民营企业家深入学习领会党的十九大精神和习近平新时代中国特色社会主义思想。副市长、市工商联主席赵闻斌参加座谈会。

十一月

11月1日,市家居行业商会(协会)召开第三次会员代表大会召开,南通依福园家具有限公司董事长范建斌连任会长。省家具协会会长冯建华等参加会议。

11月12日,2017首届海外通商峰会暨"走进非洲"合作恳谈会在南非约翰内斯堡隆重开幕。中国驻南非大使馆公使李松、南非总统特别经济顾问 Dr Bheki Mfeka、江苏省人民政府侨务办公室主任王华等出席大会并致辞。副市长徐新民出席相关活动。

11月14日,全市民营企业文化建设工作会议召开,表彰36家民营企业为第三批"南通市民营企业文化建设示范单位"。市委常委、宣传部部长刘浩,市政府副市长、市工商联主席赵闻斌出席会议。

11月18日,由南通市政府、中国新一代 IT 产业推进联盟、CIO 时代学院和江苏省企业信息化协会联合主办的"人工智能引领产业转型升级高峰论坛"在南通市举行。副市长吴永宏、市政协副主席陈宋义出席论坛。

11月21日,市福州商会成立大会召开,143名会员参加会议。南通福耀汽车玻璃配件有限公司董事长翁武雄当选商会首任会长。

11月22-23日,省工商联党组成员、副主席陈京一行来南通调研商会党建工作。

11月24日,省工商联来南通召开营商环境和民营企业发展座谈会。省工商联党组成员、副主席李晓林出席会议。

11月27日,市南安商会第二次会员大会召开,选举江苏百安谊家集团股份有限公司董事长洪清平为会长。市政府副市长、市工商联主席赵闻斌,市政协副主席马啸平等出席会议。

十二月

12月3日,省委常委、组织部长郭文奇来南通四建调研党建工作,市委常委、组织部长冯军参加调研。

12月16日,由市温州商会主办的全国温商民营经济发展创新高峰论坛举行,市政府副市长、市工商联主席赵闻斌,市政协副主席金元等出席会议。

12月17日,市青年民营企业家商会第二次理事会召开,选举产生第二届理事班子。江卫当选市青商会第二届理事会会长。副市长、市工商联主席赵闻斌出席活动。

12月20日,由市委、市政府主办的"企业家面对面"南通新材料产业转型升级发展研讨会举行。中国工程院院士、国家新材料产业发展领导小组专家咨询委员会主任、钢铁研究总院院长干勇,市委书记陆志鹏,市委副书记、市长韩立明,市领导沈雷、陆卫东等参加研讨会。

12月20日,由市工商联(总商会)、通商总会主办,青海省南通(江苏)商会承办的全国南通商会合作交流第五次会议在青海省西宁市召开。青海省政协秘书长王进,青海省工商联副主席冶青云,江苏省委统战部副巡视员王耀强,市政府副市长、市工商联主席赵闻斌等出席会议。

2017 年南通入围中国民营企业 500 强名录

序号	企业名称	所属行业	营业收入总额(万元)	500强排名(位)
1	南通三建控股有限公司	房地产业	7 792 830	40
2	中南控股集团有限公司	房地产业	6 325 180	58
3	江苏南通二建集团有限公司	房屋建筑业	5 073 126	88
4	江苏省苏中建设集团股份有限公司	房屋建筑业	4 698 991	97
5	江苏南通六建建设集团有限公司	房屋建筑业	3 821 692	129
6	中天科技集团有限公司	电气机械和器材制造业	3 450 691	152
7	龙信建设集团有限公司	房屋建筑业	2 865 984	196
8	通州建总集团有限公司	房屋建筑业	2 831 049	198
9	南通化工轻工股份有限公司	批发业	2 363 158	235
10	江苏文峰集团有限公司	零售业	2 036 510	280
11	南通四建集团有限公司	房屋建筑业	1 966 798	287
12	南通建工集团股份有限公司	房屋建筑业	1 603 076	370
13	南通新华建筑集团有限公司	房屋建筑业	1 312 637	456

2017 年南通入围中国民营企业服务业 100 强企业名录

序号	企业名称	所属行业	营业收入总额（万元）	服务业 100 强排名(位)
1	南通三建控股有限公司	房地产业	7 792 830	18
2	中南控股集团有限公司	房地产业	6 325 180	24
3	南通化工轻工股份有限公司	批发业	2 363 158	59
4	江苏文峰集团有限公司	零售业	2 036 510	71

2017 年南通入围中国民营企业制造业 500 强企业名录

序号	企业名称	所属行业	营业收入总额(万元)	制造业 500 强排名(位)
1	中天科技集团有限公司	电气机械和器材制造业	3 450 691	84
2	鑫缘茧丝绸集团股份有限公司	纺织业	723 584	405
3	江苏东源电器集团股份有限公司	电气机械和器材制造业	659 664	435

2017年南通入围江苏省营业收入百强民营企业(集团)名单

序号	企业名称	所属行业	百强排名（位）
1	中南控股集团有限公司	房地产业	10
2	江苏南通二建集团有限公司	建筑业	15
3	南通四建集团有限公司	建筑业	19
4	中天科技集团	电子	22
5	江苏南通三建集团股份有限公司	建筑业	26
6	江苏省苏中建设集团股份有限公司	建筑业	31
7	南通化工轻工股份有限公司	批发业	40
8	江苏文峰集团有限公司	零售业	49
9	通州建总集团有限公司	建筑业	55
10	龙信建设集团有限公司	建筑业	67
11	南通建工集团股份有限公司	建筑业	70
12	南通新华建筑集团有限公司	建筑业	79
13	江苏南通六建建设集团有限公司	建筑业	81
14	南通华新建工集团有限公司	建筑业	86

2017 年南通市营业收入百强
民营企业(集团)名单

2017 年,全市百强民企营业收入入围门槛为 25.92 亿元,比上年度提高了 4.35 亿元。中南控股集团有限公司营业收入超千亿,江苏南通三建集团有限公司、江苏南通二建集团有限公司营业收入超 500 亿元,成为全市百强民营企业的前三甲。中天科技集团、江苏南通六建建设集团有限公司、南通四建集团有限公司、龙信建设集团有限公司、江苏省苏中建设集团股份有限公司、通富微电子股份有限公司、南通化工轻工股份有限公司营业收入均超 258 亿元,位居全市百强民企前 10 位。

2017 年,南通市百强民企海安县入围 24 家,比上年度减少 3 家;通州区入围 19 家,比上年度增加 4 家;海门市入围 15 家,与上年度持平;如皋市入围 15 家,比上年度增加 1 家;启东市入围 9 家,与上年度持平;如东县入围 6 家,比上年度减少 1 家;崇川区入围 6 家,与上年度持平,港闸区入围 4 家,比上年度减少 1 家;南通经济技术开发区入围 2 家,与上年度持平。2017 年,有 23 家企业新入围百强民企。

2017 年,全市百强民企以制造业和建筑业企业为主。百强民企中制造业企业有 60 家,比上年度减少 1 家,其中机械企业 19 家,比上年度减少 1 家;纺织企业 6 家,比上年度减少 2 家;电子信息企业 14 家,比上年度增加 7 家;医药化工企业 9 家,比上年度增加 1 家;建材企业 3 家,比上年度减少 2 家;能源电力企业 3 家,比上年度减少 1 家;轻工企业 2 家,比上年度减少 2 家;船舶海工企业 3 家,比上年度增加 1 家;其他企业 1 家,比上年度减少 2 家。建筑房地产企业有 31 家,比上年度增加 2 家,其中建筑企业 28 家,比上年度增加 3 家;建筑房地产企业 3 家,比上年度增加 1 家。商贸流通业企业有 9 家,比上年度减少 1 家(详细情况见表1)。

2017 年,全市百强民企经济总量稳步提升。百强民企全年实现营业收入突破万亿,达 1 0674.6 亿元,同比增长 22.6%,户均实现营业收入 106.7 亿元,比上年度增加 19.6 亿元。年营业收入超百亿元的民营企业共有 18 家,比上年度增加 2 家,其中营业收入超 500 亿元的民营企业为 3 家,与上年度持平;300 亿~500 亿元的民营企业为 5 家,比上年度增加 2 家;100 亿~300 亿元的民营企业为 10 家,与上年度持平。年营业收入 50 亿~100 亿元的民营企业有 34 家, 比上年度增加 12 家;40 亿~50 亿元的民营企业有 13 家, 比上年度增加 1 家;30 亿~40 亿元的民营企业有 20 家, 与上年度持平;30 亿元以下的民营企业有 15 家, 比上年度减少 15 家。

2017 年,百强民企全年实现利润总额 552 亿元,同比增长 18.8%,户均实现利润 5.52 亿元,比上年度增加 0.87 亿元。其中,利润总额超过 10 亿元的民营企业 7 家,与上年度持平;利润总额 5 亿~10 亿元的民营企业有 28 家,比上年度增加 19 家;3 亿~5 亿元的民营企业有 19 家,比上年度增加 2 家;1 亿~3 亿元的民营企业有 32 家,比上年度减少 7 家;1 亿元以下的民营企业有 14 家,比上年度减少 14 家。百强民企全部实现盈利,没有亏损企业。

2017 年,百强民企缴纳税收总额 305.1 亿元,比上年增长 9.9%,户均缴纳税收 3.05 亿元,比上年度增加 0.27 亿元。百强民企中缴纳税收 10 亿元以上企业有 5 家,与上年度持平;缴纳税收 5 亿~10 亿元企业有 4 家,比上年度减少 2 家;缴纳税收 1 亿~5 亿元企业有 44 家,比上年度增加 4 家;缴纳税收 5000 万~1 亿元的企业有 16 家,比上年度减少 2 家;缴纳税收 5000 万元以下的企业有 31 家,与上年度持平。

截至 2017 年年末,百强民企拥有资产总额 6 049 亿元,比上年增长 25.8%,户均资产规模达到 60.49 亿元,比上年增加 12.42 亿元。百强民企中资产规模超百亿元的有 9 家,比上年度增加 1 家;资产规模 50 亿~100 亿元的有 10 家,比上年度增加 2 家;资产规模 30 亿~50 亿元的企业有 16 家,与上年度持平;资产规模 10 亿~30 亿元的企业有 45 家,比上年度增加 18 家;资产规模 10 亿元以下的企业有 20 家,比上年度减少 21 家。

百强民企贡献份额不断提高。2017年，百强民企纳税额占全部民营经济纳税总额的51.1%，比上年提高了6.8个百分点。60家入围的制造业民营企业2017年营业收入3 678.2亿元，占全市规模以上民营工业营业收入的35.6%，比上年提高了6.4个百分点。28家入围的建筑企业2017年营业收入3 495.96亿元，占建筑业营业收入的61.4%。9家入围的商贸流通业企业2017年营业收入741.8亿元，占全市限额以上批零法人企业销售额18.3%。

表1　2017年南通市营业收入百强民营企业（集团）名单

序号	企业名称	所属地区	所属行业
1	中南控股集团有限公司	海门市	建筑房地产
2	南通三建控股有限公司	海门市	建筑房地产
3	江苏南通二建集团有限公司	启东市	建筑
4	中天科技集团	如东县	电子
5	江苏南通六建设集团有限公司	如皋市	建筑
6	南通四建集团有限公司	通州区	建筑
7	龙信建设集团有限公司	海门市	建筑房地产
8	江苏省苏中建设集团股份有限公司	海安县	建筑
9	通富微电子股份有限公司	崇川区	电子
10	南通化工轻工股份有限公司	崇川区	商贸流通
11	通州建总集团有限公司	通州区	建筑
12	南通市文峰饭店有限公司	崇川区	商贸流通
13	南通华新建工集团有限公司	海安县	建筑
14	南通新华建筑集团有限公司	通州区	建筑
15	南通建工集团股份有限公司	崇川区	建筑
16	中如建工集团有限公司	如皋市	建筑
17	南通五建控股集团有限公司	如东县	建筑
18	江苏江中集团有限公司	如皋市	建筑
19	江苏顺通建设集团有限公司	如东县	建筑
20	南通辉煌彩色钢板有限公司	如东县	建材
21	江苏文凤化纤集团有限公司	海安县	纺织

续表

序号	企业名称	所属地区	所属行业
22	通光集团有限公司	海门市	电子
23	江苏东源电器集团股份有限公司	通州区	机械
24	江苏中联风能机械股份有限公司	海门市	机械
25	欧贝黎新能源科技股份有限公司	海安县	能源电力
26	江苏综艺集团	通州区	其他
27	南通江海电容器股份有限公司	通州区	电子
28	江苏韩通船舶重工有限公司	通州区	船舶海工
29	江苏海迅实业集团股份有限公司	海安县	机械
30	江苏中联科技集团有限公司	通州区	电子
31	创斯达科技集团(中国)有限责任公司	通州区	机械
32	江苏联发集团股份有限公司	海安县	纺织
33	江苏华灿电讯股份有限公司	如皋市	电子
34	南通市达欣工程股份有限公司	海安县	建筑
35	南通华东液压铸业有限公司	如皋市	机械
36	江苏新龙兴建设集团有限公司	海安县	建筑
37	南通东泰新能源设备有限公司	启东市	机械
38	江苏川东石油化工有限公司	崇川区	商贸流通
39	江苏通州四建集团有限公司	通州区	建筑
40	江苏海建股份有限公司	海安县	机械
41	江苏鼎程能源(集团)有限公司	崇川区	商贸流通
42	江苏启安建设集团有限公司	启东市	建筑
43	江苏鹏飞集团股份有限公司	海安县	机械
44	金轮蓝海股份有限公司	海门市	机械
45	南通回力橡胶有限公司	海门市	化工
46	江苏雄风科技有限公司	海门市	化工
47	鑫缘茧丝绸集团股份有限公司	海安县	纺织
48	启东建筑集团有限公司	启东市	建筑
49	南通天泽化工有限公司	如皋市	化工

序号	企业名称	所属地区	所属行业
50	富加宜电子(南通)有限公司	通州区	电子
51	江苏万力机械股份有限公司	海安县	机械
52	海安县申菱电器制造有限公司	海安县	机械
53	中联世纪建设集团有限公司	海门市	建筑
54	江苏英田集团	如皋市	机械
55	罗莱生活科技股份有限公司	开发区	纺织
56	如皋市樊川贸易有限公司	如皋市	商贸流通
57	江苏甬金金属科技有限公司	通州区	机械
58	南通市康桥油脂有限公司	海安县	化工
59	江苏东泰薄板科技有限公司	如东县	建材
60	江苏天成科技集团有限公司	海安县	化工
61	南通华荣建设集团有限公司	港闸区	建筑
62	南通通达矽钢冲压科技有限公司	通州区	机械
63	江苏信拓建设(集团)股份有限公司	海安县	建筑
64	华东建设安装有限公司	通州区	建筑
65	南通承悦装饰集团有限公司	通州区	建筑
66	江苏大岛机械集团有限公司	海门市	电子
67	江苏宏强船舶重工有限公司	启东市	船舶海工
68	好盈(南通)实业有限公司	港闸区	商贸流通
69	江苏瑞安特机械集团有限公司	海安县	机械
70	江苏鹰球集团有限公司	海安县	电子
71	中国天楹股份有限公司	海安县	能源电力
72	江苏金洲粮油食品有限公司	海安县	化工
73	一亿贵金属如皋有限公司	如皋市	电子
74	燕达(海门)重型装备制造有限公司	海门市	电子
75	江苏林洋能源股份有限公司	启东市	能源电力
76	江苏恒科新材料有限公司	通州区	纺织
77	江苏金轮装饰集团股份有限公司	通州区	建筑

续表

序号	企业名称	所属地区	所属行业
78	江苏东成电动工具有限公司	启东市	轻工
79	江苏福克斯机械集团有限公司	海安县	机械
80	南通市远邦石油有限公司	如皋市	商贸流通
81	苏通建设集团有限公司	海门市	建筑
82	江苏九鼎集团有限公司	如皋市	建材
83	南通启益建设集团有限公司	启东市	建筑
84	江苏晨朗电子集团有限公司	海安县	电子
85	江苏黄海汽配股份有限公司	如东县	机械
86	上海制皂集团(如皋)有限公司	如皋市	化工
87	南通市裕成建设有限公司	海门市	建筑
88	江苏隆昌化工有限公司	如皋市	化工
89	南通市亿力变压器有限公司	海安县	电子
90	南通迪皮茜电子有限公司	启东市	电子
91	南通蛟龙重工发展有限公司	通州区	船舶海工
92	南通一德实业有限公司	开发区	轻工
93	南通市常青建筑安装工程有限公司	如皋市	建筑
94	林森物流集团有限公司	港闸区	商贸流通
95	江苏润富新能源发展有限公司	港闸区	商贸流通
96	联海生物集团有限公司	海门市	化工
97	雄邦压铸(南通)有限公司	通州区	机械
98	江苏标龙建设集团有限公司	如皋市	建筑
99	南通爱尔思轻合金精密成型有限公司	海门市	机械
100	南通双弘纺织有限公司	海安县	纺织

"张謇杯"南通杰出企业家和
2017 南通"三名"年度人物名单

一、"张謇杯"杰出企业家

薛伟成　罗莱生活科技股份有限公司董事长

二、2017 南通"三名"年度人物

严圣军　中国天楹股份有限公司董事长

倪张根　梦百合家居科技股份有限公司董事长

许世俊　江苏海力风电设备科技有限公司董事长

汤子康　南通振康焊接机电有限公司董事长

黄裕辉　江苏南通三建集团股份有限公司董事长

陆永华　江苏林洋能源股份有限公司董事长

黄　杰　南通四方冷链装备股份有限公司董事长

陈海兵　南通烟滤嘴有限责任公司党委书记、总经理

朱春林　精华制药集团股份有限公司董事长

潘卫国　南通国盛智能科技集团股份有限公司董事长

2017年度南通市民营经济发展
通报表扬单位名单

一、民营经济发展先进县(市)区

海安县　如皋市　通州区　海门市

二、民营经济发展良好县(市)区

如东县　启东市　崇川区　港闸区　市经济技术开发区

三、民营经济发展先进乡镇(街道)

海安县城东镇

海安县老坝港滨海新区

如皋市城北街道

如皋市长江镇

如东县栟茶镇

如东县苴镇街道

海门市高新技术产业园

海门市正余镇

启东市寅阳镇

启东市吕四港镇

通州区平潮镇

通州区兴仁镇

崇川区钟秀街道

崇川区城东街道

港闸区唐闸镇街道

港闸区港闸经济开发区

南通经济技术开发区中兴街道

南通经济技术开发区新开街道

图书在版编目(CIP)数据

南通民营经济发展报告.2017-2018/王虎主编.
--北京:中华工商联合出版社,2018.8
ISBN 978-7-5158-2389-8

Ⅰ.①南…Ⅱ..①王…Ⅲ.①民营经济—经济发展—
研究报告—南通—2017-2018 Ⅳ..①F121.23

中国版本图书馆 CIP 数据核字(2018)第 155559 号

南通民营经济发展报告(2017~2018)

作　　者:王　虎
出 品 人:徐　潜
项目统筹:李红霞
责任编辑:马　燕
封面设计:刘　兵
责任审读:郭敬梅
责任印制:迈致红
出版发行:中华工商联合出版社有限责任公司
印　　刷:如东彩印一厂
版　　次:2018 年 8 月第 1 版
印　　次:2018 年 8 月第 1 次印刷
开　　本:710mm×1000mm　1/16
字　　数:280 千字
印　　张:19.75
书　　号:ISBN 978-7-5158-2389-8
定　　价:79.00 元
服务热线:010-58301130
销售热线:010-58302813
地址邮编:北京市西城区西环广场 A 座
　　　　　19 层~20 层,100044
http://www.chgslcbs.cn
E—mail:cicap1202@sina.com(营销中心)
E—mail:gslzbs@sina.com(总编室)